캠페인
인문학

캠페인 인문학

우리는 세상을 바꿀 작은 힘을 갖고 있다

이종혁·박주범 지음

인물과 사상사

* 일러두기

1. 외래어 인명과 지명 등은 국립국어원 외래어표기법에 따라 표기했다.
2. 단행본·신문·잡지는 「 」, 시·보고서는 「 」, 영화·TV 프로그램은 〈 〉로 표기했다.
3. 본문에 있는 QR 코드를 스마트폰으로 스캔하면 해당 캠페인 사이트로 들어갈 수 있다.
4. 이 책은 2021년도 광운대학교 교내 학술 연구비의 지원을 받아 출간되었다.

플랑드르 들판에 양귀비꽃 피었네.
줄줄이 서 있는 십자가들 사이에
그 십자가는 우리가 누운 곳 알려주기 위함이네.
그리고 하늘에는 종달새 힘차게 노래하며 날아오르건만
저 밑에 요란한 총소리 있어 그 노래 잘 들리지는 않네.

우리는 이제 유명을 달리한 자들
며칠 전만 해도 살아서 새벽을 느꼈고 석양을 바라보았네.
사랑하기도 하고 받기도 했건만
지금 우리는 플랑드르 들판에 이렇게 누워 있다네.

원수들과 우리의 싸움 포기하려는데
힘이 빠져가는 내 손으로 그대 향해 던지는 이 횃불
그대 붙잡고 높이 들게나.
우리와의 신의를 그대 저버린다면
우리는 영영 잠들지 못하리.
비록 플랑드르 들판에 양귀비꽃 자란다 해도.

– 존 매크레이John McCrae, 「플랑드르 들판에서In Flanders Fields」

세상을 바꾸는 작은 외침

캠페인은 '커뮤니케이션을 통해 세상을 바꾸자'는 이상적인 구호를 우리의 귓가에 '작은 외침'으로 다가오게 해주는 능동적인 활동이다. 한 예로 6·25전쟁 70주년이던 2020년에 '왜 우리에게는 영국의 포피Poppy같이 전 국민이 공감하고 공유하는 보훈 상징이 없을까?'라는 상식적인 질문에 답하기 위해 찾은 캠페인 상징이 '122609 끝까지 찾아야 할 태극기'였다.

당시 국가보훈처는 대국민 캠페인을 기획했다. 그리고 불과 한 달이라는 짧은 시간에 6·25전쟁 참전 용사 중 아직도 시신이 수습되지 않은 희생자는 12만 2,609명이라는 것을 확인해주었다. 결국 참전 용사 유해를 발굴했을 때 마주하게 되는 태극기의 모습을 이 캠페인의 상징 배지로 만들어 12만 2,609명의 국민에게 보훈의 상징으로 전달했다.

환경과 공동체와 지속 가능성을 고민하는 시대, 커뮤니케이션을 통한 문제 해결을 위해 끊임없이 도전하는 공동체와 그들이 펼쳐가는 창의적인 캠페인 이야기에 주목해야 할 때다. 그것은 우리가 살아가는 세상이 늘 '진화'하고 있기 때문이다.

여기서 말하는 진화는 새로운 기술과 미디어의 발달로 인한 생활 방식, 관습, 습관 등 우리 삶의 환경 변화와 사고방식을 지배하는 맥락의 변화다. 다시 말해 산업화, 정보화, 지식화라는 환경 변화 속에서 새롭게 요구되는 사회화의 과정은 셀 수 없는 무한의 해결 과제를 우리에게 제시해주고 있다.

건강, 환경, 행복이라는 변치 않는 가치를 반복적으로 지향하면서도 궁극의 가치에 결코 도달하지 못하는 것은 오히려 삶의 환경이 끊임없이 가치에 반하는 공공 문제에 직면하고 있기 때문이다. 이제 우리는 공공과 사회적 가치에 지독한 갈증을 느낄 수밖에 없는 현실에 직면했다.

좀더 좋은 세상을 만들기 위한 기술 개발과 제품 생산은 분명 개별적으로 보면 변화와 혁신을 주도해온 것 같지만, 그에 비례해 예상치 못한 수많은 공공 문제도 양산했다. 이런 공공 문제 생산 순환의 과정은 이제 누구나 알고 있는 상식의 영역이 된 지 오래다. 그 결과 우리 삶의 방식과 환경이 진화하는 만큼 이전에 경험하지 못한 새로운 공공 문제가 나타나고 있다.

공공 문제에 직면하게 되면 대부분 새로운 제도와 규제를 먼저 떠올린다. 하지만 지속 가능한 공동체란 법과 제도와 함께 구성원 간 건강한 커뮤니케이션이 활성화되는 모습을 보여줄 수 있는 주체다. 한 개인에서부터 지역 공동체, 정부, 기업이 공공 문제 해결을 위한 커뮤니케이션 활동의 주체가 되어야 하는 이유다. 커뮤니케이션 활동 중 가장 본질적이며 공중의 참여와 실천이 전제되는 것이 바로 캠페인이다.

대국민 또는 소비자를 대상으로 한 캠페인 하면 거대한 인식과 행동 변화를 이끌어내야 한다고 오해하기도 한다. 하지만 '진정성'을 갖고 누군가에게 말을 걸듯 작은 시도를 하다 보면 어느새 큰 울림으로 돌아오는 것이 성공한 캠페인의 공통점이다. 그리고 이런 캠페인들은 '지속성'이라는 힘을 갖고 있다.

공공소통연구소가 지난 2012년부터 전개하고 있는 '작은 외침 라우드LOUD'라는 공공 캠페인이 정부와 기업, 전국의 자원봉사센터 등과 협력해 200개가 넘는 소소한 캠페인을 전개할 수 있었던 것도 이런 힘을 보여주는 예다.

캠페인은 커뮤니케이션 과정과 결과뿐만 아니라 거대한 사회적 임팩트를 창출해내기도 한다. 법과 제도, 기술만으로 모든 문제가 해결될 수 없다. 행동의 변화, 사회의 진화를 이끌어내는 데 커뮤니케이션을 통한 사회적 소통과 공공의 가치를 지향하는 도전적이며 창의적인 커뮤니케이션은 한 사회를 지탱해내는 필수 요소다.

2022년 CBS 노컷뉴스는 공공소통연구소와 함께 '캠페인 저널리즘-눈NOON'이라는 새로운 저널리즘의 영역을 만들었다. 기존 언론이 다루지 않던 작은 담론의 공공 문제에 주목하면서 그 문제 해결 방법까지 제시하는 취재 방식을 채택한 것이다. 이렇듯 다양한 시도가 이어지는 가운데 기업은 ESG 경영 환경 속에서 새로운 가치 지향적 캠페인 개발이라는 과제 앞에 직면해 있다. 정부는 정책이 갖는 공공 가치를 온전히 국민에게 전달하기 위해 그 어느 때보다 정책과 연계한 공공 캠페인에 갈증을 느끼고 있다. 시민사회 등 민간 영역도 예외는 아니다.

이런 현실 속에서 이 책은 우리가 직면한 수많은 공공 문제를 커뮤니케이션을 통해 해결해나가려는 노력의 흔적을 담아낸 것이다. 그것은 각기 다른 주체들에게 필요한 캠페인 기획이나 개발에 참고해야 할 다양한 사례의 흐름을 전달하고 싶었기 때문이다. 이 책은 2019년 말부터 18개월간『중앙선데이』를 통해 연재되었던 '세상을 바꾸는 캠페인 이야기' 칼럼을 읽고 개별적으로 응원 메시지를 보내주었던 독자들의 반응이 큰 힘이 되어 출간할 수 있었다.

캠페인이란, 한 국가와 사회 더 나아가 인류가 지속 가능성을 제고하는 데 필요한 의식의 복원, 또는 행동 개선을 위한 개인과 공동체의 '작은 외침'이다. 동시에 공동체 스스로 능동적 커뮤니케이션을 통해 문제를 해결해보고자 하는 자생적 복원력을 키워가는 노력의 흔적이다.

'세상을 바꾸는 캠페인 이야기'의 주인공은 우리 모두라는 사실을 깨닫고 각자의 위치에서 소소한 캠페인 이야기가 끊임없이 샘솟는 세상이 되어야 한다. 지속 가능한 개발 목표SDGs, ESG, 사회적 임팩트와 가치 등 모든 거대한 외침의 전제 조건은 바로 소소한 캠페인 이야기 같은 '작은 외침'이다. 실제 세상을 바꾸는 것은 이런 작은 외침 같은 캠페인이 더 많다.

2022년 여름

이종혁 · 박주범

차 례

2까지 기다리자 캠페인

가짜 부수기 캠페인

글 검색하지 않는 날 캠페인

백만 교실 캠페인

제1장

한 아이를
키우려면
온 마을이
필요하다

는 다음 세대에 영감을 주고 있다 캠페인

미래의 나 캠페인

학교 안 요리사들 캠페인

이들에게 영양을 공급하라 캠페인

16세까지 6가지 캠페인

결정할 수 있는 힘 캠페인

피임할 수 있어 감사해요 캠페인

대화가 힘이다 캠페인

WAIT until 8th

중 2까지 기다리자
캠페인

우리 아이들의 뇌에서 무슨 일이 일어나고 있는지
신만이 알고 있다

스마트폰을 선물하는 순간
너를 잃을 수 있다

❋ 스마트폰을 갖고 있지 않은 학생들의 작은 공동체

"그냥 두세요. 그걸 어떻게 막아요?"

"그래도 너무 고민이 되네요."

어린 자녀를 둔 부모들의 대화다. 무엇을 그냥 두라는 것일까? 바로 자녀들의 스마트폰 사용이다. 미국 텍사스주 오스틴에 사는 브룩 섀넌Brooke Shannon은 이 고민을 해결하기 위해 캠페인 하나를 제안했다. 세 딸을 둔 엄마로서 스마트폰이 소통의 도구가 아니라 어린 자녀들과 자신을 멀어지게 하는 장애물이라고 확신했기 때문이다.

이렇게 시작된 사회운동이 '중 2까지 기다리자Wait until 8th' 캠페인이다. 2017년 시작된 이 캠페인에는 홍보 전문가, 변호사, 정책 컨설턴트 등 다양한 전문가가 자발적으로 참여했다. 이들의 공통점은 모두 어린 자녀를 키우면서 같은 고민을 하고 있던 부모라는 점이다.

스마트폰이 없으면 또래들에게서 아이가 소외될 것 같은 두려움 혹은 괴롭힘의 대상이 될 수 있다는 걱정 때문에 부모는 어린 자녀에게 스마트폰을 사주게 된다. 이 캠페인은 이 문제를 해결하기 위해 간단한 실천을 제안했다. 캠페인 사이트에 들어가 자녀에게 스마트폰 사주는 시기를 중학교 2학년(15세)이 될 때까지 기다리겠다고 서약만 하면 된다. 이 서약에 동참한 같은 학교, 같은 학년에 아이를 재학시키는 학부모가 최소 10명이 되면 상호 간 연락처가 공유된다.

서로를 알게 된 부모들은 자신만 이 문제에 대해 고민했다는 착각에서 벗어나 아이가 다니는 학교에서도 함께 실천할 수 있는 동료가 있음을 확인하게 된다. 같은 학교 부모들이 연결되면서 스마트폰을 갖고 있지 않은 학생들의 작은 공동체가 만들어진다. 이 캠페인에 참여한 부모의 어린 자녀는 스마트폰이 없는 유일한 아이가 아니라 사회적 영향력을 키워가는 캠페인에 동참하는 아이가 된다. 현재까지 이 캠페인에 미국 50개 주, 약 2만 2,000명

의 부모가 동참했다. 불가능할 것 같았던 캠페인에 부모들의 자
발적인 참여가 이어진 이유는 무엇일까?

어린 자녀들이 스마트폰을 접하는 순간부터 부모와의 대화,
야외 활동, 독서량 등이 현격하게 줄어드는 것을 직접 목격했기
때문이다. 비영리 단체인 '커먼 센스 미디어Common Sense Media'
가 2019년 10월 발표한 보고서에 따르면, 미국 10대들이 스마트
폰을 포함한 스크린 미디어에 사용하는 시간이 하루 평균 7시간
22분에 달한다고 한다. 이는 학교 과제를 위해 사용한 시간을 뺀
것이다. 스마트 기기가 한 사람의 인생에서 유년기와 청소년기
를 완전히 바꿔놓고 있다는 증거다.

아이들은 누구나 다 갖고 있다고 생각하게 하는 비현실적인
사회적 압력에 스마트폰을 갖게 된다. 그래서 스마트폰은 아이들
의 어린 시절을 너무도 급격하게 바꿔놓고 있다. 친구들과 함께
어울리고 가족과 보내던 시간은 금세 인스타그램에 사진을 포스
팅하고, 친구에게 스냅 사진을 보내고, 유튜브 영상들을 따라잡
는 시간으로 대체된다.

이 캠페인에 참여한 한 엄마는 딸의 생일에 보낸 편지에서 '스
마트폰을 선물하는 순간 너를 잃을 수 있다는 것이 가장 두렵다'
고 했다. 무엇을 잃는다는 것일까? 삶 속에서 단 한 번뿐인 어린

시절, 부모와의 추억이 사라지는 것을 염려한 것이다. 부모가 자녀에게 줄 수 있는 최고의 선물은 어린 시절의 추억이기 때문이다.

스마트폰을 선물하지 않는 것이 오히려 부모가 줄 수 있는 최고의 선물이 될 수 있다는 말에 많은 부모가 크게 공감했다. 이 편지에서 엄마는 딸에게 인생은 스마트폰 화면을 통해서가 아니라, 실제 내 주변에서 일어나는 일에 집중하고 그 순간을 즐기는 방법을 통해 먼저 배워야 한다고 알려준다.

✳ 우리 아이들은 아이패드를 사용하지 않는다

그렇다면 왜 중학교 2학년이 될 때까지 기다려야 할까? '중 2까지 기다리자' 캠페인은 아이들이 스마트폰을 갖게 된다는 것은 부모도 예측할 수 없는 전혀 다른 세상과 만나게 되는 것이라고 설명한다. 무엇보다 스마트폰이 아이들에게 안내하는 새로운 세상은 부모와 함께할 수 없는 곳이다. 그래서 아이들이 그 세계로 들어가기 전까지 부모가 알려주어야 할 '세상 바라보기'의 지혜를 최대한 함께 공유하자는 것이다. 세상을 바라보고 주변을 살필 수 있는 준비를 온전히 하자는 취지다. 스마트폰을 사주는 시기를 중학교 2학년이 될 때까지 기다림으로써 최소한 한창 뛰어놀아야 할 초등학교에서 아이들이 스마트폰만 들여다보고 있는 풍경은 사라질 수 있다.

이 캠페인은 5년간(2016~2020년) 미국 국립보건원National Institutes of Health, NIH과 주요 대학 연구소에서 발표한 연구를 인용해 초등학생 때부터 스마트폰을 사용할 경우 예상되는 많은 부작용을 경고한다. 그 첫 번째가 유년기의 상실이다. 그 외에 이미 우리가 알고 있는 스마트폰 중독, 학습 방해, 수면 장애, 부모와의 대화 단절, 불안과 우울증 초래, 청소년 사이버 괴롭힘, 포르노와 성인물에 대한 노출 빈도 증가 등을 근거로 든다. 더 나아가 부모들에게 추가적인 제안도 한다.

바로 실리콘밸리의 성공한 경영자가 가정에서 실천하는 자녀 교육법을 배우자는 것이다. 『뉴욕타임스』의 칼럼니스트 닉 빌턴 Nick Bilton은 과거 스티브 잡스Steve Jobs를 비롯한 실리콘밸리 주요 경영자들과의 만남에서 가장 충격을 받은 부분이 그들의 가정 교육에 대한 것이었다고 회고했다. 그는 실리콘밸리의 경영자들은 일반 사람들이 모르는 것을 알고 있는 것 같다고 언급했다.

"당신의 아이들이 아이패드를 좋아하느냐?"는 질문에 "우리 아이들은 아이패드를 사용하지 않는다"고 답했던 스티브 잡스의 유명한 일화는 그에 국한된 이야기가 아니다. 다른 실리콘밸리의 경영자들도 가정에서 자녀들의 스마트 기기 사용에 엄격했다. 5세 이하 자녀에게는 스마트폰 사용을 금지하고, 10~13세까지는 철저하게 사용 시간을 제한한다고 했다. 이 캠페인 블로그에 소개된 내용을 보면 트위터의 공동 창업자였던 미디엄 CEO 에번 윌리엄스Evan Williams는 두 아들에게 전자책 대신 종이책을 읽도록 한다.

페이스북(현재 메타)의 부사장 출신으로 소셜캐피탈 CEO인 차마트 팔리하피티야Chamath Palihapitiya는 어린 자녀에게 스마트폰 화면에서 벗어나 실제 세상을 경험하라고 가르치고 있다. 2019년 한국에 진출한 글로벌 IT 미디어『와이어드』편집자 크리스 앤더슨Chris Anderson은 고등학교 입학 전까지 자녀들에게 스마트폰을 사주지 않기로 했다. 그는 13세 이전까지 소셜미디어 사용도 금지했다. 애플의 CEO 팀 쿡Tim Cook도 12세 조카가 소셜미디어를 사용하는 것에 반대했다고 한다.

✱ 스마트폰은 슬롯머신이다

이 캠페인에서 이렇듯 부모의 역할을 강조한 이유는 무엇일까? 어린 자녀의 스마트폰 사용 습관 원인 중 하나로 부모의 스마트폰 중독을 우려했기 때문이다. '중 2까지 기다리자' 캠페인은 부모 스스로 각성하고 아이들의 유년기와 청소년기를 지켜주자고 제안한다. 어린 시절은 스마트폰에 낭비하기에는 너무 짧다. 그리고 사회에는 이렇게 호소한다. 우리가 귀 기울여야 하는 의견은 스마트폰의 순기능을 주장하는 전문가보다 현재 어린 자녀를 둔 부모들의 목소리라는 것이다.

이코노믹 이노베이션 그룹의 회장 숀 파커Sean Parker는 "우리 아이들의 뇌에서 무슨 일이 일어나고 있는지 신神만이 알고 있다"고 말했다. 그가 2004년 페이스북의 초대 사장을 역임했기에 이 말은 더 주목을 받았다. 휴먼테크놀로지센터의 공동 창립자인 트리스탄 해리스Tristan Harris는 스마트폰을 아이들 주머니 속 슬롯머신에 비유했다. 재미를 주는 다양한 앱의 개발 행위를 아이들의 두뇌 해킹brain hacking이라고도 했다. 이는 너무 지나친 비판일 수 있지만, 캠페인에 서명하는 부모들은 이런 주장에 지지를 보낸다.

적어도 부모가 본다면 자녀의 스마트폰 사용과 관련해 앞에 열거한 부작용들은 과장되거나 과도한 우려가 아니라는 것이다. 스마트폰이 부모와 아이들 사이에 대화를 단절시켰다는 경험 때문이다. 이미 아이에게 스마트폰을 사용하게 했다고 하더라도 늦

스마트폰을 선물하는 순간 너를 잃을 수 있다

은 것이 아니다. 지금이라도 아이와 함께 이 문제에 대해서 이야기를 나누어 보고 전화와 문자 기능만 있는 기본 전화기로 교체하는 방법이 있다.

'중 2까지 기다리자' 캠페인에서는 사이트를 통해 아이와 함께 논의할 부분에 대한 관련 자료를 제공하고 있다. 학교의 다른 친구들도 이에 동참하고 있다는 것을 아이가 알게 되면 공감하기도 더 쉽다는 게 이 캠페인이 제공하는 혜택이 될 수 있다. 2019년 '커먼 센스 미디어' 조사에 따르면, 스마트폰을 소유한 미국의 8세 어린이는 2015년과 비교해 4년 만에 11퍼센트에서 19퍼센트로 급증했다고 한다. 이 캠페인에 동참했던 부모들은 "왜 초등학교 1학년 자녀에게 최신 스마트폰을 선물하고 있는가?"라는 질문에서부터 풀뿌리 사회운동을 시작했다.

국내 청소년 스마트폰 보유율은 이보다 월등히 높다. 2018년 과학기술정보통신부와 한국정보화진흥원(현재 한국지능정보사회진흥원)의 스마트폰 과의존 실태조사에 따르면, 만 3세 이상 국민의 89.5퍼센트가 스마트폰을 갖고 있다고 한다. 특히 3~9세 유아와 아동 중 20.7퍼센트가 스마트폰 과의존 위험군으로 분류되었다.

자녀들에게 스마트폰 지급을 중학교 2학년이 될 때까지 기다리자는 캠페인은 우리 현실에 더 많은 숙제를 안겨주는 듯하다.

도대체 우리는 무엇을 해야 할까? 아이들을 스마트폰에 맡겨놓으면 나 또한 스마트폰을 볼 수 있어서 그저 편하게 시간을 보내고 있던 것은 아닐까? 그 와중에 소셜미디어, 비밀 채팅방 등에서 심각한 청소년 범죄도 빈번히 발생하고 있다.

그렇다면 어린 자녀들을 바라보며 무언가 질문이라도 해보아야 하지 않을까? 초등학교 1학년도 갖고 있는 스마트폰을 회수하는 것은 쉬운 일이 아니다. 그러고 보니 초등학교 앞 등하굣길에는 어린이 스몸비smombie(스마트폰과 좀비의 합성어)가 넘쳐난다. 왜 초등학생들은 스마트폰을 보면서 스쿨존을 걷고 있는가?

스마트폰을 선물하는 순간 너를 잃을 수 있다

가짜 부수기
캠페인

TV에서 보는 내용을 그대로 믿지 말고
한 번 더 생각해보고 질문하자

'가정집 하마'에 속지 않으려면
생각을 깨워라

✱ 하마를 가정집으로 불러들이다

"3,700만 캐나다 국민이 잠든 저녁 흥미로운 일이 벌어집니다. 집에 숨어 있던 하마가 활동을 시작하기 때문입니다. 손바닥 크기의 이 하마를 목격하기는 쉽지 않습니다. 이 하마는 애완동물의 단잠을 방해하기도 합니다. 그런데 이 작은 하마를 다시 가정집으로 불러들인 것은 바로 우리 자신입니다."

이것은 2019년 '가정집 하마'라는 가상 동물이 등장하는 아동·청소년 대상 미디어 리터러시Media Literacy 캠페인 영상 내용 중 일부분이다. 캐나다 오타와의 비영리 단체 미디어 스마트Media Smarts가 제작한 것이다.

이 캠페인 영상에 등장하는 하마는 1999년에 TV 상업광고 내용을 맹신하지 말고 대중매체 내용에 대해 비판적으로 사고하는 능력을 깨우치도록 고안된 캐릭터였다. 당시 캐나다 전역과 미국 동부에서 발견된 작은 하마로 설정된 이 캐릭터는 말이 안 되는 것 같으면서도 진짜인지 잠깐 고개를 갸우뚱하게 만든다. TV에서 보는 내용을 그대로 믿지 말고 한 번 더 생각해보고 질문하는 데 익숙해지자는 인식을 확산시키기 위해 기획된 것이었다.

실제로 몇몇 사람은 어렸을 때 이 영상을 보고 '가정집 하마'가 존재한다고 믿었던 적이 있다고 소셜미디어에 공유하기도 했다. 대중매체의 정보에서 우리가 얼마나 취약한지 엿볼 수 있는 대목이다. 그런데 이 하마가 캐나다 정부의 지원을 받은 '가짜 부수기 Break the Fake' 캠페인을 통해 20년 만에 다시 소환된 것이다. 그 이유는 디지털 미디어 환경 속에서 우리가 얼마나 쉽게 속을 수 있는지를 경고하는 미디어 리터러시 교육 캠페인을 위해서다.

특히 스마트 기기와 친숙한 환경에서 성장하고 있는 아동·청소년들은 매체를 기능적으로 다루는 것에는 익숙하지만, 상대적으로 자신들이 소비하고 있는 정보를 평가하는 능력은 취약하다. 소셜미디어를 통해 친구들과의 정보를 공유하는 방식으로 뉴스를 접하거나 단순히 포털사이트를 통해 각 매체의 특성과 신뢰도를 고려하지 않은 채 뉴스를 소비하기 때문이다.

　최근 몇 년 사이, 많은 국가가 아동·청소년을 대상으로 하는 미디어 리터러시 교육의 필요성을 강조하는 이유다. 그래서 어떤 정보를 공유하기 전에 반드시 뉴스의 진실성을 검증하는 습관을 키우자는 캠페인이 등장하게 되었다. 정보 출처를 검증하고 사실을 확인하는 데 30초 정도면 충분하다. 이 작은 습관을 키워주자는 '가짜 부수기' 캠페인은 특히 각 초중고 현장의 미디어 리터러시 교육의 중요성을 강조한다. 교육은 모든 미디어가 특정한 목적과 관점을 갖고 있다는 사실을 각자가 인정하고 경계하자는 것에서 시작된다.

　소셜미디어에 넘쳐나는 정보를 누가 왜 만들었는지, 해당 메시지는 대중의 관심을 끌기 위해 어떤 표현 기법을 사용했는지, 여론은 그것을 어떻게 해석하고 있는지 등에 관한 판단 능력을 키우기 위해서다. 캐나다는 2006년부터 매년 10월이나 11월 한 주간 동안 '전국 미디어 리터러시 주간'을 정해서 각 학교, 도서관, 박물관, 커뮤니티 그룹 등이 학생들의 나이에 맞게 적합한 활동을 제공한다.

✱ 유튜브 구독을 취소하라

2021년에 치러진 16번째 행사에서는 10월 25일부터 29일까지 5일에 걸쳐 미디어에 관한 5가지 주제로 '사용, 이해, 관여, 접근, 검증' 프로그램이 마련되었다. 미디어 스마트의 캐시 윙Cathy Wing 공동 디렉터는 "젊은 세대들은 더는 단지 미디어의 소비자가 아니라 방송인이기도 한 셈이다. 점점 정확한 정보와 광고, 잘못된 정보와 패러디 간의 차이를 구분해내기 힘들어지고 있다. 누구나 모르는 사이에 잘못된 정보를 퍼뜨리게 되는 일이 너무나 쉽게 일어난다"고 경고한다.

미디어가 청소년들의 삶에 커다란 역할을 하고 있다. 그들의 사회적·감정적·지적·신체적 안녕에 긍정적이고 부정적인 영향을 미치고 있다. 미디어가 청소년들에게 세상을 향한 창을 제공하며 경계선 없이 소통하면서 너무나 다양한 방법으로 많은 것을 가르쳐주고 있는 것이 현실이다. 미디어 관련 이슈에 대한 최선의 대응은 이용자들을 적극적으로 관여하고 현실을 잘 아는 능동적인 시민으로 교육시키는 것이다.

이러한 믿음을 가진 캐나다의 영향으로 미국도 2014년부터 미디어리터러시교육전국연합National Association for Media Literacy

Education, NAMLE의 주도하에 'U.S. 미디어 리터러시 위크'를 마련하고 있다. 2021년은 10월 마지막 주 5일에 걸쳐 미디어 리터러시를 구성하는 5가지 요소, 즉 접근력·분석력·평가력·구성력·행동력을 다양한 커뮤니케이션 도구를 통해 학생들에게 소개했다.

2019년 국제거버넌스혁신센터Centre for International Governance Innovation, CIGI가 전 세계 20개국 2만 5,000명의 인터넷 사용자를 대상으로 실시한 설문조사에 따르면, 소셜미디어 플랫폼을 불신한다는 응답자가 75퍼센트에 달했다고 한다. 전체 응답자 중 86퍼센트가 한 번은 가짜 뉴스에 속았던 경험을 갖고 있다고 답했다. 44퍼센트는 자주 가짜 뉴스에 속는 경험을 한다고 했다. 가짜 뉴스에 한 번도 속지 않았다고 답한 사람은 14퍼센트에 불과했다.

이 조사에서 사용자들이 느끼는 인터넷과 소셜미디어에 대한 문제의식은 2가지로 나타났다. 하나는 거대 포털사이트와 소셜미디어에서 유통되는 정보의 투명성 부족과 편향된 정보 유통이다. 또 하나는 문제가 있다고 느끼는 미디어가 한 개인의 삶에 미치는 힘이 점점 더 커지고 있다는 우려였다. 일부 학부모들은 자녀들이 온라인상에서 잘못된 정보를 접하는 것을 폭력이나 사이버 따돌림보다 더 많이 걱정하는 것으로 나타났다.

'가정집 하마'에 속지 않으려면 생각을 깨워라

2020년 미국 연방통신위원회Federal Communication Commission, FCC가 통신품위법 제230조에 규정된 소셜미디어 업체의 면책 범위 축소를 통해 콘텐츠 규제 강화 논의를 시작한 것도 이런 여론과 무관치 않다. 미디어 스마트는 유튜브 구독이 아닌 구독 취소를 권한다. 특정한 정보의 편식을 우려하기 때문이다. 구독보다 의제별로 신뢰할 수 있는 전문 정보를 탐색하는 방식을 추천한다. 자신이 찾은 정보, 특히 뉴스를 공유하기 전 잠시 멈추고 출처를 확인하는 작은 실천을 강조한다.

특히 코로나19로 인한 팬데믹과 같은 위기 상황에서 허위와 오해의 소지가 있는 온라인 정보와의 싸움은 필수적이라고 강조했다. 또한, 개인정보 보호를 위한 실천 방안으로 무언가 공짜인 것처럼 유혹하는 콘텐츠를 경험할 때 개인의 관심이나 삶의 방식에 대한 많은 정보가 제공될 수 있음을 경계해야 한다고 했다. 이런 분위기 속에 이색적인 미디어 실천 운동이 제안되기도 했다.

* 구글 검색하지 않는 날

2016년 캐나다 밴쿠버에 있는 비영리 잡지 『애드버스터스Adbusters』는 '구글 검색하지 않는 날Google No Search Day'이라는 실천 캠페인에 도전했다. 당시 5월 5일을 구글 검색하지 않는 날로 지정했는데, 구글이 우리 삶 속에서 너무 큰 영역을 차지하면서 검색 의존도가 심각하게 커졌다는 문제의식 때문이었다. 이들은 다음과 같이 질문했다. "구글을 사용하지 못한다면 당신은 어떻게 결정할 것인가? 자신의 판단과 생각으로만 결정을 내릴 때 삶이 어떻게 달라질 수 있을까?"

단 하루 동안 구글 검색을 하지 않고 무언가 결정해나갈 수 있을지에 대한 도전이었다. 일회성 캠페인이었지만 그들의 주장은 지금까지도 큰 울림을 주고 있다. 당시 '구글 없는 날'을 제안했던 이유는 지배적인 정보 서비스에서 벗어날 수는 없지만, 단 하루라도 자신의 본질적인 가치에 대해 각성하는 시간을 갖자는 것이었다.

미래학자이자 작가인 니컬러스 카Nicholas Carr는 "구글이 우리를 얼마나 어리석게 만들고 있는가?"라고 대중에게 질문을 던졌다. 스스로 생각하는 방식과 사고의 틀이 재구조화되고 있다는 불편함 때문에 시작된 질문이라고 했다. 그가 토로한 자신의 변화는 이렇다. 책이나 긴 기사를 읽으며 자기 내면에서 다양한 논리를 펼치고 논쟁하면서 상상의 나래를 펼치던 경험이 서서히 사라졌다는 것이다. 상대적으로 독서 시간이 줄어들었는데, 온라인

'가정집 하마'에 속지 않으려면 생각을 깨워라

에서 정보 검색과 서핑에 많은 시간을 할애하면서 몇 번의 검색과 링크 클릭만으로 정답 찾기에만 주력했기 때문이다.

그런데 시간이 지날수록 갑질, 횡포, 독과점 등과 같은 부정적인 어휘들이 소셜미디어와 포털사이트의 생태계 내에서 넘쳐나지만 개인의 삶 속에서 검색 기반 미디어가 끼치고 있는 심각한 영향에 관한 논의는 거의 없다. 개인이 접해야 할 다양한 정보와 지식이 온전한 콘텐츠의 가치에 걸맞게 공정하게 공유되고 있는지에 관한 문제 제기는 오히려 현실과 동떨어진 어리석은 물음이 된 지 오래다.

그사이 성인들은 물론, 아동·청소년들까지도 왜곡된 성문화, 잘못된 식습관, 과도한 외모 지상주의 등 가짜 콘텐츠 소비의 부작용과 별다른 문제 제기 없이 마주하고 있다. 어느 순간 포털사이트가 찾아주는 정보에 의존하면서 하루를 살고 있기 때문이다. 바로 옆 사람의 말도 믿지 않고 오로지 검색 결과만 맹신하고 있는 것은 아닌지 되묻지 않을 수 없다. 결국 책임은 이용자 각자에게 있다. 뉴스를 걸러내고 댓글에 좌고우면하지 않을 수 있는 미디어 리터러시 역량을 갖추는 것만이 유일한 길이다. 이를 위해 필요한 것이 미래 세대를 대상으로 사실에 대한 판단의 방법만이라도 알려주는 캠페인이다.

캐나다에서는 2016년 '구글 없는 날'에 도전했고, 2019년 '가정집 하마'를 다시 등장시켰다. 그러고 보니 1997년 10월 15일 삼성 SDS가 신규 사업을 위해 공모로 선정했던 사내 벤처기업 아이템이 바로 검색엔진 웹 글라이더, 지금의 네이버다. 당시와 비교해 그 공간에서 형성되는 오늘날 여론 현실을 성찰해볼 필요가 있다. 그런 차원에서 매년 10월 주말 중 하루는 개인적으로 '검색엔진 없는 날'로 정하고 잠시 아날로그 삶 속 자신과 자신의 아이들과 만나보는 것은 어떨까?

'가정집 하마'에 속지 않으려면 생각을 깨워라

RQI

백만 교실
캠페인

좋은 질문은 우리가 생각하는 것 이상으로
훨씬 중요한 삶의 기술이다

엉뚱한 질문이
세상을 바꾼다

✱ 모든 대화의 시작은 좋은 질문이다

"선생님이 교실에서 학생들에게 1분에 2개 정도의 질문을 하는 동안 학생들은 1시간에 2개의 질문을 한다." 중고등학교 중퇴 예방을 위해 미국 매사추세츠주 케이시 재단Casey Foundation의 지원으로 설립된 비영리 교육단체 바른질문협회Right Question Institute, RQI의 주장이다. 이 단체는 질문이 사라진 교실에서 교육자와 학생 간 질문의 불균형 문제 해결을 위해 '백만 교실 캠페인Million Classrooms Campaign'을 전개했다. 이 캠페인은 교실에서 학생들의 질문을 촉진해 학습 참여와 창의적인 사고를 증진시키자는 활동이다. 모든 대화의 시작은 좋은 질문이라는 확신 때문이다.

RQI의 공동 창립자인 댄 로스타인Dan Rothstein은 좋은 질문을 할 수 있는 것은 우리가 생각하는 것 이상으로 훨씬 중요한 삶의 기술이라고 강조한다. 그는 많은 학부모가 의도와 달리 아이들의 학교생활에 더 많이 참여하지 못하는 이유가 아이들에게, 혹은 선생님들에게 어떤 질문을 해야 하는지 잘 몰라서 두렵기 때문이라는 고백을 듣고 놀랐다. 어떻게 질문하는지를 배우는 것이 읽고, 쓰고, 계산하는 능력을 배우는 것만큼 중요하게 여겨져야 한다는 것이다.

질문을 전략적으로 사용할 수 있는 능력은 사람들을 더 똑똑하게 만들고, 각자의 일에서 더 큰 능력을 발휘하게 한다. 교실은 배우는 공간 이전에 소통하는 공간이 되어야 하며, 그곳에서 학습해야 하는 가장 중요한 능력이 질문법이라는 것이다. 이를 위해 RQI는 25년 동안 질문 형성 기법Question Formulation Technique, QFT을 개발해왔으며, 강의자들과 글로벌 차원의 네트워크도 구축했다. 질문 형성 기법은 학생들로 하여금 질문을 생성·분류하며, 다른 종류의 정보를 끌어내기 위해 어떻게 다른 종류의 질문을 해야 하는지 숙고하는 과정을 도와준다.

교사들이 수업 중 질문 형성 기법을 활용할 때, 어떤 학생들은 종종 질문하는 것은 교사의 영역이라며 거부하는 경우가 있다.

그러나 교사를 질문하는 사람이라고 단정 짓는 그 자체가 바로 문제의 근원이다. 누구나 스스로 질문해야 하고, 그다음에는 질문에 대해 스스로 답을 찾아야 한다. 그것이 많은 학생이 학교에서 경험해보지 못한 가장 강력한 동기부여를 제공하는 학습 방법이 될 수 있다. 학생들에게 대중의 굴레에서 벗어나 스스로 생각하고 확인하고 공동체에 질문할 수 있는 능력을 갖추도록 하는 것이 성숙한 민주주의의 기초가 된다.

좋은 질문법을 배우게 되면 감성이 아닌 이성적 논의가 시작될 수 있으며, 극단적 논쟁이 아닌 다양한 토론이 가능하다. 이런 주장이 자칫 이상적인 논의에 그칠 수 있기에 교육 현장에서부터 '좋은 질문하기'라는 작은 실천으로 장기적인 접근을 한 것이다. 한 사회의 갈등이 고조되고 편 가르기로 상호 비판이 넘쳐나는 근본 원인은 교육 현장에서 질문이 사라진 것과 무관치 않다.

미국 텍사스주립대학 존 데일리John Daly 교수의 연구에 따르면, 교실에서 질문하는 것에 불편을 느낀다고 응답한 학생들의 비율이 전체의 37퍼센트에 달했다고 한다. 강력한 자기주장과 확신이 팽배한 사회 속에서 질문은 일종의 배신행위로 여겨질 수 있다. 이런 사회에서는 질문이 트집 잡기로 평가받기 때문에 새로운 산업에 대한 창의적인 도전을 기대하기도 어렵다.

＊ 교실에서는 창의적인 질문이 나올 수 있다

RQI의 조사 결과, 4~5세까지는 질문하려는 의지가 최고점에 도달하지만 학교에 입학하고 성인이 되어가면서 질문 능력이 감소한다. 이런 문제를 해결하기 위해 질문 형성 기법 활용 캠페인이 등장했고, 여기에 참여한 교육자가 총 30만 명을 넘어섰다. 켄터키주의 한 고등학교에서 미국 역사를 가르치는 교사인 킴 서전트Kim Sergeant는 질문 형성 기법 연수에 참여한 후 질문을 준비한 수업에서 그 잠재성을 확인했다.

학생들에게 해당 주제에 대해 질문을 공책에 적도록 하고, 그 가운데 더 나은 질문을 고르게 하고, 또 학생들 간에 질문에 대해 서로 절충하게 한 후 진행된 수업에서 학생들의 몰입 정도와 주인 의식이 즉각적으로 향상된 것이다. 학생들의 주제에 대한 조사 수준이 깊어진 것은 물론, 다면적 부분까지 포함하고 있다는 것도 나타났다. 이 캠페인 사이트에서는 지역별 백만 교실 캠페인 진행 상황이 공유되며, 2020년까지 누적 숫자로 100만 개의 교실이 참여하는 것을 목표로 했다.

이 단체는 교실을 위대한 공간으로 바라본다. 그곳에서 얼마나 창의적인 질문이 나올지 아무도 모르기 때문이다. 주입식 교육에는 설렘이 없다. 공부 잘하는 학생은 있어도 세상을 바꿀 새로운 아이디어와 꿈이 있는 학생은 찾기 어렵다. 대학도 예외는 아니다. 2016년 워싱턴주립대학의 앨리슨 헤드Allison Head 교수의 조사에 따르면, 대학생 중 강의를 통해 자신의 질문 능력이 향상된다는 데 동의한 비율이 27퍼센트에 불과했다고 한다. 활발한 토론이 전개되어야 할 대학의 강의실에서조차 교수와 학생 간 소통이 줄어든 현실 때문이다.

이러한 문제들에 대한 심각한 현실 자각 때문일까? 미국 내에서는 최상위권 학생들이 지원하는 명문 리버럴아츠칼리지Liberal Arts College가 최근 들어 더욱 주목을 받고 있다. 자유 전공을 전제로 다양한 학문을 교수와 함께 긴밀히 학습할 수 있는 리버럴아츠칼리지는 우리에게 매우 낯설다. 2015년 『포브스』 선정 미국 최고 대학 1위에 올랐던 포모나칼리지Pomona College가 표방하는 대학 생활의 핵심 가치는 좋은 예가 될 수 있다. 그것은 긴밀한 커뮤니티 구축이다. 재학생의 98퍼센트가 생활하는 기숙사에서 일상과 학습의 경계를 없애는 환경, 교수와 학생 간 일상적인 점심 식사 문화 같은 상호 토론과 협력은 진로와 학문에 관한 다양한 질문을 학교생활의 일부로 만들었다.

미국 조지타운대학 교육일자리센터Center on Education and the

Workforce, CEW는 2019년 「미국 리버럴아츠칼리지의 ROI(투자 자본 수익률)」라는 보고서를 발표한 바 있다. 상위권 리버럴아츠칼리지를 선택하면 더 많은 돈을 벌면서도 행복한 삶을 누릴 가능성이 상대적으로 클 것이라고 예측했다. 또한, 직업을 얻기 위해 대학에 가서는 안 되고, 가치 있는 삶을 살기 위해 대학에 가야 한다고 조언한다. 이는 상대적으로 질문하는 능력을 갖추고 학습한 학생들이 자기 주도적 삶의 방식에서 우위를 갖는다는 의미다.

미국 MIT대학의 시저 맥다월Scissor McDowell 교수는 백만 교실 캠페인이 실제 일상의 변화를 이끄는 실천 학습Learning by Doing을 가능하게 한다고 강조한다. 질문하지 않는 것은 오답을 허용하지 않기 때문인데, 인류의 생활을 바꾸는 혁신은 늘 오답에서 시작되었고 엉뚱한 질문이 창의적인 결과물을 낳았다. 1940년대 폴라로이드 카메라를 발명한 에드윈 랜드Edwin Land는 자신의 딸에게서 "왜 사진을 찍은 후에 기다려야 하나요?"라는 질문을 받고 영감을 얻었다.

✻ 침묵하는 다수의 의견을 끌어내다

이렇듯 아이디어와 관련된 백만 교실 캠페인은 더 나은 미래를 만드는 효과적인 방법이 될 수 있다. 그래서 2015년 미국 보스턴은 새로운 교통 정책 개발을 위한 비전 '고 보스턴Go Boston 2030'을 추진하면서 질문 캠페인을 시작했다. 현장에서 수집된 질문들은 주요한 정책 개발에 활용되었다. 아이디어를 제시하라는 것보다 질문해달라는 요구를 통해 훨씬 더 많은 참여를 유도할 수 있었다. '질문 트럭Question Truck'을 비롯해 소셜미디어를 통해 5,000건 이상의 질문이 수집되었다.

2012년 MIT대학 미디어랩에서는 가정폭력 예방 운동에 질문 캠페인을 도입했다. 21일 동안 지역 주민들에게서 가정폭력에 관해 질문을 받고 이후 1년간 그 질문에 답변하기 위한 정책과 서비스 아이디어를 개발하는 실험이었다. 이 캠페인을 통해 확인하고자 했던 것은 질문을 사회 변화와 공공 문제 해결의 수단으로 활용해보자는 것이었다. 질문은 침묵하던 다수의 의견을 공공 영역으로 끌어내는 핵심 요소였기에 가능했다.

질문은 늘 일상의 현장에서 시작된다. 사실상 현장에 있는 사람들이 최고의 전문가라는 인식에서 시작되는 소통이다. 사람들은 자신의 일상에서 질문을 찾고, 그것을 공유하면서 자신과 유사한 경험과 생각을 하는 사람들과 연결된다. 그리고 해결책을 의외로 쉽게 찾을 수 있다. 질문은 어떻게 해결할 수 있을지에 관

엉뚱한 질문이 세상을 바꾼다

한 발전적 제안이기 때문이다. 비난과 비판은 당신이 틀렸다는 것에 초점을 둔다. 그러나 '왜'라는 질문은 '어떻게'로 이어주는 연결고리가 된다.

질문이 사라진 사회에는 늘 소수의 전문가만 부각되며, 정책에 대한 발전적 논의는 사라지고 정치에 대한 소모적 논쟁만 넘친다. 그러고 보니 정책 개발과 공공 문제 해결을 위해 올바른 질문법을 가르치고 일상에서 질문을 기부하자는 제안이 지금 우리 현실에서는 그 어느 때보다 절실하다. 『더 아름다운 질문A More Beautiful Question』의 저자 워런 버거Warren Berger는 질문을 작성하는 행위는 우리가 모르는 것에 대해 창의적인 해법을 찾기 위해 생각을 정리하고 그것을 합리적으로 조직할 수 있게 해준다고 설명한다. 그래서 질문법을 역동적인 시대에 연마해야 하는 최선의 기술이라고 했다. 최근 들어 기업이나 학교에서 이러한 질문에서 시작해 창의적인 문제 해결을 도모하는 '디자인 싱킹Design Thinking'이라는 방법론을 경쟁적으로 도입하려고 하는 것도 이 때문이다.

한 사회의 혁신을 위한 선순환 구조가 만들어지려면 우선 교육의 현장인 초중고에서 질문하는 법을 익힐 수 있어야 하고, 대학은 창의적인 정답을 찾기 위한 고차원적인 질문이 넘쳐나는 '질문 생산 공장'이 되어야 한다. 그런데 코로나19로 인한 팬데믹 이후 개강이 아예 연기되거나 온라인 강의로 대체되거나 하는 등 교육 현장도 큰 타격을 받았다. 애써 다시 문을 연 강의실의 풍경도 마스크를 쓰고 앉아 있는 학생들로 가득 찼다. 이런 엄혹한 현실 속에서도 어떻게든 본질적인 의미의 강의실, 즉 '질문 생산 공장'은 가동되어야 한다. 그러나 질병 예방이라는 현실적인 조치들로 인해 너무 당연하게 질문 금지라는 문화가 교실과 강의실에 넘쳐나는 것은 아닐까?

엉뚱한 질문이 세상을 바꾼다

inspiring
the
future

나는 미래 세대에 영감을 주고 있다
캠페인

모든 어린이가 세상에 존재하는 직업들을
경험하는 것은 중요하다

다양한 꿈에
날개를 달아주다

❋ 세상의 변화를 꿈꾸도록 하는 것

"솔직히 매일 내가 졸업한 대학의 교육에 감사합니다. 다른 곳에서는 접하지 못했을 수많은 아이디어를 발굴하는 지적 탐구의 기회를 강의 중 얻을 수 있었습니다. 전공인 화학뿐만 아니라 역사, 프랑스어, 물리학, 수학, 지리, 경제학 등 다양한 학문의 강의실에서 뛰어난 교수님과 함께 공부하던 동료들과 교류할 수 있었기 때문입니다. 이렇듯 모든 영역의 주제와 세계관을 갖춘 다양성에 기반한 지적 환경을 제공해준 곳이 나의 모교였습니다."

2020년 노벨화학상 수상자 중 한 명인 미국 U.C. 버클리대학 제니퍼 다우드나Jennifer Doudna 교수가 자신이 졸업한 포모나칼리지에 대해 회상한 내용 중 일부다. 열린 사고로 자연 현상과 세계에 대해 질문하는 방법을 알아내는 데 대학에서 보낸 시간이 너무 소중했다는 말이다.

포모나칼리지 등 명문 리버럴아츠칼리지(학부 중심 대학)들이 최근 국내에도 많이 소개되고 있다. 미국 내 최상위권에 속하는 이 대학들의 교육에 주목해야 하는 것은 학생들에게 어떤 꿈을 키워야 하는지 영감을 주는 데 학교가 매우 적극적으로 나서고 있기 때문이다. 다우드나 교수는 학부 시절 큰 가치 중 하나가 직업의 멘토를 만난 것이라고 했다. 멘토로 꼽은 은사 중 한 명인 샤론 멀둔Sharon Muldoon 교수도 37년 전 생화학 수업을 듣던 당시 2학년 여학생을 기억하고 있었다. 대부분 학생이 의학 대학원을 준비하던 때 제니퍼 다우드나는 기초 연구에 관심을 갖던 몇 안되는 학생이었다. 이 학부생의 작은 관심에 주목해 함께 연구한 경험도 기억하고 있었다.

이렇듯 조금 다른 꿈과 가능성을 갖는 학생에게 주목하고 꿈을 키워줄 수 있었던 것이 세상을 바꾸는 도전의 작은 씨앗이 될 수 있었다. 가브리엘 스타Gabriel Star 총장은 "다우드나 교수는 혁신적 연구, 사물이 갖는 의미에 관한 사려 깊은 관찰, 과제를 발견해내는 감각, 자신의 업에 대한 헌신, 자성과 겸손함이라는 대학을 통해 구현해야 하는 인재상을 제시해주었다"고 평가했다.

학생들에게 직업 자체를 획득하는 것에 집착하고 경쟁하도록 가르치는 것이 아니라 단 한 사람의 무한한 가능성이 가져올 수 있는 세상의 변화를 꿈꾸도록 하는 것이 교육의 목적이라는 것이다. 그렇다면 왜 노벨화학상 수상자에게 영감을 주었던 대학에 주목하는 것일까?

2020년 10월 국내에서는 노벨화학상 발표 직전 한국의 과학자가 후보에 오르자 여론의 관심이 고조된 바 있었다. 발표 직전까지 수상 여부에만 촉각을 곤두세우더니 결과 발표 이후에는 언제 그랬냐는 듯 아무도 관심을 주지 않았다. 수상자가 누구인지는 고사하고 대학 연구와 교육 여건 등 미래 학문과 과학 발전 방안을 고민하거나 노벨상을 배출하지 못하는 근본 원인이나 해법을 찾는 논의도 전혀 찾아볼 수 없었다. 과학계 일부에서만 우리 아이들의 호기심과 창의성을 일깨워주는 교육이 절실하다는 문제 제기가 있었을 뿐이다.

✽ 다양한 직업의 가치를 알려주다

이런 현실에 직면한 순간 '나는 다음 세대에 영감을 주고 있다

I am inspiring the future'라는 캠페인이 떠올랐다. 이 캠페인은 영국의 공익단체 E&EEducation and Employers가 '미래 세대를 위한 협력'이라는 구호 아래 설립 10주년을 계기로 시작한 활동이다. 이 캠페인을 주도하고 있는 E&E는 2007년 당시 영국 총리였던 고든 브라운Gordon Brown이 의장을 맡았던 국가교육발전위원회 National Centre for Entrepreneurship in Education, NCEE의 설립 제안과 정부 지원으로 2009년 10월 런던에서 출범했다.

이 단체는 대학을 포함한 모든 교육기관이 젊은이들에게 무슨 일을 해야 하는지에 관한 동기를 부여하고, 다양한 지식과 기술을 제공함으로써 숨겨진 잠재력을 발굴하자는 목적으로 활동을 이어오고 있다. 국가의 미래 성장 동력을 확보하기 위한 필수적인 요소가 젊은이들이 갖는 꿈의 다양성이라는 판단 때문이다. 다양성이 사라진 교육의 현장과 직업에 대한 몰이해는 자연스럽게 꿈이 사라진 미래 세대와 마주하는 현실을 초래했다는 문제의식도 한몫했다.

E&E 이사회 의장인 데이비드 크룩섕크David Cruikshank는 "다양한 직업의 가치를 이해함으로써 젊은이들이 창의적인 진로를 탐색하도록 영감을 불어넣어주는 것이 국가적인 차원에서 이 캠페인을 전개하는 이유"라고 설명했다. 이를 위해 2010년에는 여

러 지역의 학교와 대학 방문 캠페인을 진행했다. 특히 기업인들이 교육 현장을 방문해 그들이 지원할 수 있는 것이 무엇인지 직접 탐색하도록 했다. 어떤 문제를 지적하기 위한 점검이 아니라 좀더 좋은 아이디어를 제시하기 위한 취지였다.

누군가 정해놓은 교육 사업이나 강연 활동에 수동적으로 참여하는 것이 아니라 교육과 산업 현장에서 새로운 방식을 찾아 상호 협력하도록 변화시킨 것이다. 이 활동에는 영국 주요 기업들의 최고 경영자들을 비롯해 700명 이상의 기업인이 참여했다. 지역 공립학교와 지방 대학도 1,000명 이상의 저명한 연사와 연결되는 기회를 얻었다.

지속적인 자원봉사자 네트워크 확대를 통해 2013년에는 다양한 직급의 현장 전문가 5만 5,000여 명이 자원봉사자로 등록했다. 이들은 무료 온라인 서비스를 통해 학교의 멘토로 연결되고, 자신의 직업과 삶의 이야기를 공유하기 위해 강단에 서기도 했다. 그 결과 약 10만 명 이상의 자원봉사자 네트워크를 구축하는 성과를 거두었다. E&E의 2020년 조사에 따르면, 자원봉사자 80퍼센트가 이러한 교육 자원봉사를 한 후 스스로 가치 있는 기술을 얻었고, 79퍼센트는 자신의 일에 대해 더 많이 동기부여가 되었다고 말했다.

중고교 80퍼센트, 초등학교 20퍼센트가 캠페인에 참여함으로써 수백만 명의 어린이와 청소년은 자원봉사자들에게서 다양한 산업군 내 직업과 각 부문의 역할을 접하는 기회를 얻을 수 있었다. 이런 성과에 힘입어 E&E는 '나는 미래 세대에 영감을 주고 있다' 캠페인을 통해 학생과 자원봉사자 사이에 1,000만 번 이상의 상호 작용을 창출하겠다는 중장기적인 목표를 수립하고 활동을 이어오고 있다.

어릴 때는 주변에서 매일 볼 수 있는 누군가가 되고 싶어 하는 경우가 많기 때문에, 한 번도 본 적이 없고 존재하는지조차 모르는 미래라는 것은 갈망하기 힘들다. 모든 어린이가 거주지나 가정환경, 학교에 상관없이 세상에 존재하는 직업들에 대해 직접 경험할 수 있는 기회를 갖는다는 것은 그래서 매우 중요한 일이다.

경제협력개발기구OECD 안드레아스 슐라이허Andreas Schleicher 교육인적역량국장은 "7세 이하 어린이는 성별, 인종, 가정환경 때문에 미래의 직업을 선택해야 하는 순간 다양성이 제한될 위험에 처할 수 있다"면서 "이 캠페인은 학생 스스로 잠재력을 발견하도록 모든 산업과 직업 부문을 접하는 기회를 최대한 확대해주었다"고 평가했다. 기성세대가 해야 하는 교육은 특정한 직업을 강요하는 것이 아니라 그 업에서 누구도 상상할 수 없었던 도전적인 과제를 찾아내도록 도와주는 겸손한 역할일 뿐임을 강조한 것이다.

✳ '미래의 나'를 위한 공간

스코틀랜드 정부가 2017년 시작한 '미래의 나Future Me' 캠페인도 아이들이 꿈을 찾는 동안 곁에서 지지하고 지켜봐주는 부모의 역할을 강조하고 있다. 이 캠페인은 초등학교 저학년 아이들을 대상으로 필수적인 문해력文解力과 수리력 향상 프로그램을 기본으로 하면서 동시에 아이들의 열정과 포부를 키워주는 것을 목표로 하는 교육 캠페인인 '읽기, 쓰기, 세기Read, Write, Count' 이니셔티브의 일부다. 무엇보다 부모의 역할은 아이들과 함께 그들의 꿈을 공유하고 미래에 대해 논의하는 것이다.

그렇게 하는 것은 궁극적으로 아이들이 그 꿈을 현실화시켜 미래에 각자 더 나은 삶을 살 수 있도록 도와주는 효과를 가져온다. 이 캠페인을 지지하고 홍보하는 사이클링 세계 기록 보유자인 마크 보몬트Mark Beaumont 선수는 자신 역시 부모에게서 받은 지원이 어린 시절의 꿈을 이루는 데 결정적인 역할을 했다고 털어놓았다(2017년 마크 보몬트는 자전거로 세계 일주, 즉 1만 8,000마일[약 2만 8,968킬로미터]을 78일 동안 달려 세계 신기록을 세웠다).

"요즘 같이 끊임없이 스크린을 통해 온갖 정보를 얻고 순간적인 만족감을 얻을 수 있는 시대에서는 우리가 함께 시간을 보내며 이야기를 나누고, 대화하고, 계획을 세우고, 함께 공유할 수 있는 기억을 만들어가는 게 더할 수 없이 중요하다."

이 캠페인에 참여를 원하는 부모들은 아이들과 함께 그들의 꿈에 대해 공유한 내용을 그리거나, 편지를 쓰거나, 영상으로 만들어 캠페인 사이트인 '미래의 나를 위한 공간Future Me Wall'에 게시하면 된다. 스코틀랜드의 존 스위니John Swinney 교육기술부 장관은 이 캠페인을 통해 부모들이 아이들과 꿈과 희망에 대해서 더 많은 대화를 할 수 있게 되기를 바란다고 말했다. 이러한 시간이 아이들의 포부를 키워줄 뿐만 아니라 성과를 내게 하고 더 나은 결과를 가져다줄 수 있는 아이디어를 가족들에게 제공한다는 것이다.

매년 입시철이 돌아오지만 대학을 선택하는 수험생들의 모습에서 진짜 꿈을 찾아보기는 힘들어진 지 오래다. 꿈이 사라진 현실 속에서 기성세대가 정해놓은 모범 답안과도 같은 직업군에 착하게 순응한 학생들이 점수로만 평가받고 있는 모습을 바라보는 것은 참으로 무기력한 일이다. 저들이 마음껏 꿈을 키워야 할 청소년 시절, 얼마나 많은 산업과 직업에 대해 진지하게 고민할 수 있었을까? 과연 우리 사회는 그 기회를 얼마나 부여했으며 존중해주었을까? 주입식 교육에 찌들어 면접과 논술시험을 치르기 위해 들어서는 대학 캠퍼스에는 '○○고시 ○○명 합격, ○○전문대학원 ○○명 합격' 등의 문구가 선명한 플래카드가 그들을 반길 뿐이다. 물론, 그 숫자를 보며 안도하는 부모들의 모습도 쉽게 볼 수 있다.

노벨화학상을 수상한 제니퍼 다우드나 교수가 경험했던 40여 년 전 포모나칼리지의 생화학 강의실, 그녀가 2022년 한국 대학 강의실에 있었다면 40여 년 후 아마도 어느 환자에게 처방전을 써주고 있을 것이다. 지금 우리는 교육과 대학입시를 통해 세상을 바꿀 수 있는 우리 아이들의 꿈을 소멸시키면서 수많은 노벨상 후보자를 사라지도록 만들고 있는 것은 아닐까?

다양한 꿈에 날개를 달아주다

CHEFS IN SCHOOLS !

학교 안 요리사들
캠페인

학생들은 건강한 음식을 존중하고,
음식 쓰레기를 최소화해야 한다는 것을 배운다

아이들의 식습관을
어떻게 바꿔줄까?

＊ 편식이 심해서 밥만 먹는 아이

"우리 애는 입이 짧아서 그런지 너무 안 먹어요."

"우리 애는 너무 먹어서 탈인데, 간식을 입에 달고 살아서 걱정이에요."

부모가 아이의 탄생으로 시작해 거의 일생 동안 가장 많이 신경 쓰게 되는 것이 먹거리다. 특히 어린 시절에는 아이의 성장과 직결된 식습관의 중요성이 더욱 강조된다. 건강한 음식을 먹으면 건강해지고, 몸에 좋지 않은 음식을 먹으면 결국 탈이 나게 된다. 평생의 건강을 책임지는 어릴 적 식습관, 어떻게 하면 제대로 키워줄 수 있을까?

집에서 부모의 지도하에 먹는 식사도 중요하지만, 어린이집을 다니면서부터 매일 한 끼를 먹게 되는 교육기관의 급식에 잘 적응하는 것도 중요하다. 편식이 심해서 밥만 먹는다는 아이, 좋아하는 게 나오는 날만 먹는다는 아이, 잔반을 남기지 못하게 하는 급식 지도 방식에 스트레스를 받는 아이……. 올바른 식습관 실천 교육은 부모와 함께 교육기관 담당자들의 큰 과제이기도 하다.

영국 런던의 게이허스트 초등학교의 운영위원인 헨리 딤블비 Henry Dimbleby는 학교 급식 개선에 대해 고민하던 어느 날, 학교 급식실을 누가 맡아줄 수 있느냐는 트윗을 올렸다. 당시 유명한 레스토랑의 메인 요리사였던 니콜 피사니Nicole Pisani는 이제껏 학교 급식에 대해 깊이 생각해보지 않았지만, 자신이 어린이들을 위한 식습관 교육에 도움을 줄 수 있을 것 같은 마음에 이 제안에 지원하게 된다. 니콜은 초등학교로 오자마자 근무하던 레스토랑에서 사용하던 시스템을 활용해 학교 급식 담당자들을 교육시켰다.

그들은 맨 처음부터 모든 것을 다 요리했고, 빵도 매일 구웠다. 니콜은 요리 커리큘럼도 맡아 학생들에게 닭 도살부터 운동장 한 귀퉁이에 만들어놓은 화덕에서 요리하는 것까지 가르치며 학생들을 급식 프로그램에 적극적으로 참여시켰다. 이 작업이 '학교 안 요리사들Chefs in Schools' 프로그램의 모델이 되었고, 현재는

다른 많은 학교를 도와 학교 급식과 식습관 교육의 기준을 완전히 새롭게 정비하고 있다.

이 프로그램의 목적은 교실에서와 점심시간에 음식이 어디서부터 오는지에 대해 더 많이 이야기할수록, 아이들이 스스로 해보려고 노력하는 데 더 흥미를 느끼게 된다는 것에서 출발한다. 아이들과의 대화를 통해 더 나은 음식 섭취와 식습관 교육으로 건강을 향상시키는 것이 가능하다는 사실을 학교에 알려주는 것이다. 아직도 많은 학교에서 급식은 특징도 없이 지루하고 아이들의 건강에 좋지 않다고 여겨진다.

상점에는 수많은 분말 형태의 음식이 쌓여 있고, 냉동고에는 원재료를 알 수 없는 빵가루를 입힌 냉동식품이 가득하다. 이 음식들은 소아 비만을 유발하고, 음식과 관련된 나쁜 질병을 키워낸다. 어린이들이 건강한 음식 섭취의 중요성을 이해할 수 있는 가장 좋은 기회는 정말 맛있는 음식을 처음부터 요리해서 직접 먹어보는 것이다. 학교에서 음식을 만들어내고 가르치는 이러한 역할을 맡아줄 사람들은 바로 요리사들이다.

이들은 신선한 재료로 만들어낼 수 있는 다양한 메뉴를 가지고 학교 급식실을 선도할 수 있다. 그리고 음식에 대한 그들의 열정을 학생들과 공유할 수 있다. '학교 안 요리사들' 캠페인은 이를

아이들의 식습관을 어떻게 바꿔줄까?

위해 학교 급식과 식습관 교육에 대한 기준을 극적으로 향상시키고자 하는 많은 학교를 교육하고 지원한다. 다음 세대와 함께 음식에 대한 열정을 공유하겠다는 목적을 가진 요리사들을 발굴해 채용하는 것을 돕고, 학교 급식실을 잘 운영할 수 있는 노하우를 전수한다.

✳ 정크푸드에서 멀어지게 하는 방법

제대로 된 식사를 하지 못하고 배고픈 상태로 정크푸드를 찾는 아이가 많다. 정크푸드를 더 많이 먹을수록, 신체가 요구하는 중요한 영양소를 덜 섭취하게 된다. 피자, 햄버거, 감자튀김 등은 건강을 해칠 뿐만 아니라 두뇌 기능에도 영향을 미칠 수 있다. 정크푸드는 학습 능력과 기억력 문제를 일으킨다. 정크푸드를 먹는 것은 쉽지만, 이것을 끊는 것은 많은 노력과 통제가 필요하다.

그런데 많은 부모가 아이들의 식습관이 가져오는 건강 문제의 심각성에 대해 간과하거나 무관심하다. 정기적으로 자주 정크푸드를 먹는 것은 어린이들에게 매우 중독성이 강하며, 비만, 낮은 자존감, 만성 질병, 우울감 등과 같은 복합적인 건강 문제를 야기할 수 있다. 또한 아이들의 학교나 다양한 방과 후 활동에도 부정적인 영향을 준다.

'기름 뺀 TVFat Free TV'는 호주 퍼스에 있는 커뮤니티 단체로 부모들에게 아이들이 소비하는 정크푸드의 부정적인 효과에 대한 관심을 일깨우고 주의를 촉구하기 위해 노력하고 있다. 이들은 부모들이 아이들에게 더욱 건강한 음식을 먹이고 다양한 매체를 통해 접하게 되는 정크푸드 광고에서 아이들을 보호할 수 있도록 돕고자 한다. 미래 세대가 건강한 음식을 먹음으로써 비만, 당뇨, 심장질환 문제 등 여러 복합적인 건강 문제로 고생하지 않는 것은 매우 중요한 일이다.

아이들의 식습관 형성에 부모의 역할은 절대적이다. 장 볼 때 가능한 한 정크푸드 구매를 줄여야 한다. 칩·쿠키 등 과자류, 탄산음료, 사탕 등은 아이들에게 위험한 음식이다. 부모가 이런 음식을 사지 않는 것은 아이들에게 정크푸드에 대한 분명한 메시지를 주는 것이다. 그 대신 건강한 자연 음식으로 식단을 꾸미기 위해 노력해야 한다. 아이들이 다양한 종류의 건강한 음식과 간식을 쉽게 접할 수 있도록 냉장고와 부엌 선반에는 과일과 채소를 준비하고, 견과류·말린 과일·그래놀라Granola(다양한 곡물, 견과류, 말린 과일 등을 혼합해 만든 아침 식사용 요리) 등을 제공한다.

이런 음식들로 배가 부른 아이들은 정크푸드를 먹고 싶어 하지 않는다. 또한, TV 시청 시간을 제한하는 것도 좋은 식습관 형성에 도움이 된다. 아이들은 TV의 정크푸드 광고에서 많은 영향을 받는다. TV 시청 시간을 줄인다면 아이들의 음식에 대한 욕구에 긍정적인 영향을 끼친다. 새로운 사탕 맛, 설탕 음료, 과자에 대한 요구가 줄어들고 건강한 음식 쪽으로 관심을 바꿀 수 있다.

가장 중요한 것은 가족과 함께 식사하는 환경을 만드는 것이다. 많은 연구가 혼자 밥을 먹는 아이들보다 다 같이 함께 식사하는 가족의 아이들이 더욱 건강한 식습관을 갖고 있음을 보여준다. 아이들이 부모나 형제 등 다른 가족들이 먹는 모습을 지켜보면서 그들의 건강한 식단을 따라 하게 된다는 것은 당연하다. 아이들을 장보기에 참여시켜 과일이나 채소를 파는 곳에서 많은 시간을 보내게 하고, 기회가 있을 때마다 아이들과 건강한 요리에 대해 이야기하는 것도 아이들을 정크푸드에서 떼어낼 수 있는 좋은 방법이다.

가능하다면 장 볼 때마다 사고자 하는 제품의 성분을 체크해 보자. 30~40퍼센트가 기름, 설탕, 시럽 등 당분에 해당한다면 고칼로리 정크푸드일 가능성이 높다. 다만 정크푸드를 완전히 금지하는 것은 좋은 방법이 아니다. 이러한 규제는 정크푸드 제조 회사들이 아이들에게 더 공격적으로 관심 끌기를 하게 만들 수 있다. 따라서 천천히 시작해 아이들에게 가끔씩 정크푸드를 허락해 주면서 정크푸드의 가혹한 현실에 대해 보여주어 점차적으로 정크푸드에서 멀어지게 하는 방법이 더 바람직하다.

✱ 설탕이 총보다 더 위험하다

캐나다의 건강한 학교 급식 연합The Coalition For Healthy School Food에서 전개하는 '아이들에게 영양을 공급하라(#NourishKidsNow)' 캠페인은 학교 급식이 아이들에게 식품 판단력food literacy을 길러줄 수 있는 훌륭한 기회임을 강조한다. 이상적인 학교 급식을 통해 배우는 식품 판단력이란 식재료의 영양분과 건강에 끼치는 영향뿐만 아니라 이 재료를 키우고, 준비하고, 예산에 맞춰 구입하고, 관리하는 등에 관한 실제적인 공부까지 포함한다.

이를 통해 아이들에게 최소한의 가공 처리된 재료를 사용해 음식을 준비할 수 있도록 도와주며, 친구들과 함께 모여 식사하는 것을 권장한다. 학생들은 음식의 가치를 소중히 하는 문화, 특히 자신의 지역에서 생산된 음식과 건강한 음식을 존중하고, 음식 쓰레기를 최소화해야 한다는 것을 배운다. 이러한 프로그램은

아이들의 식습관을 어떻게 바꿔줄까?

가정의 경제 사정과 상관없이 모든 아이가 건강한 식습관을 기를
수 있도록 도와준다.

이를 위해서는 더 확장된 커뮤니티의 연결이 필수적이다. 즉,
부모, 조부모, 지역 사업자, 커뮤니티의 리더들이 프로그램의 지
속 가능성을 위해 노력해야 한다. 또한 환경적으로 혜택이 있어
야 하고, 지속 가능한 식품 공급 체계가 가능해야 한다. 즉, 학교
급식 프로그램을 통해서 학생들이 식품이 어디에서 왔고, 어떻게
지역에서 지속 가능한 식품을 선택해야 하는지, 음식 쓰레기를
어떻게 최소화해야 하는지, 어떻게 퇴비를 만드는지 등을 배울
수 있는 교육이 이루어져야 한다.

캐나다의 온타리오주 농업연합Ontario Fencing Association, OFA
에서 전개하는 '16세까지 6가지Six by Sixteen'라는 캠페인도 아이
들의 눈높이에 맞춰 식품 판단력을 길러주는 캠페인이다. 이 캠
페인에서는 아이들이 16세가 될 때까지 지역에서 나오는 재료를
활용해 6가지 영양 성분에 대해 계획하고 준비해 음식을 만드는
방법을 배우도록 하자고 주장한다. 이러한 교육은 평생을 살아가
는 동안 유용한 생활 기술인 동시에 건강에 관한 교육이다. 또한
지역 경제에 대해서도 관심을 갖게 되는 계기가 될 수 있다.

코로나19로 가족들이 집에 머무는 시간이 많아짐에 따라 부모

(특히 엄마)들이 식사 준비에 느끼는 부담이 증가되었다. 그 덕분에 배달 음식으로 식사 준비에 들어가는 노력과 수고를 최소화하려는 가정이 점차 많아지고 있다. 그러나 흔히 하는 말처럼 먹는 것이 곧 그 사람이다. 총이나 칼보다 더 위험한 것이 설탕이라고 한다. 전 세계적으로 전쟁이나 테러로 죽는 사람보다 당뇨병으로 죽는 사람이 더 많기 때문이다. 아이들에게 올바른 식습관을 만들어주면서 어른들의 식습관에 대해서도 다시 한번 점검해보아야 하지 않을까?

POWER
TO DECIDE

결정할 수 있는 힘
캠페인

여성 스스로 자신의 건강은 물론
친구들이나 가족들의 성 건강을 챙길 수 있다

미래를 위해
스스로 결정하자

* 유색인종과 빈곤층의 임신 비율

여성 교육의 필요성을 고취하고자 하는 캠페인이 알리려는 현실은 저개발 국가나 개발도상국에서만의 문제가 아니다. 세계 최강국 미국에서도 많은 소녀가 제대로 된 교육, 특히 성교육의 부재로 원하는 미래를 꿈꾸지 못하고 있다. 1995년 국정 연설에서 빌 클린턴Bill Clinton 대통령은 '미국의 가장 심각한 사회 문제' 중 하나로 10대 임신을 지적했다. 이후 본격적으로 10대 임신율을 낮출 수 있는 여러 가지 해결책이 제안되었다.

1996년 '결정할 수 있는 힘Power to Decide'이라는 캠페인도 이러한 맥락에서 시작되었다. 10대의 임신율이 높은 이유, 그것이 심각한 사회 문제가 되는 이유는 무엇일까? 제대로 된 성교육을 받지 못한 무지의 상태에서 행한 행동이 당사자와 사회에 미치는 영향이 너무나 치명적이기 때문이다.

'결정할 수 있는 힘'은 캠페인을 통해 계획되지 않은 임신을 방지함으로써 모든 생명이 양육 준비가 되어 있는 가정에서 태어날 수 있기를 희망한다. 이는 궁극적으로 다음 세대인 아이들과 그 가족들이 더 나은 삶을 살게 하기 위함이다. 1990년대 이후 미국에서 10대 임신과 계획되지 않은 임신 비율이 크게 줄었지만, 아직도 이것은 심각한 사회 문제다.

흑인, 남미 여성, 원주민 여성들은 백인 여성들보다 1.5~2배 이상 계획 없이 임신한 경험이 있으며, 빈곤 계층의 여성들은 경제적으로 상위 계층의 여성들보다 5배 이상 조기 임신을 경험한다. 이 캠페인은 10대들의 임신과 18~29세 여성의 계획되지 않은 임신 비율을 감소시키고, 그 안에서 유색인종과 경제적 빈곤 계층의 임신 비율의 격차를 줄이기 위한 활동을 한다.

특히 '피임할 수 있어 감사해요(#ThxBirthControl)'라는 실천적 캠페인은 피임에 대한 긍정적인 시각을 제고하고 있다. 무엇보다 여성 스스로 자신의 건강은 물론 친구들이나 가족들의 성 건강을 챙길 수 있도록 서로 도와주고, 피임 방법 활용에 대해 공개적으로 지지할 것을 권유한다. 특히 드러내놓고 피임 문제를 공유할 수 있도록 대화를 나누자는 '대화가 힘이다(#TalkingIsPower)' 캠페인은 주요 타깃인 13~18세에 해당하는 10대 소녀들이 혼자 고민하고 결정하기보다 가족 구성원, 부모, 멘토들의 도움을 받을 수 있도록 해야 한다고 주장한다.

이 캠페인의 주요 목적은 성 건강과 피임 방법 등에 대해 신뢰할 수 있는 정보와 연구에 근거한 정확한 정보를 제공함으로써 젊은 세대들이 제대로 된 결정을 내릴 수 있도록 돕는 것이다. 성 문제에 대해서 청소년들은 주로 친구들이나 인터넷 검색으로 정보를 얻으려 하지만, 그렇게 얻은 정보들의 정확성에 대해서 안심할 수 없는 것은 물론, 각자의 상황에 맞는 조언을 얻는 것은 더욱 어렵다.

언제, 어떤 상황에서 임신을 할 것인지 스스로 결정할 수 있는 힘을 갖는다는 것은 젊은 세대들이 정신적·신체적으로 건강할 수 있는 기회, 학업을 마칠 수 있는 기회, 그들이 원하는 미래를 꿈꿀 수 있는 기회의 증가를 의미한다. 실제로 너무나 많은 젊은 이에게, 특히 경제적으로 취약한 젊은 계층에 그러한 힘이 없다.

✱ 임신을 스스로 결정하는 힘

일본에서는 코로나19로 인한 휴교가 길어지면서 집에 머무는 시간이 많아진 중고생의 임신이 증가했다는 보도가 나오기도 했다. 2020년 5월 11일 『마이니치신문每日新聞』에 따르면, 구마모토시의 지케이慈惠병원에 접수된 중고생의 임신 상담은 코로나로 인한 휴교령이 처음으로 내려진 2020년 3월 이후 급증했다는 것이다. 이 병원 관계자는 "부모님이 집을 비운 사이 성관계를 했는데, 첫 성관계에서 피임하는 방법을 몰랐다"고 털어놓은 여학생이나 "여자 친구가 입덧을 하는 것 같다"고 미래를 걱정하는 남학생이 고민 상담을 해왔다고 전했다.

정확한 통계가 있지 않지만 국내 사정도 크게 다르지 않을 것이다. 많은 청소년이 아이를 양육해야 하는 엄청난 책임은커녕 피임·임신·유산 등에 대해 무지한 상태이고, 무분별한 성관계의 직접적인 결과가 주로 여학생들을 고통스러운 현실로 내몰고 있다.

'결정할 수 있는 힘'이라는 것은 이전 경험과 상관없이 성관계를 거부할 수 있는 권리이며, 어떤 피임 방법이 맞는지 결정하고, 그것을 어려움 없이 구할 수 있느냐는 것이다. 이것은 정보의 힘이다. 현재 미국에서는 1,900만 명 이상의 여성에게 공적 기금으로 제공되는 피임 도구가 배정되어 있지만, 자신들이 사는 곳에서 모든 종류의 피임 도구를 구할 수 없는 상황에 놓여 있다. 도움이 필요한 여성 50명 가운데 49명이 피임 도구의 사각지대에 살고 있다.

자신에게 적합한 피임 방법을 찾기 위해 그들은 따로 병원을 찾아야 하고, 심지어 1시간 이상 거리의 곳까지 가야만 한다. 이를 위해 추가되는 비용은 차치하고라도 학교, 직장, 아이 양육에서 벗어나기 힘든 여러 가지 상황이 있을 수도 있다. 설문조사에 따르면, 대부분 미국인은 오늘날 피임이 여성들의 건강에 기초적인 부분이고 중요한 공적 투자라는 데 동의한다고 한다. 또한 여성들이 임신할 때를 스스로 결정하는 힘을 갖는 것이 당연하다고 생각한다.

부모가 되기로 결정한 여성들이 예기치 않게 임신한 경우보다 정서적·경제적으로 아이를 키울 준비가 되어 있는 것은 당연하다. 그러나 피임에 대한 정보와 피임 도구를 구할 방법이 없어서 적합한 결정을 하지 못하는 경우가 많다. 그 결과 18~29세 여성들의 임신에 대해 80퍼센트에 해당하는 사람들이 스스로 사고로 인한 임신으로 생각한다.

다른 많은 건강 문제와는 달리 계획하지 않은 임신은 완벽하

　　　　　　　　　미래를 위해 스스로 결정하자

게 예방 가능한 것이다. 매년 130만 건 정도의 무계획 임신이 발생하고 있으며, 그중 5퍼센트만이 피임 도구를 꾸준히 사용했더라도 발생한 것이다. 나머지 95퍼센트는 전혀 임신 의도가 없었으며, 대부분 피임법 선택에 대한 정보 부족으로 사고가 생긴 것이다. 다시 말해 거의 모든 10대 임신은 사고로 인한 임신이다.

매년 미국에서 약 21만 명의 10대가 출산을 한다. 1,000명당 약 20건의 빈도다. 즉, 10대 소녀 100명 중 2명이 아이를 낳는다. 특히 빈곤 계층, 위탁 가정, 인종차별을 받고 있는 소녀들 가운데 그 비율은 더 높다. 10대 소녀들의 임신을 예방하는 것은 그들이 가질 수 있는 미래의 기회를 확장시키고, 긍정적인 사회 변화를 이끌어내는 성인이 되어 자신들이 속한 공동체에 더욱 강력한 기여자가 될 수 있도록 한다.

예를 들어, 미국 전역의 졸업률은 국가의 여러 문제 가운데 중요한 우선순위를 갖는다. 10대 소녀들이 고등학교를 자퇴하는 이유의 3분의 1이 조기 임신과 양육 문제 때문이었다. 10대에 엄마가 된 소녀들 중 40퍼센트만이 고등학교를 마쳤고, 30세가 되기 전에 대학을 졸업한 경우는 2퍼센트에 불과했다. 위탁 가정에서 자라고 있는 소녀들은 고등학교를 자퇴할 확률이 이미 높으며, 임신할 확률은 또래들보다 2.5배 높다. 2001년에서 2009년 사이에 10대 임신율이 급락했을 때, 전국적으로 고등학교 졸업률은 3.5퍼센트 상승했다.

✳ 10대의 임신은 왜 대물림되는가?

10대들의 임신을 예방하는 것에는 이 외에도 많은 긍정적인 효과가 있다. 젊은 세대의 수입을 향상시키고, 빈곤을 줄일 수 있으며, 자신들의 건강과 아동 복지를 향상시킨다. 책임 있는 부성애를 지원하고 다른 위험한 행동들을 감소시킨다. 또한, 20대의 엄마들에게서 태어난 딸들이 10대에 엄마가 될 확률은 10대 엄마들에게 태어난 다른 10대 딸들보다 3배나 덜하다. 10대 임신 문제에 세대가 대물림되는 경향이 있다는 것이다.

젊은 세대가 언제, 어떤 상황에서 임신을 할지 스스로 선택할 수 있는 힘을 갖는 것은 그들 자신에게 도움이 될 뿐만 아니라 공적 기금이 엄청나게 절약되는 효과가 있다. 10대들의 출산이 줄어들면서 절약된 공적 기금은 미국에서 연간 4조 달러에 육박한다. 이 금액은 단지 임신과 간난 아기 육아를 지원하는 의료적·경제적 지원금만 놓고 따진 것이다. 당연히 사회는 여성들의 임신과 출산을 지원해야 한다. 그러나 그것만큼 중요한 것은 먼저

미래를 위해 스스로 결정하자

언제 임신할지 결정할 수 있는 권한을 여성에게 부여할 수 있는 올바른 정보와 피임 방법을 제공함으로써 여성, 가족, 사회가 더욱 효과적으로 혜택을 볼 수 있도록 해야 한다는 것이다.

여성에게 공적 기금으로 피임 도구를 제공하는 데 연간 239달러가 소요된다. 이 총액을 계산하면 연구자들은 피임 도구에 쓰이는 1달러마다 6달러 정도의 의료비가 절약된다고 한다. 직장 여성들은 계획하지 않은 임신을 예방함으로써 해당 고용주가 부담하는 보험료는 의료비의 절감은 물론 결근 감소, 생산력 증가, 직원들의 사기 고취 등으로 대폭 줄어들게 된다. 이처럼 여성들이 스스로 출산 여부와 시기를 '결정할 수 있는 힘'이 제공하는 기회가 젊은 여성, 그들의 배우자, 다음 세대의 아이들, 직장, 공동체, 국가에 미치는 영향은 엄청나다.

우리나라에서는 보건복지부와 각 자치단체에서 청소년 산모에게 임신·출산 의료비를 지원하는 등의 정책을 시행하고 있다. 그러나 청소년 임신의 실태에 대한 통계나 논의 등 관련 자료는 파악조차 되고 있지 않은 게 현실이다. 첫 성관계 연령은 점점 낮아지고 있지만, 청소년들이 참여할 수 있는 피임 교육과 성교육은 매우 부족하다. 이로 인해 발생하는 원치 않는 임신을 감당해야 하거나 이를 해결하기 위해 합병증을 유발할 수 있는 조치를 취하게 되기도 한다.

피임이나 성에 대한 기본 상식이 없는 상태에서 예방과 책임을 고려한 주체적인 선택과 결정을 한다는 것은 불가능하다. 편견이나 비판 없이 성과 관련된 질문과 답변이 오고가고, 터놓고 상담하고, 관련 정보를 접할 수만 있어도 청소년 임신 문제에 대한 현실은 훨씬 나아질 것이다. 터부시하는 분위기에서 벗어나 현실에 맞는 유연하고 균형 잡힌 청소년의 성에 대한 사회적인 인식 변환을 위한 캠페인이 우리 사회에 더욱 절실하다.

미래를 위해 스스로 결정하자

사회적 거리 두기 중 예술품 만들기 캠페인

ㅣ술을 위한 공공 캠페인

싱크 캠페인

굿 드라이버 캠페인

주 차단 2021 캠페인

노 모어 캠페인 가만히 있지 말고 일어서자 캠페인

제2장

우리는
폭력에
반대한다

ㅣ리에게 맡겨달라 캠페인

청바지의 날 캠페인

믿음으로써 시작하자 캠페인

학대를 멈춰라 캠페인 충분한 학대 캠페인

핑크 셔츠의 날 캠페인

전국 아동 지킴 캠페인

아이들을 집으로 캠페인

양말 한 짝 흔들기 캠페인 풋볼 케어스 캠페인

사회적 거리 두기 중 예술품 만들기 캠페인

사람이 사라진 도시에 사람이 그려놓은 예술품으로
연대의 힘을 보여주었다

삭막한 거리에
예술을 입히다

✳ 보건의료 종사자에 대한 감사와 응원의 메시지

"삭막해진 거리에서 즐거움을 줄 수 있다는 것에 보람을 느낀다. 코로나19 여파로 일시적이지만 문을 닫은 수많은 브랜드 매장과 예술가를 연결해 팬데믹 시기에 유일한 축제를 만들었다. 그로 인해 창출된 창의적인 광경을 소셜미디어로 목격하면서 시민들은 희망과 즐거움을 공유하고 있다."

캐나다 밴쿠버 도심에서 전개되고 있는 '사회적 거리 두기 중 예술품 만들기' 캠페인에 대한 평가다. 이 캠페인은 밴쿠버 벽화축제Vancouver Mural Festival, VMF의 일환으로 전개되고 있는데, 소셜미디어를 통해 다양한 벽화가 그려지는 과정과 결과물이 공유되면서 큰 호응을 얻었다. 이 축제를 주최하고 있는 비영리 단체 CVSCreate Vancouver Society는 2016년부터 매년 8월 건물 외벽의 환경을 개선하기 위해 도심 속에 예술의 감성을 투입해왔다. 그 결과 예술 벽화 200여 개를 만들어내는 성과를 거두었다.

2020년에는 예외적으로 4월 중순부터 이 축제를 일종의 소셜 미디어를 통해 공유하는 해시태그(#MakeArtWhileApart) 캠페인 형식으로 전환해 전개했다. 이 캠페인은 한 상가 주인의 아이디어에서 시작되었다. 2020년 3월 말부터 밴쿠버 도심 지역 대부분 상가들은 코로나19 예방을 위한 강력한 사회적 거리 두기 차원에서 폐쇄되었다. 이 시기 밴쿠버 경찰은 상점의 절도와 약탈 등 범죄 예방을 위해 매장의 쇼윈도와 출입구를 나무판으로 막아놓도록 권고했다.

그로 인해 도시의 모습은 크게 바뀌었다. 다양한 쇼윈도는 획일적인 나무판으로 가려졌다. 당시 밴쿠버 도심의 인기 지역 중 한 곳인 개스타운Gastown에 있는 36년 된 화방 킴프린트의 소유주 브리스코 킴Briscoe Kim은 가게의 외벽을 나무판으로 봉쇄한 이후 고민에 빠졌다. 거리 상가의 쇼윈도를 뒤덮은 나무판, 사람이 사라진 도심의 모습은 정말 끔찍했다. 그래서 그녀는 작은 실천에 도전했다. 자신의 화방 쇼윈도와 출입구를 막아놓은 나무판

위에 코로나19와 맞서 싸우고 있는 보건의료 종사자에게 감사와 응원의 메시지를 전달하기로 한 것이다.

우선 지역 예술가들에게 나무판을 캔버스로 활용하는 변형된 형태의 벽화를 제안했다. 그녀의 제안에 공감한 밴쿠버 지역 예술대학 학생과 예술가들은 뉴스를 통해 매일 접하고 있던 보건의료 종사자의 초상화를 그려 감사를 표했다. 이후 볼썽사납던 나무판은 희망과 사랑, 감사를 상징하는 보기 좋은 예술 작품으로 가득 채워졌다. 이렇게 시작한 예술품 만들기는 주변 상가의 동참으로 개스타운 지역 내 20개 이상 매장으로 확대되면서 작은 캠페인의 가능성을 보여주었다.

일명 '생큐think+thank 벽화'라는 애칭을 얻고 소셜미디어와 언론의 관심을 받기 시작하면서 코로나19로 고민에 빠져 있던 밴쿠버 벽화 축제에 소중한 영감을 제공했다. 풀뿌리 사회운동이 기존에 개최되어오던 도시의 축제로 이어지게 된 것이다. 도시가 예술 활동의 플랫폼을 제공함으로써 문화유산을 창출해야 한다는 차원에서 매년 전개해오던 밴쿠버 벽화 축제는 이렇게 새로운 캠페인 아이디어를 얻게 되었다.

삭막한 거리에 예술을 입히다

✱ 벽화 축제와 감성 방역

애초 지역에 활기를 불어넣고 도시문제, 세대 간 화합, 문화적 다양성 확대, 공동체 회복이라는 취지에서 시작된 것이 밴쿠버 벽화 축제다. 따라서 밴쿠버시 등 공공기관을 비롯해 주요 기업과 사업주, 상인 공동체가 함께 엄격한 절차를 거쳐 후원해왔다. 이 '사회적 거리 두기 중 예술품 만들기' 캠페인을 위해서는 이례적으로 후원 기금 전액을 예술가들에게 직접 전달해 짧은 시간에 작업이 이루어지도록 했다.

이 캠페인에 참여한 예술가 40여 명은 대면 접촉을 최소화하고 밴쿠버시가 제시한 코로나19 예방 수칙을 준수하면서 작품 활동을 했다. 벽화용 페인트 생산과 조달을 위해 제조업체는 주말에 제한적으로 제품을 생산해 캠페인을 지원했다. 그렇다면 왜 이렇게까지 다양한 주체가 캠페인을 위해 노력했을까?

밴쿠버 벽화 축제 기획자 중 한 명인 에이드리언 싱클레어 Adrian Sinclair는 "코로나19로 인한 강력한 사회적 거리 두기 기간 중 예술을 통해 우리가 겪고 있는 여러 문제 중 '감성 방역'도 시급하다고 판단했기 때문"이라고 했다. 그래서 개별 작품의 예술적 가치나 해석에 치중하던 과거의 방식에서 벗어나 예술 그 자체만으로도 충분히 의미가 있다고 판단했다. 평소보다 빠른 심사 과정을 거쳐 예술가를 선정하고 모든 후원 주체가 적극적으로 나서 거리의 모습을 변화시켰다.

캠페인에 참여한 예술가들에게 요구한 것은 희망의 메시지가 전달되도록 벽화의 이미지를 밝고 경쾌하게 표현해달라는 것뿐이었다. 무질서한 그라피티graffiti가 아니라 도시와 기업, 예술가들이 협력을 통해 기획하고 신속한 의사결정으로 캠페인을 만들어냈다. 그 결과 특정 지역에서 시작되었던 '생큐 벽화'는 도시의 중심에서 벽화 축제라는 캠페인으로 확대되었다. 이 캠페인 시작 일주일 만에 도시 주요 브랜드 매장 40여 곳에 벽화 예술품이 완성되었다. 이 캠페인에 참여한 작가 중 한 명인 프리실라 유Priscilla Yu는 "고립이라는 경험을 바탕으로 외로움을 느끼는 사람들을 위한 작업을 했다"고 말했다.

평소 지나다니던 친숙한 브랜드 매장의 쇼윈도 앞에 덧붙여진 나무판은 예술품을 위한 훌륭한 캔버스가 되었고, 그 캔버스에는 다양한 영감을 얻은 작가의 작품이 그려졌다. 역설적이게도 사람이 줄어든 도시의 거리는 화려한 작품으로 채워졌다. 거리의 모습만 보면 한산한 갤러리 같았지만, 소셜미디어에서는 수많은 사람의 호응을 얻었다. 밴쿠버시를 비롯한 공공기관의 공식 인스타

삭막한 거리에 예술을 입히다

그램 계정을 통해 도심 곳곳에 등장한 작품 사진들이 공유되고 있었다. 이 예술품은 '막힘 속 소통'이라는 새로운 감성으로 희망의 메시지를 전달해주었다.

'생큐 벽화'는 사람이 사라진 도시에 사람이 그려놓은 예술품으로 감성을 복원시키고 공동체 내 연대의 힘을 보여주었다. 기존에 경험하던 개방은 현실적으로 어렵지만, 지역 공동체는 여전히 새로운 방식으로 개방되어 있다는 공감을 만들어낸 것이다. 지역 상인들과 다양한 예술가가 창의적인 소통으로 부정적인 현실을 긍정적인 모습으로 바꾼 단기간의 활동에 대해 시민들도 어려운 시기에 희망을 준 아름다운 작업이라고 평가했다.

더욱이 범죄 예방을 위해 설치한 나무판 위에 예술품이 더해지자 우려했던 약탈 범죄도 거의 발생하지 않았다. '사회적 거리 두기 중 예술품 만들기' 캠페인은 한 사람의 아이디어에서 시작해 다른 사람들과의 협력, 이러한 활동의 가치를 발굴해 확산을 위해 공식화한 공공단체의 유연하고 신속한 사회적 소통의 결과다. 도심 속 상가들이 다시 문을 열면 이 캠페인은 종료될 것이다. 그러나 이 활동이 코로나19 기간 중 전개된 유일한 축제이자, 시민이 제안하고 지역 공동체가 주도해 공공기관이 확산한 창의적인 캠페인으로 기록될 것이라는 점은 분명하다.

✱ 예술은 인간의 상상력을 자극한다

영국에서도 2020년 코로나19 팬데믹의 영향에서 영국 문화를 지기키 위해 시민 세력이 주도가 된 '예술을 위한 공공 캠페인 Public Campaign for the Arts, PCA'이 출범했다. 그리고 1년 만에 전국적으로 22만 명의 지지자를 확보한 영국 내 최대 예술 옹호 단체가 되었다. 예술, 문화, 창의성은 더 나은 삶을 만들어주고, 예술 작품과 그 혜택은 모든 사람에게 돌아가야 한다는 것이 이 캠페인의 취지다. 모든 사람이 창의적 가능성을 실현할 수 있는 기회를 가져야 한다는 것이다.

영국 인구의 80퍼센트에 해당하는 5,400만 명이 예술과 관련되어 있다. PCA는 예술을 지원하고 싶은 영국 내 사람들을 통합하고, 지원이 필요한 사람·장소·이유를 연결하며, 그들에게 영향을 미칠 수 있는 예술 관련 이슈에 대한 중요한 정보를 공유한다. 그리고 개별적이면서도 함께할 수 있는, 예술을 보호하고 증진시키기 위한 활동을 마련한다. 예술은 인간의 정신 건강과 행복에 도움이 된다. 불안감이나 우울감, 스트레스를 약화시키며, 인간의 상상력을 자극해 사람으로 하여금 걱정거리를 인식하고 목적의식을 갖도록 도와준다.

삭막한 거리에 예술을 입히다

특히 인생에서 큰 시련이 있을 때 자신감을 갖게 해주고 집중과 회복에도 도움이 된다. 또한 예술은 인간의 사회생활과 공동체의 응집력을 향상시킨다. 예술을 통해 모인 사람들은 자신들의 생각과 감정을 공유하고 의미 있는 연결을 만들어내며 새로운 가능성을 창조한다. 사람들이 서로를 더 잘 이해하고 공감하도록 도와주며 함께 더 나은 삶을 살 수 있도록 하는 연결 고리가 된다. 사람들은 예술을 통해 공유된 정체성과 소속감을 느낀다. 그리고 예술은 지역 경제와 국가 경제를 증진시키며, 창의성·혁신·기업가 정신을 키운다.

코로나19와 같은 위기 상황에서는 불가피하게 상의하달上意下達 방식의 계도성 캠페인에 큰 힘이 실리기 마련이다. 의료진을 응원하는 캠페인도 창의적인 방식보다 약속된 기호나 상징을 공유하는 방식이 쉽게 채택된다. 실제 코로나19 위기 중 공공기관 캠페인만 넘쳐나고 민간 영역의 캠페인은 자취를 감추었다는 말까지 나오는 것도 이 때문이다. 통제에 익숙해지고 제한된 행동과 사고가 중시되는 때 자유와 창의와 다양성의 가치는 상대적으로 약화된다.

하지만 이와 같은 현실 속에서도 한 사회가 지켜야 할 기본 가치를 지켜낼 수 있는 사회적 소통, 즉 다양한 공공 캠페인은 다시

금 활성화되어야 한다. 밴쿠버의 '벽화 축제'나 영국의 '예술을 위한 공공 캠페인'은 그런 측면에서 역발상의 캠페인을 통해 그들이 지키고자 했던 가치를 복원시킨 노력을 엿볼 수 있었던 사례다. 코로나19 팬데믹이 끝난 이후가 아닌 바로 지금 우리도 모르는 사이 멈춰진 다양한 사회적 소통을 재가동시켜야 하지 않을까?

삭막한 거리에 예술을 입히다

싱크
캠페인

친구라면 길 위에서 위험한 운전을
하지 않는 친구를 존경한다

내 아내가 자동차에
치여 죽었습니다

✱ 지금 당장 운전 중에는 스마트폰을 내려놓으세요

"11년 전 한 가족은 사랑하는 어머니이자 아내를 잃었습니다. 운전 중 문자를 보내다 교통사고를 일으킨 운전자 한 명이 어떻게 그들의 삶을 송두리째 바꿔놓았는지 가슴 아픈 이야기를 공유합니다. 한번 생각해보세요. 지금 당장 운전 중에는 스마트폰을 내려놓으세요."

영국 교통부가 전개하고 있는 교통안전 캠페인 '싱크THINK' 홍보 영상에 등장한 사고 희생자 가족 이야기 중 일부다. 캠페인을 통해 운전 중 문자를 보내는 것은 살인 행위와 같다는 메시지를 전달하고 있다.

영국 정부는 1946년부터 76년 이상 교통안전 캠페인을 이어오고 있다. 1926년 처음으로 영국 내 교통사고 사망자 통계를 집계했는데, 당시 사망자 수는 4,886명이었다. 1941년에는 9,196명으로 2배 가까이 늘어난 것이 캠페인의 계기가 되었다. 제2차 세계대전 때 심리전 등을 수행하던 정보부 활동을 승계하면서 설립된 영국 정부의 정책 홍보 조직인 중앙공보원Central Office of Information, COI이 주도했던 여러 캠페인 중 하나다.

국민의 건강, 교육 등 일상 속 다양한 공공 문제에 관한 캠페인을 기획하고 관리했던 곳인데, 영국 정부의 긴축재정으로 관련 부처에 활동을 이관하면서 설립 65년 만인 2011년 문을 닫았다. 그 과정에서 COI에서 영국 교통부가 이 캠페인을 인계받아 55년간의 활동 성과를 바탕으로 2000년에 통합된 브랜드 '싱크'를 공식적으로 발표했다.

당시 영국의 교통사고 사망자 수가 3,409명이었는데, 2019년 우리나라 교통사고 사망자 수(3,349명)와 거의 같았다(2021년 우리나라 교통사고 사망자 수는 2,916명이었다). 이 핵심적인 차이는 바로 제도와 정책보다 국민 개개인의 인식 개선과 행동 변화를 이끈 캠페인에 있었다. 지속적인 캠페인 활동이 국민 주도의 예방 조치로 이어질 수 있었기 때문이다.

영국은 OECD 국가 중 교통안전 선진국에 속한다. OECD 국제교통포럼International Transportation Forum, ITF의 「2018년 도로안전 연차 보고서」에 따르면, 인구 10만 명당 교통사고 사망자 수가 3명 미만인 국가는 노르웨이, 스웨덴, 스위스, 영국뿐이다. 교통사고를 줄이기 위해서는 교통 전문가에 의한 정례적인 사건·사고 데이터 분석, 정책 책임자가 추진하는 상식적인 관련 법과 제도의 개정, 국민의 주의를 환기하는 지속적인 교통안전 캠페인 추진 등 3가지 활동이 균형을 이루어야 한다. 하지만 많은 국가가 국민 개개인의 인식 개선과 사회 분위기 조성을 위한 캠페인 활동에 대해서는 나머지 두 활동에 비해 상대적으로 간과하고 있다.

싱크 캠페인은 영국 정부가 교통안전에서 새로운 의제를 정식으로 제기하거나 국민적 공감을 이끄는 데 핵심적인 역할을 했다. 이 캠페인 이후 영국 내 교통사고 사망자가 46퍼센트 감소했다. 지금도 국민 누구나 교통안전 관련 캠페인 아이디어나 의견이 있다면, 소셜미디어를 통해 공유하도록 제안하고 있다. 이 캠페인의 목적은 안전한 도로를 국민과 함께 만들어가는 것이다. 이 때문에 교통사고 관련 데이터 현황 분석에 그치지 않고 모든 분석 결과를 캠페인 시작점으로 인식하면서 늘 새로운 대상과 의제를 제기하고 있다. 궁극적으로 싱크 캠페인은 '나는 괜찮겠지'

내 아내가 자동차에 치여 죽었습니다

라는 안이한 생각에 대해 다시 생각해보라는 의미를 담고 있다.

교통안전에 대한 국민 인식과 행동 변화를 이끄는 캠페인의 병행 없는 상태에서 제도 개선과 처벌 강화만 한다면 어렵게 만든 법의 실효성을 제고할 수 없기 때문이다. 법과 제도 개선은 늘 사고와 인명 피해를 경험한 사후 대책인 경우가 많다. 하지만 캠페인은 어떤 사고를 예측하고 경고하면서 동시에 발생했던 사고를 상기시킴으로써 지속해서 경고 메시지를 보낼 수 있다. 오랜 시간 지속된 싱크 캠페인은 바로 이런 캠페인 기능을 보여준다. 사고 이전 또는 정책 시행 이전부터 안전의 사각지대를 메워주는 역할을 해왔기 때문이다.

✱ 친구가 음주 운전을 하게 내버려두지 않는다

영국에서 안전벨트 착용이 의무화되기 20년 전이었던 1963년 '싱크'는 안전벨트 캠페인을 가장 먼저 제안했다. 1964년에는 음주 운전 예방 캠페인을 시작했는데, 이는 관련 법 제정 3년 전이었다. 1970년대부터는 각종 교통사고 사망자 통계를 활용해 캠페인의 주제를 정했는데, 1977년 크리스마스 시즌에 전개했던 교통안전 캠페인은 운전하기 전, 음주하기 전에 한 번 더 생각할 것을 강조하면서 행동 변화를 촉구했다. 이는 당시 연말 축제 기간 중 교통사고가 급증했기 때문이다.

운전자에게 자전거나 이륜차를 주의하라는 캠페인을 시작한 것도 1978년이다. 1980년대 들어서부터 어린이 교통안전을 위한 캠페인을 본격화했다. 1987년 당시 교통사고 사망자의 실제 장례식을 캠페인을 통해 공유함으로써 대중의 경각심을 제고시켰는데, 단순 구호나 계도를 넘어 문제의 심각성을 직관적으로 알리는 계기를 제공했다.

이런 캠페인 메시지 전달은 정부 주도의 캠페인이지만 끊임없이 표현의 수위를 놓고 논란을 일으키기도 했다. 때로 방송 중단 조치를 받을 정도였는데, 음주 운전 등 교통사고의 심각성을 알리기 위해 참혹한 결과를 직관적으로 알리는 것에 집중했기 때문이다. 그 결과 1998년 충격적인 사고 장면을 묘사한 캠페인 홍보 영상을 통해 안전벨트 착용을 23퍼센트나 증대시키는 성과를 거두었다.

2000년대에는 지속 관리 과제인 안전벨트 착용, 과속 줄이기, 음주 운전 예방뿐만 아니라 자전거·이륜차 사고 예방, 운전 중 모바일 기기 사용 문제 등 캠페인 과제가 끊임없이 확대되었다. 안정적인 캠페인 관리를 위해 사고 수치 감소보다는 조금이라도 수

93   내 아내가 자동차에 치여 죽었습니다

치가 중대되는 부분을 집요하게 관리하는 방법을 병행했다. 2018년 접촉 사고의 5퍼센트가 음주 운전에 의한 것으로 나타났는데, 음주 운전 적발 건수가 총 5,890건으로 전년 대비 190건이 증가한 수치였다. 그러자 다시 장기적인 효과에서 다소 논란이 있었지만 음주 운전 이력자의 재범 방지를 위한 차량 내 알코올 인터록alcohol interlock 장치 설치에 관한 공론화에도 직간접으로 나섰다.

최근 몇 년간 싱크가 반복해서 전개하고 있는 캠페인은 '굿 드라이버Good Driver' 캠페인이다. '친구라면 친구가 음주 운전을 하게 내버려두지 않는다', '친구가 운전할 때 옆자리에서 방해하지 않고 운전에 집중하게 한다', '친구라면 길 위에서 위험한 운전을 하지 않는 친구를 존경한다' 등의 메시지를 가장 위험한 운전자가 될 수 있는 캠페인 타깃 그룹인 젊은 남성들에게 전달하는 내용이다.

이들의 의사결정에 가장 큰 영향을 끼칠 수 있는 동료 그룹의 힘을 활용해 젊은 남성들과 소통하고 있는 셈이다. 세계보건기구WHO의 조사에 따르면, 젊은 남성들이 교통사고로 죽는 경우가 또래 여성들의 3배에 이른다고 한다. 교통사고로 인한 사망사고의 73퍼센트가 25세 미만의 젊은 남성에게서 발생한다.

'맥주 차단Pint Block 2021' 캠페인도 코로나19로 인한 규제가 풀리면서 실내에서 대규모 만남을 많이 가짐에 따라 젊은 남성들의 음주 운전 가능성을 사전에 차단하는 캠페인이다. 음주 운전에 대한 태도와 행위를 바꿀 것을 친구들끼리 독려하는 내용의 코믹스러운 비디오와 만화 시리즈를 인스타그램이나 트위터 등 소셜미디어에 공개하고, 술집과 바 등에서 온라인 비디오와 디지털 디스플레이를 이용해 호평을 받았다.

✱ 오늘도 도로에서 사람이 죽는다

교통사고는 매년 세계적으로 약 130만 명의 죽음과 관련되어 있고, 5~29세의 어린이와 젊은 세대 사망의 가장 큰 원인이다. 교통사고로 인해 발생하는 비용은 대부분 나라에서 국내총생산GDP의 3퍼센트에 달하며, 세계의 가장 치명적인 교통사고 중 93퍼센트는 저소득 국가나 중간소득 국가에서 일어난다.

아직도 우리는 너무 자주 음주 운전 사망사고 뉴스를 접하고 있다. 코로나19 이후 배달이 증가하면서 도로 위 배달 오토바이 질주에도 익숙해진 지 오래다. 지자체가 관리하는 공용 자전거를 비롯해 지속 가능한 도시 만들기라는 장밋빛 구호를 내걸고 등장

내 아내가 자동차에 치여 죽었습니다

한 다양한 마이크로 모빌리티 이동 수단 이용자들과 마주하고 있다. 그런데 이 이동 수단이 새로운 안전 사각지대를 만들기도 한다.

서울시가 운영하는 공용자전거 따릉이도 도심 속 주요한 이동 수단 중 하나지만, 2018년 헬멧 착용 의무화를 선언했다가 시민들이 불편함을 호소하자 사문화되었다. 굳이 도심 속에서 잠깐 자전거를 이용하는데 헬멧을 착용해야 하느냐는 원성 때문인데, 이 또한 안전한 자전거 도로 환경이 갖춰졌다는 전제에서나 가능한 주장이다. 자전거 도로의 안전도 제대로 확보되어 있지 않다 보니 자전거 도로가 아닌 인도에서 달리는 경우도 허다하다. 최근에는 인도를 달리는 전동 킥보드 이용자도 많다. 20대 이용자와 노인의 크고 작은 접촉 사고를 심심찮게 목격하게 되는 것도 이 때문이다. 이런 사고는 통계조차 집계되지 않고 있다.

싱크 캠페인에서는 2009년 처음으로 마약 복용 운전의 문제점을 제기하고 그 위험성을 알린 바 있다. 그러고 보니 2020년 9월 부산 해운대에서 마약 환각 운전으로 7중 추돌사고가 발생했다. 같은 시기 인천 을왕리해수욕장과 서울 서대문구 음주 운전 사망 사고는 각각 50대 아버지와 6세 아동의 목숨을 앗아갔다. 우리는 지난 몇 년간 통합된 교통안전 대국민 캠페인을 전개해오고 있었는지, 향후 어떤 캠페인 중장기 전략이 수립되어 있는지 묻지 않을 수 없다.

　법이 개정되고 처벌이 강화되었음에도 왜 이런 일이 반복될까? 국민이 이 문제를 계속 생각하게 하는 싱크 같은 캠페인이 없었기 때문은 아닐까? 우리 모두가 함께 공존해야 하는 도로의 안전에 관한 문제다. 운전자, 보행자, 자전거 타는 사람, 정부기관, 캠페인 단체까지 모두가 피할 수 있는 사고 예방을 위한 교육에 관심을 가져야 한다.

내 아내가 자동차에 치여 죽었습니다

노 모어
캠페인

우리가 꿈꾸는 세상은
피해자가 공감·지원·정의를 얻을 수 있는 세상이다

성희롱·성폭력은
이제 그만

✳ 가만히 있지 말고 일어서자

"성폭력은 예방할 수 있다. 이를 위해 모두가 성폭력이 사라지도록 노력해야 한다. 그중 가장 중요한 것이 예방을 위한 개입이다. 이는 매우 작지만 의미 있는 조치가 될 수 있다."

미국에서 성폭력 예방을 위한 인식 개선 캠페인을 전개하고 있는 '노 모어No More'라는 공공 자선단체의 주장이다. 이 단체는 2013년 성폭력이 없는 세상을 기치로 내걸고 정부, 기업, 대학, 지역사회, 개인 등 민관이 참여하는 통합 캠페인을 이끌기 위해 만들어졌다. 첫 번째 원칙은 강력한 문제 해결 의지를 상징화하는 것이었다.

유방암 인식을 위한 핑크 리본Pink Ribbon, 에이즈 예방을 위한 빨간색 리본Red Ribbon 등과 같이 성폭력을 예방하자는 차원에서 마침표를 상징하는 푸른색 원형의 캠페인 상징을 만들었다. 또한 기존에 다양한 형식으로 전개되던 유관有關 사회운동과의 연대를 확대했다. 수많은 기관이나 단체가 본질적인 문제 해결보다 그들끼리 캠페인 경쟁에만 몰두할 때도 많았기 때문이다.

'노 모어'에서 전개하는 활동은 매우 다양하다. 우리가 살아가면서 절반 이상이 경험했다는 언어 학대 문제에서부터 성폭력 사전 예방 캠페인, 유명인들이 동참하는 공익광고 등이 그것이다. 특히 공익광고를 통해 피해자들이 말하지 못했던 성폭력 피해 경험에 대해 사적인 문제에서 공동체 문제로 전환을 유도했다는 평가를 받는다.

그 결과 2020년에 1,200개 조직과 7만 5,000명의 회원이 가입했다. 세계 주요 도시를 포함해 미국 30여 개 주가 동참하고 있다. 또 수백여 곳의 학교에 '노 모어 프로그램'이 만들어져 성폭력 예방 교육 캠페인이 전개되고 있다. 2019년에는 승차 공유기업 우버Uber와 협력해 '가만히 있지 말고 일어서자Stand up, don't stand by'라는 현장형 실천 캠페인도 시작했다. 미국 로스앤젤레스 경찰과 함께 클럽 등 음주 장소에서 업주나 종업원이 성범죄 예방을 위해 적극적으로 개입하자는 캠페인이다. 업소 내에서 위험에 노출될 것 같은 사람이 있다면, 이들의 안전한 귀가를 돕거나 이들을 보호하는 방법을 익히도록 했다.

한 예로 2명 이상의 남성이 특정 여성에게 과도하게 음주를 권하는 행위를 목격했다면, 사전 예방 차원에서 안전한 귀가를 돕기 위해 개입할 필요가 있다. 실제로 바텐더부터 보안요원에 이르기까지 클럽 직원 교육을 위한 업주 대상의 포럼도 개최했다. 로스앤젤레스 경찰에 따르면, 이 캠페인 결과 2017년 대비 2018년 할리우드 지역 심야 시간대 성폭력 사건이 약 80퍼센트가 감소했다고 한다. 이러한 시범 캠페인의 성과로 우버와 '노 모어'는 2019년에 워싱턴 D.C.로도 캠페인을 확대했다. 이 캠페인의 특징은 지역 기관과의 협력을 통해 현장에서 소통 방식을 고민하고 구체적인 행동 개선과 예방 조치를 취한다는 것이다.

노 모어의 조사에 따르면, 미국 내 여성 3명 중 1명, 남성 6명 중 1명 정도가 성희롱이나 성폭력 등을 경험했다고 한다. 또한, 18세 이하 여성 청소년 4명 중 1명이 성적 학대를 당할 정도로 성폭력 문제의 심각성은 더욱 커지고 있다. 여성이 남성보다 성폭력 피해를 입을 가능성은 4배 이상 높지만, 성적 학대와 폭력의 대상은 이제 양성 모두에게서 나타나고 있다. 따라서 모두가 관

성희롱·성폭력은 이제 그만

심을 두고 일상 속에서 문제 해결을 위한 방법을 찾는 노력이 필요한 때다.

✱ 청바지의 날

노 모어는 교육 캠페인의 하나로 '방관자 훈련bystander training' 프로그램도 전개하고 있다. 성폭력 피해자의 65퍼센트 이상이 주변인들에게서 아무런 도움도 받지 못하는 현실 때문에 기획된 활동이다. 성폭력 문제 해결에서 가장 큰 장애물은 피해자를 비롯한 모든 이해관계자의 침묵과 그로 인해 느끼게 되는 고립이다. 따라서 많은 사람이 문제에 직면했을 때 주변의 누군가와 대화를 시작하도록 장려하는 캠페인을 활성화하는 것이 문제 해결의 새로운 접근법이 될 수 있다.

이 캠페인의 공동 창립자인 제인 랜델Jane Randel도 "코로나 19의 위기 상황 속에서 가장 부각되고 있는 문제가 가정폭력과 성폭력 문제"라고 하면서 "이제 이 문제들에 대해 이전보다 훨씬 더 공개적으로 이야기해야 한다"고 강조한다. 실제로 1분당 24명의 미국인이 친한 사람에 의한 강간, 신체적 폭력, 스토킹으로 고통을 받고 있다. 이러한 문제에 대한 침묵과 지식 부족은 성폭력이 사라지지 않는 가장 큰 이유다. 따라서 가정폭력, 성폭행과 학대에 대한 경고 신호 또는 위험 신호를 이해하는 것은 범죄를 해결하고 예방하는 데 중요한 첫걸음이 될 수 있다.

성폭력과 관련된 캠페인은 그 대상을 세분화해 다양한 형태로 전개되는 경향이 있다. 2014년 버락 오바마Barack Obama 정부 주도로 추진되었던 '우리에게 맡겨달라It's On US'는 대학교 캠퍼스 내 성폭력 예방을 위해 시작된 캠페인이다. 미국 내 550개 이상의 대학 캠퍼스가 이 캠페인에 동참했고 5,500회 이상의 교육 세미나가 개최되는 성과를 거두었다. 실제로 대학생 성폭행 피해자의 10명 중 9명이 가해자를 알고 있었지만 제대로 말하지 못했다고 한다. 또한 11.2퍼센트에 해당하는 학생들이 성희롱 이상의 피해 경험을 갖고 있다는 현실은 왜 대학이라는 공간을 특정해 캠페인을 추진하는 것이 중요한지 알려주고 있다.

'청바지의 날Denim Day'은 '폭력을 넘은 평화Peace Over Violence'라는 비영리·다문화·공동체 기반의 봉사 기관이 성폭력에 대한 인식을 환기시키기 위해 4월 마지막 수요일을 기념하는 캠페인이다. 이들은 가족이나 공동체 안에서 성폭력, 가정폭력, 이웃 간 폭력 등이 없는 건강한 관계를 만드는 데 초점을 맞추고 있다. 성폭력을 둘러싼 위험한 행동과 태도를 공개함으로써 생존자들에 대한 결속과 지원을 견고히 할 수 있는 기회를 마련해왔다.

이 캠페인은 1992년 이탈리아 대법원이 성폭력 피해자가 꽉 끼는 청바지를 입고 있었다는 이유로 합의에 의한 성관계라고 판단한 후 강간범에 대한 유죄 선고를 번복한 사건 때문에 시작되었다. 피해자는 18세 소녀였고 가해자는 45세 운전 강사였다. '청바지 알리바이'로 불린 대법원 판결 다음 날, 이에 격분한 이탈리아 의회의 여성들은 피해자와의 연대를 다지는 의미로 청바지를 입고 출근해 대법원 계단 위에서 시위를 벌였다.

이 사건은 국제적인 뉴스 매체의 관심을 끌게 되었고, 이를 지지하기 위해 캘리포니아주 상원에서도 똑같은 시위를 새크라멘토시 국회의사당 계단에서 벌였다. '폭력을 넘은 평화'의 대표 패티 기건스Patti Giggans는 사람들이 강간 피해자에게 책임을 묻는 편견에 저항하기 위해 청바지를 입어야 한다고 주장한다. '청바지의 날' 캠페인은 1999년 4월 로스앤젤레스에서 시작되었고, 매년 진행되고 있다.

각 지역에서 피해자에게 책임을 전가하던 사회적 분위기를 인식하고 이에 반대하는 운동을 전개하는 데 촉매제가 되고 있다. 역사적으로 가장 오랫동안 진행된 성폭력 예방과 교육 캠페인으로서 '청바지의 날'은 커뮤니티의 구성원들에게 성폭력을 둘러싼 오해에 저항할 수 있는 시각적인 방법으로 이 날 다 같이 청바지를 입음으로써 사회적 입장 표명을 해달라고 촉구하고 있다.

✱ 나는 너를 믿는다

성폭행 피해자가 사회에 원하는 가장 큰 바람은 무엇일까? 거의 대부분 성폭행은 신고되지 않는다. 5명 중 1명 정도만이 성폭행 피해를 신고한다. 그래서 그들은 종종 필요한 도움을 얻지 못한다. 신고 없이는 가해자를 찾아내 법 집행을 하기가 어렵고, 상습범들은 들키지 않고 계속 범죄를 저질러 결국 더 많은 사람이 피해를 입는 악순환이 반복된다. 왜 그들은 신고하지 않을까?

우리 사회가 성폭행에 대처하는 방법은 아직 미숙한 수준이다. 누군가 당신에게 와서 강간을 당했다거나 성폭행을 당했다고 털어놓았을 때, 어떤 답변을 해줄 것인가? 부정적인 응답은 피해자의 트라우마를 악화시키고, 가해자가 범죄에 대해서 아무런 처벌을 받지 않는 환경을 만들어낼 수 있기 때문에 매우 위험하다. 성폭행 피해자들은 아주 오랫동안 신고를 받는 전문가들은 물론 친구나 가족 구성원들에게서도 부적절한 의심을 받는 일이 많았다.

'믿음으로써 시작하자Start by Believing' 캠페인은 성폭행 피해

성희롱·성폭력은 이제 그만

자에 대한 개인과 전문가들의 반응을 개선해 이 사이클을 끊을 수 있도록 하는 데 목적이 있다. '나는 너를 믿는다'는 세 단어가 성폭행 피해자가 살아남을 수 있는 가장 큰 힘이 된다. 이 캠페인은 미국의 반폭력 여성단체인 EVAWIEnd Violence Against Women International가 2011년 4월에 '성폭행 인식의 달Sexual Assault Awareness Month'을 맞아 시작한 캠페인이다.

EVAWI는 샌디에이고 경찰국 출신의 조앤 아챔볼트Joanne Archambault 경사가 설립한 비영리 단체다. 그는 오랜 경찰 생활을 통해 피해자와 다른 전문가들과 함께 일하면서 성폭행 조사나 기소를 할 때 이를 수행하는 전문가 교육에 대한 절대적인 필요성을 절감했다. 이들은 성폭력 범죄를 처리하는 전문 직업군에게 피해자를 지지하고 가해자의 책임을 추궁할 수 있는 지식과 방법에 대해 교육시킨다. 피해자 중심의 종합적인 협력을 추구함으로써 사법체계, 다른 전문가들, 일반 대중들의 반응을 강화시키고, 커뮤니티를 더욱 안전하게 하기 위해 노력하고 있다.

사법 제도의 최종 목표는 피해자를 위해 더 나은 결론을 내고, 범죄자에게 책임을 묻는 것이다. 즉, 피해자를 보호하고, 미래의 범죄를 예방해 공동체를 안전하게 지키는 것이다. 우리가 꿈꾸는 세상은 성 관련 폭력이 어떤 수준에서든 용납되지 않는 곳이며,

피해자가 공감·지원·정의를 얻을 수 있는 세상이다. 피해자들이 회복할 수 있도록 돕는 것뿐만 아니라 잘 성장하는 시스템을 만들어야 세상이 용기와 희망이 가득한 곳으로 바뀔 수 있다.

성희롱, 성폭력, 디지털 성범죄는 날로 조직화되고 지능화되어가고 있다. 사회 지도층과 유명인에서부터 청소년에 이르기까지 우리 사회의 전반적인 문제의식과 개선 없이는 해결이 어려울 수 있다. 성폭력과 관련된 의제는 연대를 통한 공감에 초점을 맞춰 피해자에게 힘을 실어주는 형식으로 전개되어야 한다. 그렇기 때문에 통합적이고 지속적인 캠페인이 꼭 필요하다. 흥미와 재미로 시선만을 끌기 위한 캠페인은 지양되어야 한다.

학대를 멈춰라
캠페인

어린 시절의 부정적 경험들은
인간의 삶을 고통스럽게 하는 원인이다

아동 폭력은
평생의 트라우마가 된다

✳ 아동기 부정적 경험은 삶의 질에 영향을 끼친다

'학대를 멈춰라Stop Abuse' 캠페인은 아이들을 '아동기 부정적 경험Adverse Childhood Experiences, ACE'에서 보호하는 데 초점을 맞춘다. 평생의 트라우마가 될 수 있는 어린 시절의 부정적 경험들은 인간의 수명을 단축시키고 삶을 고통스럽게 하는 원인이 된다. 미국 질병통제예방센터Centers for Disease Control and Prevention, CDC는 ACE에 대해 어린 시절 트라우마가 될 수 있는 10가지 경험으로 정의한다. 여기에는 모든 형태의 아동 학대, 방임, 가정폭력 등이 포함된다. 이로 인한 심각한 트라우마는 한 사람이 성인이 된 후에도 취약한 육체적·정신적·사회적·경제적 건강 상태에 빠지게 만든다.

ACE에 관한 연구에 따르면, 아동기 부정적 경험들은 크게 아동 학대(정신적·신체적·성적 학대), 방임(정신적·신체적 방임), 열악한 가정환경(약물 남용·정신병·부모의 폭력·별거·이혼) 등 3가지 범주에서 나타난다고 한다. 특히 신체적 학대(28퍼센트), 약물 남용(27퍼센트), 부모의 별거·이혼 등 가정불화(23퍼센트), 성적 학대(21퍼센트) 등의 순으로 그 정도가 심각한 것으로 조사되었다.

설문조사에 응한 성인 3분의 2 정도가 최소한 한 가지 이상의 ACE를 갖고 있었고, 10가지 중 하나의 경험도 갖고 있지 않은 사람은 34퍼센트에 불과했다. 약 66퍼센트의 성인들은 아동기의 트라우마적 경험으로 어른이 되었을 때 알코올 중독이 될 가능성이 2배 이상 높았다. 어린 시절의 트라우마가 클수록 미국에서는 10대 사망 주요 원인인 암이나 자살로 죽는 경우가 많은 것으로 알려졌다.

6가지 이상의 트라우마적 경험을 가진 사람들은 경험이 없는 사람들의 평균(약 80세)보다 거의 20여 년 이상 일찍 죽는 것으로 나타났다. 아동기 부정적 경험들은 우리의 건강과 삶의 질에 평생 동안 엄청난 영향을 끼친다. ACE 연구는 아동기 부정적 경험이 위험한 행동, 정서적 이슈, 심각한 질병, 죽음에 이르는 치명적인 원인들과의 극적인 상관관계가 있음을 보여준다.

'학대를 멈춰라' 캠페인이 운영하는 실천적 캠페인에는 양육권 법정의 위험한 판결에 대한 반대, 성적 학대에서 아동 보호, 학대 사이클 끊기, 모성 가정 방문 프로그램 제안, 아동 섹스 인형(아동과의 성관계를 모방하도록 고안된 실물 모형) 금지 등 상황에 맞는 다양한 활동을 구체적으로 포함시켜 실질적인 도움이 될 수 있도록 한다. 즉, 많은 법원이 친권 관련 재판에서 아이들을 학대한 부모나 가정 폭력범들이 있는 집으로 돌려보내는 위험한 판결을 내리고 있다. 그리고 아동 성 학대는 은밀하게 이루어지고, 많은 어린이가 그 사실에 침묵하고 있어 나중에 폭로하더라도 공소시효 때문에 가해자들을 처벌할 수 없는 상황이 되기도 한다.

또, 모성 가정 방문 프로그램을 통해 자신의 약물 중독이나 빈곤 문제로 아이들을 학대할 위험이 매우 높은 엄마들을 미리 찾아내 교육하기도 한다. 미국 어느 곳에서나 아동 섹스 인형을 합법적으로 구할 수 있는 위험한 현실 등을 고발해 무엇보다 어린이의 건강과 안전을 최우선으로 할 수 있는 방안을 마련하는 데 도움이 되고자 한다.

아동 폭력은 평생의 트라우마가 된다

✱ 우리는 아동 학대에 무관심했다

아동·청소년들은 성폭력에 가장 취약한 집단이기도 하다. 1959년 미국 매사추세츠주에 설립된 주립 아동 옹호 단체 매스키즈Mass Kids가 주도하는 '충분한 학대The Enough Abuse' 캠페인은 아동을 성폭력에서 보호하기 위해 더 많은 관심이 필요하다고 주장한다. '충분하다는 것'은 아동 성 학대에 그동안 우리가 보여 주었던 무관심은 충분했다는 것을 역설적으로 표현한 것이다. 아동 피해자의 평균 연령이 9세라는 사실만 놓고 보더라도 문제 해결을 위한 최선의 방법은 특정한 기관이 주도하는 계도성 캠페인이 아니라 모든 이해관계자가 동참할 수 있는 캠페인을 채택하는 것이다.

그 이유는 성희롱, 능욕, 품평, 폭력 등 성범죄의 대상과 장소가 일상 속으로 깊게 침투해 있기 때문이다. 또, 한 사회가 가진 성에 관한 왜곡된 의식과 통제 불가능한 미디어 이용에 따른 불법 콘텐츠 유통은 가해자를 끊임없이 양산하고 있다. 따라서 모두가 참여하는 범국민적 통합 캠페인이 사회 곳곳에서 전개되어야 한다.

대부분 아동 학대는 공공 정책의 실패로 나타난다. 이와 관련해 생각해볼 문제는 다양하다. 우선, 관련 법에 관한 문제들로 '학대를 멈춰라' 캠페인에서도 공소시효와 같은 법 개정을 요구하고 있다. 평균적으로 성 학대를 당하는 아이들의 연령은 9세지만 아이들이 학대 사실을 공개하기까지 보통 21년이 걸린다고 한다. 미국의 '필수 신고자 법Mandated Reporter Law'은 특정 직업을 가진 사람들에게 학대나 방임이 의심되는 아동들을 만날 때 반드시 신고할 의무를 부과하고 있다. 이는 관계 당국이 신체적 학대나 방임에 대응하도록 하는 법이다.

그들은 아동 성 학대에 대해 논의 단계 없이 바로 신고해야 하는 의무를 갖는다. 그러나 관련 연구에 따르면 사전 교육을 받았지만, 대부분 교사들이 아이들의 성 학대 폭로를 믿지 않으려 한다. 미국에서는 50개 주 모두에서 교사들은 필수 신고자이고, 몇몇 주에서는 모든 어른이 필수 신고자의 의무를 갖는다. 그러나 이러한 주들에서도 특정인들만 필수 신고자들인 주에서 확인된 학대와 비슷한 비율의 학대 신고가 보고되고 있다고 한다. 그만큼 사전 교육을 이수하고 신고 의무를 갖고 있어도 막상 신고하는 것이 쉽지 않다는 것이다.

우리나라에서 아동 학대 신고 의무는 학원, 어린이집, 유치원, 학교 등에서 아이들을 가르치고 교육하는 사람들이나 의료기관

아동 폭력은 평생의 트라우마가 된다

에 종사하는 의료인, 사회복지시설 종사자 등에게 있다. 하지만, 누구든지 아동 학대 범죄를 알게 되거나 그 의심이 있다면 아동 보호 전문 기관이나 수사기관에 신고할 수 있다. 그러나 아동 학대 사건의 가해자가 보통 부모 혹은 아동 시설 종사자 등 대리 양육자인 현실을 생각하면, 이러한 신고를 통해 아동 학대를 방지하거나 처벌한다는 것이 무척 제한적임을 알 수 있다.

우리가 함께 살고 있는 공동체 차원에서 어떻게 하면 평생의 트라우마를 남기는 아동 학대를 더 철저하게 방지할 수 있을까? 아이 한 명을 키우는 데 마을 전체가 필요하다는 말이 있다. 커뮤니티 구성원이 모두 어린 시절 트라우마나 ACE 등에 대해서 기본 정보를 공유할 수 있다면, 그들은 아이들에게 평생 상처가 될 수 있는 학대를 방지할 수 있다. 현재의 아이들의 삶에서 ACE를 예방하는 효과적인 프로그램을 만드는 것은 다음 세대에서는 훨씬 덜 만들어도 될 가능성이 높다.

* 가정폭력은 가정의 프라이버시가 아니다

공동체의 책임을 가장 중요하게 생각하는 '퀸시 해결법The Quincy Solution'은 가정폭력에서 아이들을 지키기 위한 근거 기반 접근 방법으로 매우 효과적이다. 매사추세츠주 퀸시, 캘리포니아주 샌디에이고, 테네시주 내슈빌 등에서 모두 비슷한 법을 시행했고 비슷한 결과를 얻었다. 가정폭력이나 살인 등의 강력 범죄가 절반 이상 감소한 것이다. '퀸시 해결법'을 시행한다는 것은 가정폭력이 해당 공동체의 중요한 이슈로 공동체가 다양한 부분을 담당한다는 것을 의미한다. 아이들을 가정폭력에서 지켜야 한다는 이슈에 모두가 공감해야 하고, 이를 끝내기 위해서는 모두가 각자의 역할을 해야 한다는 것이다.

또한 이는 꾸준하고 강력한 보호 명령을 집행하고, 사전 체포 정책, 관련 증거 수집에 대한 경찰관 교육, 협조하는 증인 없이도 기소할 수 있도록 하는 검사 교육, 가정폭력의 역학을 이해할 수 있도록 법원 직원에 대한 교육도 필요하다. 가정폭력이 꼭 정신병이나 약물 중독 때문에 발생하는 것은 아니지만, 이 3가지는 함께 발생하는 경우가 많다는 점도 고려 대상이다. 가해자들이 폭력과 학대에 대한 신속하고 엄중한 처벌을 받는다는 것을 알게 되면 학대는 보통 멈춰진다.

많은 곳에서 엉덩이 때리는 정도는 흔하게 일어나고 합법적인 경우도 많다. 단순히 사람들에게 엉덩이 정도만 때리고 폭력은 쓰지 말자고 가르쳐도 될까? 답은 '아니오'다. 엉덩이를 때린다고

아동 폭력은 평생의 트라우마가 된다

해서 아이의 행동이 개선되지는 않는다. 더 나쁘게 만들 가능성이 크다. 또한 아이들에게 단지 무서워서 잠깐 복종하게 된다는 나쁜 습관을 들이게 하고 부모나 아이가 폭력에 둔감하게 되어 점점 더 폭력의 단계가 심화될 수 있다.

배우자를 폭행하는 사람들은 아이들도 폭행할 확률이 굉장히 높다. 배우자에 대한 폭력도 아이들에게 트라우마를 주는 것이다. 엄마가 만성 스트레스에 놓여 있다면 아이들을 방임하거나 학대하게 될 가능성이 크다. 가정 살인은 특정 나이대에서 여성들의 주요 사망 원인이 되고 있고, 이러한 가능성에 놓인 여성들이 자기 방어를 위해 남자를 살해하기도 한다. 자신의 행동에 책임을 지지 않는 가해자들은 결코 바뀌지 않으며 더 많은 어른이나 아이를 학대한다. ACE 연구들은 가정폭력이 가정의 프라이버시를 넘어 그 영향이 엄청난 공적 보건 이슈임을 보여준다. 나쁜 부모와의 접촉을 줄이는 것이 아이들에게 당장은 힘들 수 있지만, 가정폭력이 있다면 그렇게 해야만 한다.

또한, 아동 성 학대를 예방하기 위해 연령에 적합한 논의와 교육이 반드시 필요하다. 아이들이 생식기에 대한 정확한 명칭을 알고 있으며 성에 대한 문제를 숨기지 않고 관련 지식을 갖고 있다면, 학대받을 가능성이 낮아진다. 아이들이 원하지 않은 신체적 접촉에 저항하는 것이 옳다는 것을 부모들은 아이들에게 잘 인지시켜주어야 한다. 아이들이 성 학대 문제에 대해 어른들에게 말했을 때 믿어주지 않는 것은 또 다른 트라우마가 될 수 있으므로 특별한 주의가 필요하다.

아동 폭력은 평생의 트라우마가 된다

핑크 셔츠의 날
캠페인

학교폭력에 대한 경각심과 문제 해결을 위한
지역사회의 연대 의식을 확인할 수 있다

학교를 '핑크의 바다'로 물들이자

❋ 핑크색으로 연대 의식을 확인하다

"학교에서 괴롭힘을 당한 친구를 위해 뭔가를 해야겠다고 생각했다. 우리 두 사람의 아이디어와 행동은 놀라운 결과를 가져왔다."

캐나다 전역에서 매년 전개되고 있는 학교폭력과 따돌림 예방을 위한 '핑크 셔츠의 날Pink Shirt Day' 캠페인의 최초 제안자였던 데이비드 셰퍼드David Shepherd와 트래비스 프라이스Travis Price가 한 말이다. 2007년 캐나다 노바스코샤주의 한 학교에서 방학을 마치고 등교한 첫날 9학년(중학교 3학년) 남학생이 핑크색 셔츠를 입고 왔다. 이 남학생은 핑크색 셔츠를 입고 왔다는 이유만으로 괴롭힘을 당했다. 당시 12학년(고등학교 3학년)이었던 두 사람은 이 괴롭힘과 폭행을 목격한 후 작은 캠페인 하나를 생각해 냈다.

이들은 학교를 마치고 마트에 가서 핑크색 셔츠 50벌을 구매한 후 학교 친구들에게 캠페인 참여를 독려하는 메시지를 보냈다. 다음 날 아침 등교할 때 함께 핑크색 셔츠를 입자는 호소였다. 학생들이 주도한 이 작은 캠페인 이후 학교에서 괴롭힘은 사라졌다. 이 소식은 소셜미디어를 통해 지역사회와 대중에게 알려져 많은 감동을 주었고, '핑크의 바다sea of pink'를 만들자는 제안으로 발전했다.

그 결과 교육청과 주 정부, 더 나아가 캐나다 전역에서 이 활동에 공감해 매년 2월 마지막 수요일을 '핑크 셔츠의 날'로 지정했다. 안티불링 자선단체인 불링 캐나다Bullying Canada에 따르면, 대부분 불링 행동을 지지하지 않는 친구들이 개입하는 10초 이내에 불링 행동이 멈춰진다고 한다. 그만큼 주변 친구들의 도움이 필수적이다.

언젠가부터 학교, 직장, 가정, 온라인상에서 불링이 주요 문제가 되고 있다. 불링이라는 것은 정확히 무엇일까? 이는 다른 사람을 신체적·정신적으로 공격해서 상황을 통제하기 위해 폭력적으로 행동하거나 겁을 주는 모든 행위다. '핑크 셔츠의 날'은 이 이슈에 대한 인식을 높이고, 아이들이 건강한 자존감을 키울 수 있도록 하는 프로그램 등을 지원하기 위한 기금을 마련하고 있다.

매년 2월 마지막 수요일에는 학생, 선생님 등 학교 관계자를 비롯해 시민들까지 자발적으로 핑크색 셔츠를 입거나 넥타이, 브로치, 가방 등 패션 아이템 중 하나를 핑크색으로 바꿔 캠페인에 참여한다. 거리를 다니다 보면 곳곳에서 핑크색이 목격되는데, 이를 통해 학교폭력에 대한 경각심과 문제 해결을 위한 지역사회의 연대 의식을 확인할 수 있다.

2008년 캐나다 밴쿠버의 라디오 방송국 CKNW가 중심이 되어 학교폭력과 따돌림 방지를 위한 '키즈 펀드Kids' Fund'를 조성하면서 '핑크 셔츠의 날'이 본격화되었다. 키즈 펀드 기금 수익은 모두 학생들에게 상호 배려와 공감, 친절 등 기본적 소양을 가르치는 교육뿐만 아니라 아이들의 자존감 회복을 위한 치료 지원에 쓰이고 있다. 소셜미디어를 통해 알려지면서 현재까지 180여 개국의 개인이나 단체에서 기부와 동참을 이끌어냈다. '핑크 셔츠의 날' 캠페인에서 영감을 받아 일본, 뉴질랜드, 중국, 파나마 등 국가에서도 학교폭력 예방을 위한 모금 캠페인이 시작되었다.

학교를 '핑크의 바다'로 물들이자

✱ 사이버 불링이 일상이 되다

지역사회가 중심이 되어 기금을 조성하고 글로벌 캠페인으로 확산한 결과, 밴쿠버를 중심으로 한 캐나다 서부 지역에서만 240만 달러 이상이 모금되는 성과를 거두었다. 최근에는 티셔츠뿐만 아니라 팔찌와 목걸이 등 다양한 굿즈도 매년 새롭게 제작되어 키즈 펀드 조성에 도움을 주고 있다. 그런데 2021년 '핑크 셔츠의 날' 캠페인은 과거와 비교해 차이가 있다. 무엇보다 온라인상에서 일어나는 괴롭힘과 따돌림, 일명 사이버 불링cyber bullying에 초점이 맞춰졌다. 코로나19로 비대면 수업이 확대되면서 온라인상 학생 간 괴롭힘이 70퍼센트 이상 급증했기 때문이다.

캐나다 온타리오주 킹스턴 청소년클럽BGCK이 자체 조사한 결과에 따르면, 유치원부터 12학년까지 학생 3명 중 1명이 사이버 불링의 피해를 경험했던 것으로 나타났다고 한다. 이미 10여 년 전부터 이 문제에 많은 관심을 두었지만, 어느새 미룰 수 없는 가장 시급한 과제로 떠오른 것이다.

우리나라도 예외가 아니다. 교육부가 발표한 '2020 학교폭력 실태조사' 결과를 보면, 전년 대비 다른 피해 유형의 비중은 감소했지만 사이버 폭력 비중은 3.4퍼센트 증가한 것으로 나타났다.

기존 폭력이 감소한 것이 아니라 온라인으로 수렴되었다고 해석하는 것이 옳다. 2021년 초 캐나다 보건연구소Canadian Institutes of Health Research, CIHR가 발표한 통계에 따르면, 자녀가 언어적 괴롭힘이나 따돌림 등을 경험했다고 응답한 학부모가 절반 이상이었다. 그 원인은 학교폭력과 괴롭힘의 공간이 빠르게 온라인으로 이동함에 따라 사이버 불링의 위험이 증가한 데 있다.

'핑크 셔츠의 날' 캠페인에는 학교폭력으로 자녀를 잃은 학부모들도 적극적으로 참여하고 있다. 2012년 사이버 불링으로 자신의 딸을 잃은 캐럴 토드Carol Todd는 캠페인에 참여하는 이유를 다른 어린 학생들에게 가르침을 주기 위해서라고 말했다. 그녀는 온라인 공간에서 이루어지는 수많은 학생의 폭력 중에서 자신의 딸이 겪은 이야기를 들려줌으로써 소중한 교육을 제공할 수 있다고 확신했다.

학교폭력과 따돌림 문제를 해결하기 위해서는 2가지 선행 조건이 필요하다. 첫째, 언제든 주변의 누군가에게 말할 수 있는 분위기가 조성되어야 한다. 둘째, 폭행이나 따돌림을 당했을 때 필요한 조치를 받을 수 있는 다양한 프로그램이 마련되어 있어야 한다. 그 대상에는 가해 학생도 포함된다.

'핑크 셔츠의 날' 캠페인의 기금을 지원받고 있는 YMCA 캐나

학교를 '핑크의 바다'로 물들이자

다가 운영한 프로그램 중 하나는 가해자 학생을 재교육시켜 학교로 복귀시키는 것이다. 이 프로그램은 온라인상에서 잘못된 행동으로 정학 당한 학생을 대상으로 했다. 사이버 불링에 대해 학교가 무관용 원칙을 갖고 엄격하게 대응하기 때문에 정학 처분을 받은 것이다.

이 학생들에게 올바른 미디어 교육과 자신의 행동에 대한 책임감을 느끼도록 교육과 상담을 제공한다. 교육에 참여한 학생들은 일대일 상담을 통해 자신의 행동을 깊이 반성하는 시간을 갖는다. 실제로 교육 이수 후 진정한 사과의 기회도 제공될 뿐 아니라 다른 친구들에게 자신과 같은 행동을 하지 말도록 경험을 공유하는 역할까지 수행하는 등 교육 효과는 긍정적이었다.

그렇다고 학교폭력과 따돌림의 문제가 단기간에 해결되는 것은 아니다. 그 이유 중 하나는 엄청난 속도로 발달하는 미디어 때문이다. 소셜미디어상에서 학생 간의 소통과 행동을 세심히 관찰하는 것은 더욱 힘들어졌다. 대부분 학생들이 친구들과 SNS를 통해 집단을 구성하고 그 안에서 보이지 않는 폭력과 따돌림을 경험하고 있는 등 사이버 불링이 일상이 되어가고 있다. 물리적인 폭력이 아니라 문자와 사진, 영상을 통해 의식에 가하는 폭력이 늘어났다.

✱ 사과하고 반성하며 치유하는 선순환의 과정

피해 학생들의 극단적인 선택에 따돌림이 주요한 원인이 된 것도 이 때문이다. 단지 어른들이 잘 모르고 있을 뿐이다. 하지만 어른들이 알아야 하고 적극적으로 개입해야 한다. 모든 형태의 괴롭힘을 경험한 학생에게 가장 필요한 것이 자신이 신뢰할 수 있는 어른과 대화하는 것이기 때문이다.

그러기 위해 부모, 학교, 지역 공동체 등 한 사회는 끊임없이 학교폭력과 따돌림에 대한 경고 신호를 주고받을 수 있어야 한다. '핑크 셔츠의 날' 캠페인은 잊힐 수 있는 크고 작은 피해 사례를 끊임없이 소통함으로써 관심을 끌어내는 구심점 역할을 수행해왔다. '핑크 셔츠'는 모두의 인식 속에 학교 내 괴롭힘에 맞서고 서로를 존중하며 우리가 경험한 학교폭력과 따돌림을 기억하자는 상징으로 자리 잡았다. 캐나다 밴쿠버의 한 학부모는 '핑크 셔츠의 날' 캠페인이 부모들 사이에 자녀들의 따돌림 문제를 해결하기 위해 협력할 수 있는 공감대를 형성하는 데 큰 도움을 주었다고 평가했다.

2018년 여성가족부가 실시한 '전국 다문화 가족 실태조사' 중 초중고 재학생 자녀의 학교폭력 대응 방법에 관한 통계를 보면,

학교를 '핑크의 바다'로 물들이자

전체 응답자 중 거의 절반에 해당하는 48.6퍼센트(부당하다고 생각했지만 참았다 30.4퍼센트, 별다른 생각 없이 그냥 넘어갔다 18.2퍼센트)가 자녀들이 경험한 학교폭력에 무기력하게 대응하고 있었다고 한다. 다문화 가족을 대상으로 한 응답 결과지만 우리가 모르고 넘어가는 수많은 학교폭력이 있다는 것을 암시해주고 있다.

따돌림은 아이들을 속상하게 만든다. 외롭게 만들고, 불행하게 하고, 겁먹게 한다. 따돌림을 당하면 불안한 느낌이 들고, 무언가 자신에게 잘못이 있을 것 같다는 생각을 하게 된다. 아이들은 자신감을 잃고, 더는 학교에 가지 않으려고 한다. 그리고 아이들을 물리적으로 아프게 하기도 한다. 어떤 사람들은 따돌림을 그저 성장 과정의 일부분이거나 어린아이들이 자신을 표현하는 방법일 뿐이라고 가볍게 여긴다. 그러나 학교폭력은 장기간 육체적·정신적 후유증을 가져올 수 있다. 피해자가 삶을 포기할 수 있는 심각한 정도까지 발전하기도 한다. 사이버 불링이 계속되면 방관하는 주변 아이들과 가해자에게도 악영향을 미친다.

대중매체를 통해 유명인들의 학교폭력 논란이 이어지는 모습을 보면 그냥 묻어두고 넘어갈 문제가 아니라 사과하고 반성하며 치유하는 선순환의 과정을 통해 궁극적으로 예방에 이르는 해법을 고민해야 한다는 것이 더 분명해진다. 그 선순환을 돌려줄 수 있는 원동력이 바로 '핑크 셔츠의 날'과 같은 캠페인이다. 학교폭력 논란의 중심에 선 일부 연예인과 스포츠 스타의 과거 소식에 기울이는 관심만큼 현재 일어나고 있는 평범한 우리 아이들의 학교폭력과 사이버 불링에도 주목해보아야 하지 않을까?

아이가 도움이 필요한지 살피고, 아이가 사이버 불링에 대해 이야기하고 싶어 하면 편견 없이 들어주고, 무엇이 사이버 불링이고 아닌지 지도해야 한다. 용기를 가지고 가해자에게 멈추라고 말하는 법을 가르쳐주고, 사이버 불링에서 벗어날 수 있도록 도와주어야 한다. 폭력이나 공격에서 벗어날 수 있다는 것을 배우는 아이는 어른이 되어서도 그렇게 할 가능성이 높다는 것을 잊지 말아야 한다.

학교를 '핑크의 바다'로 물들이자

실종 아동 우유갑
캠페인

누군가 희망의 끈을 놓지 않고
간절하게 기다리는 실종 아동일 수도 있다

실종 아동을
찾아라

✽ 우유갑에 실종된 아이들의 사진이 붙다

호기심과 움직임이 많은 아이들을 키우다 보면, 잠시 한눈을 판 사이에 아이들이 사라져서 가슴이 철렁했던 경험이 한 번씩은 있게 마련이다. 한 해 평균 만 18세 미만 아이에 대한 실종 신고는 1만 9,000여 건에 달한다. 경찰청 자료에 따르면 2020년 국내에서 1년 이상 장기 실종된 아동은 660여 명이나 된다고 한다. 그 중 5년 이상 실종 아동이 638명으로 대부분을 차지한다.

아이가 눈앞에서 감쪽같이 사라져버리면 남은 부모와 가족의 삶은 상상할 수 없는 아픔이 된다. 실종 초기의 골든타임인 48시간 이내에 찾지 못하고 장기 실종으로 분류되어버리면 기약 없는 기다림의 고통을 감내해야 하지만, 아이 찾기를 포기하는 부모는 없기 때문이다.

세계 실종 아동의 날인 5월 25일, 이날은 1979년 5월 25일 미국 뉴욕에서 에이탄 페이츠Etan Patz라는 6세 아이가 등교 중 납치 살해된 사건을 계기로 실종 아동에 대한 일반인들의 인식 확대와 지속적인 관심을 촉구하기 위해 제정되었다. 이후, 캐나다와 유럽 등 전 세계가 동참하는 행사로 확대되었다. 우리나라에서도 2005년 실종 아동 관련 법이 정비되었고, 2007년부터는 실종 아동의 날인 5월 25일부터 7일 동안 '실종 아동 주간'으로 지정해 전 국민에게 아동 실종 예방을 집중적으로 교육·홍보하고 있다 (2020년부터는 법정 기념일로 지정되었다).

불행한 사건을 미연에 방지하기 위해서는 아동이나 지적장애인을 대상으로 지문과 보호자 인적 사항 등을 미아 방지 앱에 사전 등록해두거나 아이의 최근 사진 찍어두기, 아이에게 실종 예방 요령(이름, 나이, 전화번호 등을 기억하고, 낯선 사람을 따라가지 않도록 한다)을 알려주는 것이 매우 중요하다. 그렇지만 실종 사건이 일어나면 아이들을 찾을 수 있는 거의 유일한 방법은 제보에 의한 것이라고 하니 많은 사람이 실종 아동에 대한 관심을 갖도록 참여를 독려하는 다양한 방안에 캠페인이 집중된다.

미국 전국아동안전의회National Child Safety Council, NCSC는 1955년 이래로 실종 아동 찾기를 위한 수많은 캠페인을 전개해 왔다. 대부분 유괴 사건에서 어린이들은 살던 주 밖으로 납치되기 때문에 사건을 초기에 전국적으로 확대시키고 널리 알리는 것이 매우 중요하다. 1984년 NCSC는 처음으로 '실종 아동 우유갑 milk carton' 캠페인을 시작했는데, 우유갑 제조 협회의 도움으로 전국적으로 700여 독립 유제품 업체가 참여했다. 실종된 어린이의 사진과 인적 사항이 수백만 개 우유갑 옆면에 인쇄되어 전국 수백만 학교와 가정으로 전달되었다.

1985년에는 월마트, 듀로 페이퍼 백 등과 미국의 대형 장바구니 가방 제조업체들의 참여를 이끌어내어 사람들이 슈퍼마켓에서 장을 볼 때마다 장바구니에 인쇄된 실종 아동에 관한 정보와 안전 메시지를 볼 수 있게 했다. 또한, 전국 140여 곳의 가스, 전기, 전화 등 공적 사업체들의 연합인 미국가스연합America Gas Association, AGA과 함께 '전국 아동 지킴National Child Watch' 캠페인을 진두지휘했다. 유괴 청소년 명부에 아이들의 사진과 신상 정보를 올리고, 각 기업체나 가정에 전달되는 수백만 장의 월별 청구서, 뉴스레터, 포스터 등을 활용해 실종 아동의 인적 사항을 널리 퍼뜨린 것이다.

실종 아동을 찾아라

1991년에는 홈쇼핑 네트워크의 자회사인 홈쇼핑클럽Home Shopping Club, HSC과 함께 '아이들을 집으로Bring Them Home America' 캠페인을 벌여 실종 아동 120명의 신상 정보와 안전 수칙에 대한 30분짜리와 60분짜리 프로그램을 전국 245개 지역 방송국으로 송출해 3,500만 가구 이상이 시청할 수 있도록 했다. 이 날은 아이들이 가족과 함께 가장 행복한 시간을 보내는 크리스마스였고, 정규 프로그램 대신 방송된 특별 실종 아동 찾기 방송은 이후 몇 년간 지속되며 큰 화제가 되었다.

✳ 양말을 한쪽만 신고 발을 흔든다

NCSC가 만든 안전을 상징하는 강아지 마스코트 세이프티펍 Safetypup은 1985년 처음 소개된 이래로 모든 어린이의 특별한 친구가 되었다. 세이프티펍은 안전 문제에 대해 재미있고, 유쾌하며, 위협적이지 않은 방식으로 학습할 수 있도록 도와주는 캐릭터로 수십만 명의 어린이의 사랑을 받아 전국 경찰관이나 교사들이 인정한 성공적인 학습 도구임이 증명되었다.

세이프티펍은 NCSC의 등록 트레이드마크로 실종 아동에 관한 정보나 안전 수칙 정보를 전달하는 모든 매개체에 등장한다.

또 퍼핏puppet(인형)이나 코스튬costume(인형 역할을 위한 의상) 등으로 활용되어 각 학교나 병원, 커뮤니티 시설 등에서 어린이들을 대상으로 개최되는 안전 교육이나 페스티벌, 축제, 퍼레이드 등 행사에 적극 활용되었다. 그 외에도 NCSC는 슈퍼마켓에서 판매하는 여러 소비자 제품이나 전국 체인을 갖고 있는 레스토랑이나 패스트푸드 상점, 지역 은행 등과 협력해 실종 아동을 찾기 위해 꾸준히 활동해오고 있다.

이렇게 전국 규모의 대형 네트워크를 가진 기업이나 단체의 도움으로 더 많은 사람에게 실종 아동의 정보를 전달하는 것이 전통적인 방법의 실종 아동 찾기였다면, 최근에는 소셜미디어 이용자인 개인들이 각자 방송국이 되어 주변인에게 실종 아동 정보를 스스로 알림으로써 더 적극적으로 관여할 수 있는 방법도 많이 선택되고 있다.

미국의 비영리 기관인 실종학대아동방지센터National Center for Missing and Exploited Children, NCMEC는 '양말 한 짝 흔들기Rock One Sock'라는 소셜미디어 캠페인을 통해 모든 사람이 이 중요한 문제에 대해서 이야기하는 시간을 갖기를 촉구한다. 아이들을 찾기 위해서는 수천 명의 실종된 어린이의 사진을 공유함으로써 대중의 관심을 독려해야 한다는 것이다. 이 캠페인에 참여하는 방

실종 아동을 찾아라

법은 간단하다. 신고, 공유하고, 살펴라WEAR-SHARE-CARE!는 3단계 행동으로 주위를 환기시키면 된다.

일단 양말을 한쪽만 신고 발을 흔들면서ROCK 사진이나 동영상을 찍은 후, 해시태그(#RockOneSock)를 붙여 소셜미디어에 포스팅한다. 페이스북, 트위터, 인스타그램 등에서 @MissingKids를 팔로우한다. 실종 아동들에게 부모를 찾아주기 위해 도움이 될 수 있도록 친구들이나 주변 사람들에게도 최대한 캠페인 참여를 독려한다. 양말과 같은 발음이 나는 SOCK은 'Save Our Country's Kids!'의 첫 자를 모은 것이다.

이탈리아의 유명 프로축구팀 AS 로마가 전개하는 실종 아동 찾기 소셜미디어 캠페인인 '풋볼 케어스Football Cares'는 유명 축구선수들에게 집중된 많은 사회적인 관심을 활용해 큰 성과를 거두고 있다. 2019년 6월 30일 AS 로마는 이적 선수 영입 소식을 전할 때마다 전 세계 실종 아동에 대한 관심을 높이는 데 초점을 맞추는 소셜미디어 캠페인을 시작했다. AS 로마는 처음 시작할 때 미국의 실종학대아동방지센터와 이탈리아의 아동·청소년 상담 전화인 텔레포노 아추로Telefono Azzurro 등과 협력 관계를 맺고 클럽의 소셜미디어 채널을 통해 실종 아동들의 개별 사건을 알렸다.

이 캠페인이 시작된 이후에는 국제 실종학대아동센터 International Centre for Missing & Exploited Children, ICMEC를 비롯해 영국, 스페인, 케냐, 그리스, 벨기에, 캐나다, 과테말라, 아르헨티나, 에콰도르 등 국가의 실종자 협회들과 협력 관계를 맺고 각 나라에서 실종된 어린이들을 찾을 수 있는 희망을 담은 캠페인을 전개했다. AS 로마의 실종 아동 비디오를 통해 아이 6명이 안전하게 집으로 돌아왔다. 현재 AS 로마의 홈페이지에는 여러 국가의 실종 아이 100여 명에 관한 사진과 간단한 신상 정보가 소개되어 이들을 찾을 수 있도록 축구팬들의 관심과 인식을 제고하고 있다.

✷ 유괴범을 공개 수배하다

실종 아동을 찾기 위한 정부 차원의 활동으로 미국뿐만 아니라, 캐나다와 유럽 20개국에서 어린이 유괴범을 공개 수배하는 앰버 AMBER 경고가 널리 사용되고 있다. 앰버 경고 혹은 아동 유괴 긴급 경고는 대중들에게 유괴된 어린이를 찾는 데 협조를 구하고자 '아동 유괴 경고 시스템child abduction alert system'에서 전송되는 메시지다. 앰버는 1996년 미국 텍사스에서 납치 후 살해당한 9세 소녀 앰버 해거먼Amber Hagerman의 이름을 딴 것이다. 또 '미국 실종 사건: 방송 긴급 대응부America's Missing: Broadcast Emergency Response'라는 기관의 첫 자로 표기된다.

미 법무부에 따르면 납치된 어린이 중 75퍼센트가 납치 후 3시간 안에 살해당한다고 한다. 그만큼 아동 실종 사건은 시각을 다툴 정도로 절박하고 급한 성격의 문제라는 것이다. 따라서 앰버 경고는 실종 사건이 발생하면 아동 사진, 범행 발생 과정, 사건 경위, 용의자 차량 정보 등에 대한 화면을 광고, 공영 라디오 방송, 인터넷 라디오, 위성 라디오, TV 방송, 문자 메시지, 케이블TV 등을 통해 긴급하게 전송하게 된다. 또한 이메일, 교통 상황 전광판, 버스 등 대중교통에 붙여지는 전자 안내판, 상업적 옥외 전자 광고판, 무선 SMS 문자 메시지 등으로도 전송된다.

구글, 페이스북과도 연계해 해당 사이트나 앱을 이용하는 사람들에게도 경고 발생 지역의 지도나 관련 정보를 검색할 때 자동 게시되도록 했다. 경보를 통해 시민들의 관심을 환기시키고 집중시켜 실종 아동의 초기 발견율을 높이고 범인을 조기에 검거할 수 있다. 2002년 캘리포니아주에서는 앰버 경고를 통해 30명의 납치된 어린이가 생명을 구하는 등 효과를 발휘했다.

미국에서 앰버 경고 발령 조건은 법률 집행기관이 반드시 유괴 사건이 일어났음을 확인하고, 유괴된 아동이 심각한 부상이나 사망 가능성의 위험에 처해 있으며, 아동이나 납치범, 납치 차량에 대한 충분한 설명이 있어야 하며, 해당 아동은 17세 이하여야 한다. 앰버 경고는 어린이 실종·납치 사건이 발생했을 때, 아이를 경찰 혼자 찾는 것이 아니라 지역 주민 전체가 함께 찾도록 하는 시스템이다. 우리나라에서도 2007년에 도입되어 시행되고 있다.

다행히 최근 국내 실종 아동의 발견율은 99.6퍼센트로 크게 높아졌다고 한다(2020년 4월 기준). 이는 지문 등록제와 앰버 경고와 같은 실종 경보 시스템 등 기술 발전에 따른 실종 아동 대응 시스템이 갖춰진 덕분이다. 그러나 여전히 나타나지 않고 있는 아이도 많다. 지금 내 주변의 아동이 누군가 희망의 끈을 놓지 않고 간절하게 기다리는 실종 아동일 수도 있다는 생각으로 실종 아동에 대한 관심을 멈추지 말아야 한다.

　　　　　　　　　　　실종 아동을 찾아라

내 곁에 캠페인

안내견은 지금 일하는 중 캠페인

점심 먹자 캠페인

두 더 매스 캠페인   기빙 튜즈데이 캠페인

제3장

우리는
나눔으로
인생을
만들어간다

리틀 프리 라이브러리 캠페인

프로 보노 캠페인

리터 오브 라이트 캠페인

스마일 포 라이프 캠페인

캡스 포 키즈 캠페인

라디 에이드 캠페인

십자는 인도주의 브랜드다 캠페인

그녀가 먼저다 캠페인

히포시 캠페인

GUIDE DOGS

내 곁에
캠페인

사람들에게는 일상인 보통의 삶이
누군가에게는 삶의 목표일 수 있다

시각장애인과 안내견은
어디든지 갈 수 있다

* 하루에 250여 명이 시력을 잃는다

"어린 시절 앓던 아토피 피부염이 고교 시절부터 심해졌습니다. 장기간의 스테로이드 치료로 인해 결국 양쪽 눈의 시력마저 잃었습니다. 이때가 28세 때입니다."

'사노피−아벤티스코리아'의 중증 아토피 피부염 인식 개선을 위한 '나는 속가픈 사람입니다' 캠페인에 연사로 나선 한 강연자의 이야기다. '속가픈'이라는 단어는 '가픈(가렵다+아프다)'에 '속'을 더해 아토피 피부염 환자의 신체적인 고통뿐만 아니라 정신적인 고통의 의미를 함께 전달하고자 한 단어다. 그는 30년 넘게 겪고 있는 극한 가려움과 고통, 치료 과정의 후유증으로 시력을 잃게 된 순간을 회상한 것이다.

삶을 포기하려다 자신을 뒷바라지하던 어머니를 생각해 점자 등을 배우면서 시각장애인으로서 새로운 삶에 도전하게 되었다는 내용이다. 중증 아토피 피부염 환자 중 일부는 가려움의 고통뿐만 아니라 망막박리, 백내장 등으로 시력을 잃게 되는 경우가 있다. 이렇듯 시각장애를 초래하는 질환과 원인은 매우 다양하다. 영국에서는 하루 평균 250여 명이 시력을 잃는다고 한다.

누군가 시력을 잃었을 때 그들이 자유마저 잃지 않도록 도움을 주어야 한다는 취지에서 시작된 대표적인 비영리 활동이 세계 안내견협회International Guide Dog Federation, IGDF의 배려 캠페인이다. 이 단체에는 2020년 현재 전 세계 34개국 100여 개 안내견 학교가 회원으로 가입되어 있으며, 시각장애인에게 배정되어 일하고 있는 안내견의 수는 2만 1,866팀에 달한다. 그중 가장 오랜 전통을 갖고 있는 영국의 안내견 캠페인이 2023년까지 '내 곁에 By My Side'라는 슬로건을 내걸고 50여 만 명의 시각장애인을 다양한 방식으로 지원하겠다는 포부를 밝혔다.

시력을 잃은 사람들은 상대적으로 높은 실업률, 우울증, 외로움, 재정적 불안정에 직면할 가능성이 크기 때문이다. 안내견 캠페인은 시각장애인을 위한 다양한 학습과 지원 활동 중에서도 대중교통과 기타 사회 서비스를 이용할 수 있는 권리의 복원을 돕는 상징적인 활동이다. 안내견 지원 사업에는 절대적인 예산과 시간이 필요하다. 또 봉사자와 기부자, 사회적인 동의와 협력이 필요하다.

이 캠페인은 1931년 영국 머지사이드주 월러시의 한 차고 안에서 뮤리얼 크룩Muriel Crooke과 로저먼드 본드Rosamund Bond가 안내견 교육을 시작하면서 하나의 봉사활동으로 자리 잡았다. 지난 90년간 영국에서만 2만 9,000여 명의 시각장애인에게 독립적 삶의 기회를 제공하는 성과를 거두었다. 현재도 매년 1,000마리 이상의 새로운 안내견을 훈련시키고 있다. 하지만 단순히 안내견 훈련과 확산을 위한 지원에만 집중하는 것이 아니다.

시각장애인과 안내견이 최대한 자유롭게 이동하고 어디든지 방문할 수 있는 사회적 배려를 이끌어내는 과정을 통해 여타의 수많은 공공 문제 해결을 위해 애쓴다. 시각장애인을 배려하는 보행자 도로의 환경 개선에서부터 운전자의 인식 개선도 포함된다. 최근에는 전동 스쿠터나 전기자동차 등 저소음 차량을 시각장애인이 보행 중 잘 인지하도록 돕는 방법도 찾고 있다.

시각장애인과 안내견은 어디든지 갈 수 있다

✱ 당신의 반려견이 안내견 곁에 가면 안 된다

영국 랭커셔주의 한 시각장애인은 안내견과 함께 이동하면서 주요 보행자 도로 위에 세워둔 카페나 레스토랑의 입간판이 너무 많아 장애물 경기를 하는 것 같다고 말했다. 거리에 놓아둔 불법 적치물 하나가 시각장애인을 우리 사회에서 고립시키고 밖으로 나오지 못하도록 하는 거대한 장애물임을 암시하는 대목이다. 시각장애인들이 안내견과 외출하면 일반인들이 전혀 의식하지 못하고 있는 뜻밖의 어려움에 부딪치는 경우는 매우 많다.

그래서 IGDF는 2015년부터 안내견이 모든 공공장소에 출입할 수 있도록 인식을 개선하는 캠페인도 전개하고 있다. 법적으로 출입이 보장되고 있지만, 안내견에 대한 정보와 지식이 부족해 생길 수 있는 권리 침해 문제를 줄이기 위해서다. IGDF가 영국에서 실시했던 시각장애인 대상 설문 응답자 중 75퍼센트가 안내견과 함께 입장하려던 레스토랑과 상점, 택시 등에서 출입을 거부당했던 경험이 있다고 답했다. 이런 문제를 해결하기 위해 2018년 안내견과 다니는 시각장애인의 차별을 방지하자는 캠페인 지지 서명에 4만 6,000여 명이 참여하기도 했다. 안내견이 어디든지 방문하도록 법으로 규정되어 있지만, 잘못된 인식 때문에 받게 되는 차별을 해소하기 위해서다.

우리나라도 장애인복지법에 따르면, 안내견을 동반한 시각장애인이 식품접객업소 등에 출입하려 할 때 정당한 사유 없이 거부해서는 안 되며, 이를 위반하면 과태료가 부과된다. 훈련사나 봉사자가 훈련 목적으로 안내견을 데리고 다닐 때도 같은 법의 적용을 받게 된다. 하지만 2020년 11월 롯데마트의 안내견 거부 논란을 비롯해 유사한 문제가 끊이지 않고 있다. 이는 특정 업체와 한정된 개인에게만 국한된 문제가 아니다. 그동안 누적되어온 우리 사회 내 시각장애인에 대한 배려심 결여에서 비롯된 결과다. 이를 개선하기 위해 2020년에는 민간 차원에서 각종 출입문에 표기된 반려견 출입 금지 픽토그램pictogram 아래 '안내견은 예외'라는 문구를 표기하자는 캠페인이 제안되기도 했다.

안내견 캠페인은 인식 개선뿐만 아니라 세부적인 배려의 실천으로 이어진다. 미국 뉴저지주 모리스타운에 있는, 세계에서 가장 오래된 안내견 학교 '더 시잉 아이The Seeing Eye'는 시각장애인이 안내견을 통해 더 큰 독립심과 자신감을 얻을 수 있도록 색다른 안내견 배려 캠페인을 전개하고 있다. 일명 '안내견은 지금 일하는 중Guide Dog at Work' 캠페인으로 반려견 주인들에게 안내견에서 안전한 거리를 유지할 수 있도록 해달라는 실천 운동이다.

반려견 주인들은 자신의 반려견이 안내견에게 어떤 잠재적인 위험이나 혼란을 초래할지 모르기 때문이다.

　자신의 반려견을 안내견과 거리를 두도록 하는 것이 큰 배려가 될 수 있다. 안내견이 누군가의 반려견 때문에 집중을 못하게 되거나 공격을 받는다면, 시각장애인의 안전이 위협을 받을 수 있다. '더 시잉 아이'가 2011년 실시한 조사에 따르면, 약 85퍼센트의 안내견과 시각장애인이 이웃의 반려견에 의해 심각한 수준의 이동 방해를 경험한 적이 있는 것으로 나타났다고 한다. 시각장애인의 팔을 잡거나 안내견의 목줄을 당기거나 안내견의 집중을 방해하는 것은 운행 중인 자동차의 운전대를 잡는 것과 같다.

　그래서 이 캠페인을 통해 반려견과 산책하는 사람들에게 '당신의 반려견이 절대로 안내견과 시각장애인 곁에 가까이 가면 안 된다'고 호소한다. 캐나다 서스캐처원주 새스커툰시에서는 안내견의 집중을 방해하는 행위는 2만 5,000캐나다달러(약 2,500만 원)의 벌금이나 2년 이하의 징역에 처할 수 있도록 규정해놓았을 정도다.

　그 외에도 안내견에게 먹을 것을 주어서는 안 되고, 쓰다듬는 등 애완동물처럼 대하면 안 된다. 이런 행동들은 모두 안내견의 집중을 방해하는 일이다. 안내견에게 명령을 내리거나 말을 걸어서는 안 되고, 같이 있는 사람에게 말을 걸어야 한다. 안내견과 함께 있는 시각장애인과 걸을 때는 안내견의 왼쪽으로 걷지 않는 등의 배려는 기본이다.

✱ 누군가에는 특별한 '보통의 삶'

팬데믹으로 국경이 닫히고 여행 규제가 생기면서 주로 미국의 안내견 훈련소에서 배정되는 안내견에 의존하던 많은 캐나다의 시각장애인들이 안내견을 구하지 못해 캐나다전국시각장애인협회Canadian National Institute for the Blind, CNIB에서 긴급하게 안내견 훈련 프로그램을 확장한다는 소식이 있었다. 한 마리의 안내견이 완벽하게 훈련되는 데는 2년 정도가 소요되며, 강아지일 때부터 안내견에서 은퇴하는 순간까지 안내견 훈련에 들어가는 비용은 5만 달러에 이른다.

미국에서는 매년 7,500여 명이 시각을 잃고 있지만, 현재 미국 내에서 활동하는 안내견은 1만 여 마리로 추산된다. 시각장애인 가운데 약 2퍼센트만이 안내견을 배정받는 정도다. 안내견은 시각장애인의 삶을 완전히 변화시키는 역할을 한다. 안내견 봉사단체들은 안내견 훈련, 성인과 아동을 위한 안내견 배정, 공동체

시각장애인과 안내견은 어디든지 갈 수 있다

에서 안내견을 더 적극적으로 수용하도록 독려하는 캠페인 활동 등을 모두 자원봉사와 기부금에 의존하는 실정이다. 안내견 캠페인을 하는 사람들은 일반 대중들이 다른 봉사활동에 비해 안내견 캠페인에 대해 자발적인 이유를 찾지 않는다고 한다. 안내견이 자신들과 전혀 상관없는 이슈라고 생각하기 때문이다.

그렇다면 왜 안내견 캠페인에 시선을 맞춰야 하는 걸까? 중증 아토피 피부염으로 인해 시력을 잃은 시각장애인이 강연 무대 위에 서서 밝힌 삶의 목표는 '보통의 삶'이었다. 대부분 사람들에게는 일상인 보통의 삶이 바로 옆 이웃 누군가에게는 삶의 목표일 수 있다는 것을 깨달아야 우리 사회 곳곳에서 배려가 일상이 될 수 있다. 이런 배려를 깨닫도록 유도하는 소중한 메신저 중 하나가 안내견이다.

코로나19로 일상 속 삶이 조금 답답하게 느껴지기도 한다. 이 답답함은 늘 화려한 모습에 시선을 두던 그동안의 습관 때문에 생긴 느낌이다. 막히고 닫히고 정지되는 순간을 경험하고 있는 코로나 시대에 우리가 돌아보아야 할 일상은 무엇일까? 오히려 우리는 코로나19를 통해 보이지 않는 누군가의 '보통의 삶'을 경험하고 있는지 모른다. 먹고 마시고 즐기고 여기저기 돌아다니며 무언가 바라보는 것을 탐닉하면서 그동안 잊고 보지 못했던 모습을 잠시 보통의 시선으로 바라볼 수 있게 된 것은 아닐까?

법으로 정해 놓았어도 안내견 출입이 자유롭지 못했던 우리 사회 현실은 배려가 사라진 일상, 배려를 위해 알아야 할 기본 정보와 지식에 무관심했던 모습을 되돌아보게 한다. 도심 속에서 시각장애인과 만나기 어렵다면 그들이 주변에 없어서가 아니라 사회가 그들이 자유롭게 다닐 환경을 만들어주지 않고 고립시켜 놓았기 때문이다.

오랫동안 사회적 거리 두기로 가고 싶은 곳에 가지 못하고 만나고 싶은 사람을 못 만나면서 당장 보지 못함을 호소하는 일상과 마주하고 있었다. 분명히 무언가를 보면서 보지 못한다는 불만족을 잠시 내려놓고 우리 주변의 소외된 이웃을 바라보고 배려하는 마음의 시선을 복원시켜보면 어떨까?

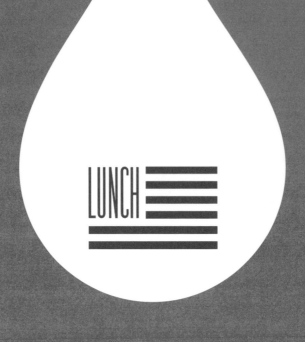

점심 먹자
캠페인

점심을 배달하고
경험과 지혜로 마음과 머리를 채워보자

노인들에게
점심을 배달합니다

❋ 배고픈 노인이 없는 세상을 만들자

"오늘 뭐 먹을까?"

"맛집이 어디지?"

"그냥 배달시켜 먹어요."

'먹는 문화'가 바뀌었다. 음식 서비스의 다양화와 1인 가구 증가로 가정 간편식 선호에 따른 배송 서비스 발달은 배달시켜 먹는 문화를 일반화했다. 이런 시기에 우리 사회가 관심을 가져야 할 또 하나의 먹는 문화가 있다. 시민사회와 국가가 관심을 갖고 조성해나가야 하는 과제 중 하나가 노인들의 먹는 문화다. 고령화 사회에서 직면하게 될 노인들의 가장 기본적인 식생활 문제 해결을 위한 사회운동이 필요하다는 뜻이다. 이를 위한 간단한 실천 중 하나가 도시락 배달 봉사다.

도시락 배달 봉사를 전개하고 있는 대표적인 조직이 지난 70여 년간 가장 효과적인 사회운동으로 평가받고 있는 미국의 '밀즈 온 휠즈Meals On Wheels'다. 1954년 미국 필라델피아에서 시작된 이후 지역사회 노인들이 자기 집에서 생활할 수 있도록 지원하는 지역사회 기반의 비영리 공공 네트워크로 발전했다. '배고픈 노인이 없는 세상'을 만들자는 '밀즈 온 휠즈'는 가장 취약한 사회계층인 노인들에게 음식을 제공하고 안부를 묻는 활동을 수행하고 있다.

팬데믹 이전, 미국에서는 약 970만 명의 노인이 배고픔에 위협받고 있었고, 740만 명의 노인이 빈곤층 이하의 수입에 의존하고 있었다. 또한, 노인 4명 중 1명이 혼자 살고 있으며, 그들은 외로움을 호소하고 있다. 노년층의 배고픔과 고독의 문제는 어느 나라에서나 급격하게 사회문제가 되고 있다. 이러한 가운데 전국적으로 5,000여 곳에서 자발적인 참여와 기부, 재정 지원 등을 기반으로 봉사활동을 전개하고 있는 '밀즈 온 휠즈'는 노인들에게 영양가 있는 음식 제공과 고독사 예방에 기여한다는 측면에서 긍정적인 평가를 받고 있다.

빈번하고 규칙적인 가정 방문은 노인들의 영양적 요구에 부응하면서 사회적 고립을 약화시키고, 안전에 대한 위험 요소를 확인할 수 있는 등 총체적인 보살핌을 제공하는 효과적인 기회가 될 수 있다. 그런데 이 활동에 참여하는 자원봉사자인 밀즈 온 휠즈 운전자meals on wheels driver 240만 명 중 약 75퍼센트가 55세 이상으로 그들도 고령화되고 있는 실정이다. 오히려 현시점에서 가장 절실히 필요한 봉사활동이지만, 젊은이들에게 '밀즈 온 휠즈'는 단지 식사를 배달하는 전통적인 봉사활동으로 여겨지기 때문이다.

이 문제를 해결하기 위해 2016년 7월 '점심 먹자Let's do lunch' 캠페인이 시작되었다. 젊은 층의 봉사활동 참여를 독려하기 위해 기획된 이 캠페인은 단순히 도시락을 배달하는 것이 아니라 그 이상의 가치를 전달하는 데 초점을 맞추고 있다. '점심 먹자' 캠페인은 참여자들에게 점심시간을 이용해 지역사회 노인들에게 식사와 친근한 인사를 전해 세대 간 교감을 위한 봉사활동에 동참해달라고 요청한다.

일주일 또는 한 달에 한 번, 더 나아가 필요에 따라 봉사자가 선호하는 방식으로 참여할 수 있다. 오전 11시에서 오후 1시 사이에, 늘 똑같은 점심시간이 아닌 시간에도 발상의 전환을 통해

노인들에게 점심을 배달합니다

젊은 직장인들에게 새로운 봉사의 기회를 제공했다. 배를 채우기 위해 점심을 먹는 게 아니라 점심을 배달하고 경험과 지혜로 마음과 머리를 채워보자는 취지다. 점심시간을 활용하되 최대 90분을 넘지 않도록 했다. 활동 자체에 어떠한 강제 규정이나 규칙도 없어서 봉사자의 상황에 맞게 활동을 선택할 수 있다.

✱ 노인들의 사회적 고립을 막다

'점심 먹자' 캠페인은 요리와 식사 보조 활동을 제외한 배달과 안부 묻기에 초점을 맞추었다. 점심시간을 이용한 단순한 봉사활동을 통해 젊은이들은 평소 동료들과 맛있는 식사를 할 때 전혀 생각하지 못했던 현실과 마주하는 경험을 한다. 그들 주변에 도시락 하나를 기다리는 거동이 불편한 노인이 너무 많다는 사실을 알게 된 것이다. 그리고 단순히 도시락을 배달하는 것이 아니라 인생의 선배를 만나는 기회를 얻고 상호 간 교감을 확대하는 계기가 되었다. 유튜버 메건 카마레나Meghan Camarena(애칭 Strawburry17)도 캠페인에 참여한 후 "점심시간을 이용한 도시락 배달이 오히려 앞선 인생을 살아온 노인들의 지혜를 얻는 과정이었다"고 말했다.

실제로 미국 기아 방지 단체 '피딩 아메리카Feeding America'가 발표한 「기아 상태 연례 보고서」에 따르면, 2017년 60세 이상 노인의 7.7퍼센트(550만 명)가 제대로 된 식사를 하지 못하고 있는 상태였다. 미국은 지난 20년간 기아에 직면한 노인의 수가 2배 증가했으며 1,500만 명 이상이 홀로 지내고 있는데 이는 전체 노인의 25퍼센트 수준이다. 자원봉사자들은 자신이 노인들이 만나는 유일한 사람이라는 사실을 알게 되면서 자존감을 회복하기도 했다.

도시락을 배달하면서 전하는 '안녕하세요?'라는 짧은 인사말이 때로는 식사보다 더 큰 봉사가 될 수 있다는 사실도 깨달았기 때문이다. 아일랜드 봉사활동가인 스타니슬라우스 케네디Stanislaus Kennedy 수녀는 "노인 문제 해결을 위한 캠페인에 사람들이 상대적으로 인색한 것은 이를 해결하기 힘든 과제로 여기면서 외면했기 때문인데, 오히려 도시락 배달과 인사말 같은 실천이 이어지면서 작은 기적을 목격할 수 있었다"고 말했다.

실제 이 캠페인은 10만 명 이상의 새로운 자원봉사자를 모집하는 기대 이상의 성과를 거두었다. 미국 로드아일랜드주 재향군인 의료원의 토머스 칼리Thomas Kali 교수팀은 모든 지역 공동체가 도시락 배달 봉사활동의 대상이 되는 노인을 1퍼센트만 늘려

　　　　　　노인들에게 점심을 배달합니다

도 의료보험 예산 1억 9,000만 달러 이상을 절약할 수 있을 것이라고 예측했다. 1일 병원 입원비는 10일의 요양원비에 해당하고, 이는 노인 한 명에게 1년 동안 '밀즈 온 휠즈' 프로그램을 제공할 수 있는 비용과도 같다.

배고픔과 사회적 고립은 노인의 건강과 안녕을 위협할 뿐만 아니라 국가의 의료보험 체계와 경제에 심각한 압박을 가한다. 노인들의 영양실조와 관련된 경제적인 부담은 510억 달러에 달하고, 노인 낙상사고에 들어가는 의료비는 500억 달러에 해당한다. 또한 노인들의 사회적 고립과 관련된 추가적인 의료 비용은 매년 67억 달러로 추산된다. '밀즈 온 휠즈'의 도시락 배달을 받는 사람 10명 가운데 9명은 이 프로그램이 자신의 건강을 향상시켰다고 말한다.

✱ 지혜로 가득 찬 노인의 삶에 접근하는 것

이 프로그램은 조금이라도 활동이 가능한 노인들에게는 지역 시니어 센터 등에 모여서 함께 식사할 수 있도록 주선해주기 때문에 건강과 노인의 고독 문제 해결에도 효과적이었다. 고령화 사회로 진입하게 되면 집에서 식사할 수 있는 것이 가장 저렴한

복지라는 캠페인의 활동 철학을 실증적으로 입증한 결과다. '밀즈 온 휠즈'의 대표인 엘리 홀랜더Ellie Hollander는 "이 캠페인은 자원봉사를 통해 젊은 세대들이 얻을 수 있는 보상을 강조하는 데 초점을 맞추었다"고 설명했다.

노인들의 진지한 인생 이야기 몇 가지를 공유하는 것만으로도 봉사자들의 공감을 얻는 데 충분했다. 캠페인 포스터 제작을 위해 재능을 기부한 사진작가 마크 셀리저Mark Seliger는 "노인들의 모습을 사진에 담아내면서 캠페인에 참여하는 것은 단순한 고립이나 기아 문제 해결이 아닌 지혜로 가득 찬 삶에 접근하는 것"이라고 말했다. 자원봉사의 혜택은 당신이 좋은 일을 하고 있을 뿐만 아니라 풍부한 경험이 있는 매혹적인 사람들과 연결되는 순간을 경험하는 것이라는 의미다.

물론 이 활동조차 연방정부의 예산 지원 등의 한계로 대상자에 선정되려면 1년 이상 대기해야 한다. 도시락 비용의 30퍼센트는 연방정부가 부담하기 때문이다. 나머지 40퍼센트의 기금은 각 주 정부 혹은 지역 단위 예산에 기업, 재단, 개인 등의 기부금 등을 더해 충당한다. 이러한 복합적인 펀딩 모델이 '밀즈 온 휠즈'를 민간과 정부의 성공적인 파트너십을 만들어 실질적인 요구에 계속 부응할 수 있도록 도움을 주고 있는 것으로 분석된다.

노인들에게 점심을 배달합니다

실제 이러한 활동과 고무적인 효과에도 대상이 되는 노인 중 83퍼센트가 아무 지원도 받지 못하고 있다. 오히려 매년 '밀즈 온 휠즈' 프로그램을 통해 도시락을 제공받는 노인의 수가 점점 줄어들고 있다. 가난한 노인이 급격히 늘어가고 물가 상승에 따라 도시락 준비 비용이나 배송 비용 등 운영비가 늘어가는 데 반해, 기부금이나 정부 지원 등의 예산은 그대로이기 때문이다.

현재 미국인 5명 중 1명은 60세 이상이고, 매일 1만 2,000명 이상이 60세가 된다. 정치적 불확실성은 늘 노인들에게 어두운 미래를 안겨주고 있다. 고령화 사회에 필요한 다양한 정책 과제뿐만 아니라 정책의 사각지대를 메워나갈 수 있는 사회운동 차원의 캠페인을 중장기적으로 준비해야 하는 이유다.

이 캠페인을 진행하고 있는 미국은 2050년까지 노인 인구가 현재의 2배가 될 것으로 예상된다. 우리나라는 65세 인구가 2050년이면 전체 인구의 40퍼센트에 달할 것이다. 2020년은 인구 변화 쓰나미의 원년이었다. 1955년생이 노인 그룹에 진입하는 해였기 때문이다. 고령화 사회로 진입하는 길목에서 독거노인 비율은 2016년 대비 2019년 말까지 10퍼센트 가까이 증가했다. 그만큼 고립과 기아에 직면하게 될 노인의 수는 급증할 것이다. 통계청 기준, 2019년 812만 명(15.7퍼센트)인 65세 이상 고령 인구는 2025년이면 1,051만 명으로 전체 인구의 20퍼센트를 넘어서게 된다.

세대 간 인간관계는 단절되고 고령화 속도는 전 세계에서 가장 빠르다. 흥미롭게도 통계청이 발표한 '2019년 11월 온라인 쇼핑 동향'을 보면 배달 중심의 음식 서비스 거래액이 1년 사이에 2배 이상 증가했고(100.3퍼센트), 거래의 94.3퍼센트가 모바일을 통해 이루어졌다. 아이러니하다. 왕성한 활동이 가능한 젊은이들은 가만히 앉아 배달 음식을 시켜먹는 상황이 급증하는데, 몸이 불편한 노인들에게 도시락을 배달할 봉사자는 구하기 힘든 현실, 앞으로 매년 직면하게 될 문제가 아닐까?

노인들에게 점심을 배달합니다

GIVING
TUESDAY

기빙 튜즈데이
캠페인

누구나 다른 이들을 위해
나눌 수 있는 무언가를 갖고 있다

너그럽게 나누고
협력하자

✽ 세상을 변화시킬 수 있는 너그러운 마음

'기빙 튜즈데이Giving Tuesday'는 매년 블랙 프라이데이Black Friday와 사이버 먼데이Cyber Monday 다음에 오는 화요일을 나눔의 날로 정해 전 세계 모든 사람에게 나눔과 봉사를 촉구하는 캠페인이다. 이틀이라는 시간을 경제를 위해 소비하는 데 썼으니, 하루 정도 공동체를 위해 좋은 일을 하자는 취지다. 이때는 1년 중 가장 나눔이 필요한 시기의 시작일로 어느 때보다 자선의 마음이 필요하며, 기업이나 개인들이 함께 선의의 이유에 동참할 수 있는 계기가 될 수 있다. 2012년 미국 뉴욕의 비영리 예술문화 기관인 92NY 벨퍼 센터92NY Belfer Center for Innovation and Social

Impact가 세계 수백만 명의 사람에게 너그럽게 나누고, 협력하고, 그 너그러움을 축하하라는 영감을 주기 위해 시작했다.

블랙 프라이데이 마케팅을 활발히 진행하는 많은 기업도 이 캠페인에 참여한다. 소비자들의 구매 금액의 일부를 상품 관련 단체에 기부하는 것은 사실 흔한 마케팅 방법이다. 그러나 '기빙 튜즈데이'는 단지 돈만을 기부하라는 캠페인이 아니다. 모두에게서 각자의 공동체와 세상을 변화시킬 수 있는 힘을 촉발하고자 하는 너그러운 마음에 대한 캠페인이다. 돈이든, 시간이든, 재능이든 누구나 다른 이들을 위해 나눌 수 있는 무언가를 갖고 있으며, 중요한 것은 나누고자 하는 너그러움이다.

누군가를 웃게 하거나, 이웃이나 낯선 사람을 도와주거나, 가까운 사람이 어려움에 처했을 때 곁에 있어 주는 등 도움이 필요한 사람들에게 무언가를 나눌 수 있다는 너그러운 행동이 중요하다. 특히 소셜미디어를 통해 '기빙 튜즈데이(#GivingTuesday)' 정신을 전파하는 것은 현재의 정보기술을 활용해 가장 손쉽게 나눔의 정신을 전파할 수 있는 방법이다. 주변 이웃들의 어려움을 알려줌으로써 시간, 자원, 재능 등을 기부할 수 있도록 독려하는 플랫폼이 될 수 있다. 각종 단체, 기업, 개인 등 다양한 파트너가 섞임으로써 함께 집단적인 힘을 발휘할 수 있게 된다.

2019년 '기빙 튜즈데이 캐나다' 행사에는 7,000개 이상의 자선 단체와 기업이 참여했고, 24시간 동안 캐나다 전역에서 2,190만 달러가 모금되었다. 수천 가지의 선행과 자원봉사가 소셜미디어에서 공유되었다. 온타리오주 벌링턴에서는 390켤레의 새 양말이 노숙자들에게 전달되었고, 퀘벡주 몬트리올에서는 505인분의 식사와 선물 바구니가 어려운 사람들에게 전달되었다. 브리티시 컬럼비아주 밴쿠버에서는 13개의 아이패드를 치매를 앓고 있는 노인들에게 선물했다는 소소한 활동까지 공유되면서 사람들에게 나눔의 정신을 전파했다.

2020년에는 코로나19 확산 상황에서 너그러움을 전파하는 활동들이 더 활발하게 전개되었다. 몬트리올에서 의료진들을 위해 자원봉사자 80명이 쿠키를 구운 활동, 앨버타주의 우체통에 붙여진 친절과 감사 인사를 담은 76개의 포스트잇, 1억 5,300만 개의 관련 소셜미디어 표현이 공유된 것 등 어려운 상황에서도 마음을 훈훈하게 하는 따뜻한 소식이 많이 알려졌다. 또한 평소 화요일에 비해 봉사활동에 관한 소식이 4배 이상 많았던 것으로 전해졌다.

　　　　　　　　　너그럽게 나누고 협력하자

✳ 푸드 뱅크 배급 음식으로 살아보기

공동체에 속한 어려운 이웃들이 실제 정부 보조금에 의지해 어떻게 살고 있는지 현실적으로 알려줌으로써 더 큰 공감을 만들고자 한 캠페인이 있다. '두 더 매스Do The Math' 캠페인은 2010년 '더 스톱The Stop'이라는 캐나다 봉사단체가 실시한 캠페인이다. '더 스톱'은 1980년대 캐나다 최초의 푸드 뱅크 중 하나로 건강한 음식, 사회적 연결, 시민들의 적극적인 참여를 추구한다. 그들은 영양가 있고, 지속 가능한 재료로 만든, 문화적으로 적합한 음식은 모든 인간의 권리라고 믿는다.

'두 더 매스' 캠페인은 정부 보조금으로 생활하는 저소득층이 얼마나 열악한 음식으로 생활할 수밖에 없는지 시민들이 설문을 통해 직접 생활비를 계산해보도록 했다. 또 유명인 참가자들이 푸드 뱅크 배급 음식으로 살아가는 것이 어떤 것인지를 체험함으로써 이에 대한 사회적 공론을 이끌어내고자 기획되었다. 설문 참여자들은 각자의 월 소비액과 저소득층의 실제 수입을 비교해보는 시간을 갖는다.

이 캠페인의 첫 단계에서는 약 5,000명 이상 시민의 참여로 온타리오주에서 독신으로 살면서 최소한의 존엄성과 건강을 지키기 위해 필요한 생활비를 추정해서 계산해보는 온라인 서베이 자료가 수집되었다. 참여자들이 대답한 금액의 평균을 계산한 결과, 한 달을 살기 위한 추정 금액은 1,400달러였다. 최저시급을 받으며 주당 35시간을 근무하는 노동자들의 월급조차 1,450달러(세전)에 불과했다. 당시 온타리오주의 정부 보조금은 혼자 살고 있으면, 한 달에 585달러였다. 이 중 364달러는 주거비에 해당하므로 221달러만으로 음식을 포함한 다른 모든 비용을 해결해야 한다. 결국 식품을 구매할 돈이 부족해 수많은 사람이 무료 급식소를 찾을 수밖에 없다.

이 캠페인의 두 번째 단계는 사회운동가 나오미 클라인Naomi Klein이나 가수 데이미언 에이브러햄Damian Abraham 같은 유명인 10명이 푸드 뱅크에서 제공하는 최소한의 기본 음식 바구니로 살아보는 도전 행사였다. 대부분 일주일도 안 되어 힘들어했고, 몇몇 참여자는 임의로 다른 음식을 추가했다. 푸드 뱅크의 1인용 음식 바구니에는 25달러 상당의 음식이 들어 있다. 감자와 양파 각각 2개, 당근 1개, 토마토 2개, 쌀 1봉지, 참치 캔 1개, 달걀 4알, 즉석 오트밀, 물 1리터, 핫도그용 소시지 1팩, 수프 1캔, 땅콩버터 1병 정도다.

방문자들은 한 달에 한 번 음식 바구니를 받을 수 있다. 도전자들이 참여한 후 가장 많이 언급한 부분은 사회적으로 제한된 느낌, 스스로 선택이라는 것을 할 수 없다는 느낌이 무척 힘들었던 것과 함께 배고픔이었다. 밥과 통조림 수프, 소시지 등으로 살아가는 것은 너무 부족했고, 일상에 좋지 않은 영향을 주었다. 그들은 두통, 짜증, 집중력 저하, 에너지가 방전된 느낌 등을 호소했다. 음식 바구니는 보통 보존이 쉬운 탄수화물과 염분이 많이 포함된 가공식품으로 구성되기 때문에 이는 당연한 결과였다. 이들은 심각하게 과일과 채소가 부족한 식단을 만들 수밖에 없었다.

매년 온타리오주에서 실시되는 소비자 물가지수 조사에 따르면, 건강한 식사를 위한 장바구니 물가는 정부 보조금으로는 불가능한 수준이다. 푸드 뱅크 음식 도전 행사 후기를 공유하는 시간에 사람들은 가난에 대해 매우 구체적으로 토로했다. 필수 의료보험료를 내지 못할 때, 집으로 친구를 초대해서 저녁 한 끼 대접하기 힘들 때, 건강한 음식을 살 수 없을 때, 다른 사람에게 도움을 청하는 것이 부끄럽고 두려울 때, 재정 문제나 인생에 대해 스스로 전혀 통제력이 없다고 느끼면서 사람들은 가난을 떠올렸다.

이 캠페인의 목적은 부족한 사회복지에 대한 인식을 고취하고, 수입의 대부분을 집세와 교통비로 써야 하는 상황에서 식료품비 지출이 어떤 의미인지 현실적으로 알려주기 위함이었다. 이

러한 '두 더 매스' 캠페인은 현실에 기반한 공공의 담론을 만들어
내는 길이 될 수 있다.

✱ 독서의 즐거움을 알리다

공동체 구성원들과 함께 또 나누고 싶은 것은 무엇일까?
2009년 미국 위스콘신주에서 토드 볼Todd Bol은 독서를 사랑하던
어머니를 위한 작은 모형 교실을 만들었다. 그는 작은 모형 교실
상자를 책으로 가득 채우고 앞마당 기둥 위에 올려놓았다. 친구
들과 이웃들의 반응이 매우 좋아 그는 몇 개를 더 만들어 그들에
게 나누어주었다.

마침, 사회적 기업의 가능성에 대해 관심을 갖고 있었던 위스
콘신주립대학의 릭 브룩스Rick Brooks가 토드 볼의 DIY 프로젝트
를 보게 되었다. 두 사람은 함께 공동선이라는 목적을 성취하기
위해 의기투합했다. 그들은 유명한 자선사업가 앤드루 카네기
Andrew Carnegie에게서 영감을 받아 2013년 말까지 2,508개 이상
의 작은 무료 도서관을 만들겠다는 목표를 세웠고, 이것은 1년 반
이나 앞선 2012년 8월 이미 달성되었다.

2010년 '리틀 프리 라이브러리Little Free Library'라는 이름이 지

어졌다. 이 작은 무료 도서관에서 도서 교환의 목적은 좋은 책들을 공유하고 커뮤니티를 결합시키는 것이다. 최초의 작은 무료 도서관이 생겼던 볼의 집 근처에 2010년 여름, 자전거 길이 나면서 몇 달 동안 수천 명의 사람이 이 도서관을 접할 수 있게 되었다. 2012년에는 그 수가 4,000개까지 급증했으며, 작은 무료 도서관은 비영리 단체가 되었다. 2020년 현재 전 세계 100여 개국에 10만 개 이상의 작은 무료 도서관이 존재한다.

작은 무료 도서관은 세계 곳곳에서 이웃끼리의 책 교환을 장려함으로써 독서의 즐거움을 알리고, 친근한 커뮤니티를 만들며, 창의력을 고취하는 역할을 한다. 도서 교환을 통해 매년 수백만 권의 책이 교환되어 모든 연령과 배경을 가진 독자들이 책을 더 많이 이용할 수 있게 되었다. 다른 요인들을 통제했을 때, 책이 없는 가정에서 성장한 어린이가 책이 많은 가정에서 성장한 아이보다 평균 3년 정도 뒤처진다는 연구 결과도 있다. 독서 능력을 기르는 중요한 요인 중 하나는 언제나 책을 가까이 하는 것이다. 그러나 빈곤한 환경에 있는 3명 중 2명의 어린이는 전혀 자기 소유의 책이 없다고 한다.

작은 무료 도서관의 책은 공유 상자를 통해 책이 부족한 지역에서 일주일 내내 책을 이용할 수 있도록 제공한다. 특히 큰 영향을 줄 수 있는 장소에 도서관을 만들고 책을 제공하고 있다. 시골 지역이나 책이 부족한 곳에 1,000개 이상의 도서관을 만들어 책에 대한 접근성만 높이는 것이 아니라 공동체를 연결시켜주는 역할도 담당한다. 또한, 전통적인 북클럽을 변형한 액션 북클럽 활동으로 참여자들이 시의성 있는 주제에 대한 책을 읽고, 활발한 토론을 하고, 공동체에 혜택을 줄 수 있는 의미 있는 그룹 프로젝트를 함께할 수 있는 장을 마련한다.

이것은 최고의 독서와 사회활동이다. 4명 중 3명이 작은 무료 도서관으로 인해 읽지 않았을 책을 읽었다고 한다. 73퍼센트의 사람들은 더 많은 이웃을 만났다고 한다. 92퍼센트의 사람들이 자신들이 살고 있는 동네가 더 친근한 장소로 느껴졌다고 한다. 코로나 시대에 책을 교환해 읽는 것이 부담스러운 것도 사실이다. 그러나 공동체를 연결해주는 좋은 일에 참여하는 마음은 계속 유지되어야 할 것이다.

너그럽게 나누고 협력하자

프로 보노
캠페인

언젠가 꼭 스테픈을 만날 수 있다는
희망이 생겼어요

재능은 어둠을
밝힌다

* 프로 보노, 공익을 위하여

라틴어 프로 보노Pro Bono Publico는 '공익을 위하여'라는 뜻으로, 1989년 미국 변호사협회American Bar Association, ABA 산하의 프로 보노 공익활동위원회가 만든 '로펌 프로 보노 챌린지Law Firm Pro Bono Challenge'라는 프로젝트에서 비롯되었다. 미국 변호사들이 사회적 약자를 위해 제공하는 법률 서비스를 의미하는 용어로 쓰인다. 즉, 변호사를 선임할 경제적인 여유가 없는 개인이나 단체에 대해 보수 없이 법률 서비스를 제공하는 것을 의미한다.

미국 변호사협회는 1993년부터 모든 변호사에게 연간 50시간 이상을 공익 활동에 봉사할 것을 요구하고 있으며, 특히 50인 이상의 변호사가 일하는 대형 로펌은 연간 비용 청구 시간의 3~5퍼센트에 해당되는 시간(연간 약 60~100시간)을 공익 활동에 투입해야 한다. 한국에서는 2001년 7월 변호사법을 개정하면서 변호사들이 연간 20시간 이상 의무적으로 공익 활동을 하도록 만들었다.

미국 베일러대학 로스쿨의 프로 보노 프로그램의 부학장인 스테픈 리스폴리Stephen Rispoli는 시간제 보수를 받는 변호사들에게 프로 보노 활동은 엄청난 비용이 드는 일이라고 설명한다. 그러나 더 엄청난 것은 프로 보노 서비스가 필요한 사람들의 숫자라고 말한다. 2016년 『워싱턴포스트』의 한 기사에 따르면, 미국에서 행해지는 민사 재판 가운데 원고나 피고 양방 중 최소 1명의 변호사도 대리하지 않고 있는 사건이 70~98퍼센트에 달한다고 한다. 텍사스주 한 곳만 해도 약 580만 명의 사람이 무료 법률 서비스를 신청할 자격이 되는데, 이는 개인 연소득이 1만 4,850달러 이하, 4인 가족 기준으로는 3만 375달러 이하라는 뜻이다.

텍사스주에서 변호사 1명이 법률 조언을 감당해야 하는 신청 자격자는 1만 1,000명인 셈이다. 법적 도움이 필요한 저소득층의 20~25퍼센트만이 실제로 무료 서비스를 받을 수 있다. 결국 사법 제도에 접근하지 못하는 미국인들에게 이 문제를 해결할 수 있는 유일한 방법은 더 많은 변호사에게 프로 보노 활동을 기대하는 것뿐이다. 변호사들이 비용을 감당하지 못하는 공동체에 시간을 들여 자신의 전문 지식으로 봉사함으로써, 그들은 사실 특정 사건을 대리해줄 뿐만 아니라 커뮤니티를 전체적으로 향상시키는 역할까지 하게 된다. 이는 보통 한 가지 이슈에 대해 프로 보노 서비스가 필요한 사람들은 경제적 곤궁에 빠지게 된 다른 사건들에도 함께 엮여 있기 때문에 가장 핵심적인 사건이 해결되면 다른 이슈들이 자연스레 해결되기 때문이다.

프로 보노 활동은 최근에는 법률뿐만 아니라 다양한 분야의 전문가들이 자신의 전문 지식, 기술, 경험 등을 기부하는 봉사활동까지 모두 포함하는 말로 확장되어 사용되고 있다. 예를 들어, 혁신적인 기술을 활용하고 그 방법을 공개해 열악한 환경에 놓인 사람들을 돕는 캠페인도 프로 보노 활동이 될 수 있다. '리터 오브 라이트Litter of Light'는 아직도 제한적으로 전기를 사용할 수 있는 곳에 사는 사람들에게 저렴하고 지속적으로 사용할 수 있는 빛을 제공하기 위한 세계적 시민운동이다. 에너지 빈곤으로 고통받고 있는 사람들이 전 세계 10억 명에 달한다.

'리터 오브 라이트'는 세계 여러 나라와의 파트너십을 통해 열악한 환경에 있는 커뮤니티들을 찾아 재활용 플라스틱 물병을 사용해 햇빛을 전달하는 페트병 전구solar bottle bulb를 만드는 방법

　　　　　　　　재능은 어둠을 밝힌다

을 가르쳐주고, 각 가정, 사업체, 거리를 밝힐 수 있는 물질을 그 지역에서 찾을 수 있도록 도와준다. 소셜미디어와 공동체들의 노력으로 이 캠페인은 필리핀에서만 14만 5,200가구, 전 세계 15개국 35만 3,600가구 이상의 가정으로 널리 퍼져나가고 있으며, 시민운동 사업가들에게 자율권을 주기 위해 친환경 기술을 가르쳐왔다.

✽ 공동체를 위해 빛을 밝히다

'리터 오브 라이트'는 저비용의 라이트 튜브를 활용해 햇빛을 굴절시켜 낮 시간에 실내 조명을 제공하는 오픈 소스open source 디자인으로, 온라인에 만드는 법을 공유해 필요한 사람들에게 무상으로 기술을 전수한다. 낮 시간에도 밤 못지않게 어두운 환경에서 사는 사람이 많다. 장치는 간단하다. 투명한 2리터짜리 페트병에 물과 약간의 표백제를 첨가한 후, 지붕에 구멍을 뚫어 병의 반 정도는 바깥으로 노출하고 반 정도는 실내 방향을 향하게 끼워두면 된다. 이 장치는 낮 시간 동안 병 안의 물이 햇빛을 굴절시켜서 40~60와트의 빛을 실내에 전달할 수 있도록 한다. 페트병 전구는 최대 5년 정도 유지되며, 저렴한 가격의 패널 설치로 밤에도 빛을 얻을 수 있다.

　일락 디아스Illac Diaz는 마이 셸터My Shelter 재단의 도움을 받아 2011년 필리핀에서 이 기술을 사회사업으로 활용하기 시작했다. 지속 가능하게 성장할 수 있는 아이디어를 만들어내기 위해 디아스는 지역 사람들이 페트병 전구를 조립해서 설치할 수 있는 지역 사업가 모형을 만들었다. 처음 필리핀 라구나주의 한 커뮤니티에서 목수 한 명이 한 세트의 도구로 시작한 이 사업은 몇 개월 만에 필리핀의 20개 도시와 지방에서 1만 5,000개의 페트병 전구를 설치하는 것으로 확장되었다.

　또한 마이 셸터 재단은 각자의 공동체에 빛을 밝히고자 자원봉사를 원하는 청소년, 회사, 단체들을 위한 워크숍을 제공하고 있는데, 시작한 지 채 1년이 안 되어서 20만 개 이상의 페트병 전구가 전 세계 여러 커뮤니티에 설치되었다. 페트병 전구 프로젝트의 가장 혁신적인 부분은 값싸고 내구성이 있으며, 바로 이용이 가능한 주변 물품을 활용한 것이다. 또 이를 통해 생산한 고품질의 자연광을 도시 빈민들에게 장기간 사용할 수 있는 저렴하고 친환경적인 전기의 대체 수단으로 제공한 것에 있다.

　'리터 오브 라이트'의 오픈 소스 기술은 유엔에 의해 인정받았으며, 일부 유엔난민기구UNHCR 캠프에서 사용하도록 채택된 바

　재능은 어둠을 밝힌다

있다. 또한, 2016년 환경 부문 세인트 앤드루 상St. Andrew Prize, 2015년 자이드 미래 에너지 상Zayed Future Energy Prize, 2014년 세계 해비타트 상World Habitat Awards 등을 수상했다.

치과의사들이 전문 지식을 사용해 고통스러운 상황에 놓인 어린이들을 돕는 캠페인도 있다. '스마일 포 라이프Smile for Life' 캠페인은 심각하게 아프거나 장애가 있는 아이들, 혹은 사회적·경제적으로 혜택을 못 받는 어려운 환경에 놓여 있는 아이들을 돕기 위한 캠페인이다. 여기에 치과의사들의 전문 지식과 기술이 활용된다. 미국과 캐나다의 수천 명의 치과의사가 매년 참여해 무료로 환자들의 웃음을 더 환하게 만들어주기 위해 자신들의 시간과 재능을 기부하는 것이다.

환자들은 치과에서 미백 치료를 공짜로 받고 이에 대한 보상으로 '스마일 포 라이프'에 기부하는 시스템이다. 이 캠페인은 1998년에 시작되어 매년 3월 1일부터 6월 30일까지 진행되어왔고, 그동안 어린이 자선단체에 기부한 금액은 4,500만 달러에 이른다. 이 기부금의 혜택을 받은 아이는 수백 명에 이른다.

✳ 암 투병 중인 어린이들을 위한 모자

농구와 미식축구, 비디오 게임 NBA 2K17을 좋아하는 소년 덴절Denzel은 어느 날 '캡스 포 키즈Caps for Kids'에서 가장 좋아하는 NBA 선수 스테픈 커리Stephen Curry의 메시지와 사인이 담긴 야구 모자를 선물로 받았다. "인생에는 농구보다 더 많은 것이 있다. 가장 중요한 것은 너의 가족과 어떤 일이 있더라도 서로 아끼고 사랑하는 것이다"라는 스테픈 커리의 메시지에 티세포 급성림프구백혈병으로 힘들어 하던 덴절은 "이 모자는 제 모든 것이에요. 언젠가 꼭 스테픈을 만날 수 있다는 희망이 생겼어요"라며 오랜만에 환하게 웃었다.

'캡스 포 키즈'는 암 투병 중인 어린이들에게 가장 좋아하는 운동선수, 영화배우, 가수 등 유명인들의 사인이 된 야구 모자를 전달해 잠시나마 미소를 찾아주고자 하는 비영리 단체다. 이 캠페인은 미국 전역에서 150곳 이상의 소아암 병동과 연계해 암으로 고통받는 아이들과 그들이 가장 좋아하는 모자 영웅Cap Hero을 연결해주는 활동을 하고 있다. 항암 치료 때문에 머리카락을 잃은 어린이들에게 자신이 가장 좋아하는 영웅의 사인이 들어간 야구 모자를 선물하는 것은 커다란 힘을 준다.

재능은 어둠을 밝힌다

이 모자는 어린이들에게 용기를 주고 자신이 특별한 존재라고 느끼게 해준다. 모자를 받은 많은 어린이는 유명한 영웅이 모든 치료 과정에서 그들의 옆을 지키며 응원해주는 것 같은 느낌을 받았다고 말한다. '캡스 포 키즈'는 암으로 힘들어하는 모든 어린이가 특별한 모자를 받아야 한다고 믿는다. 아이들에게 힘든 치료 과정을 겪을 때 혼자가 아니라는 것, 어딘가에서 소중한 사람들이 아이들을 생각하고 있다는 것, 함께 싸우고 있는 것이라는 것을 말해주고, 용기와 힘을 줄 수 있는 특별한 모자가 꼭 필요하다는 생각에 캠페인을 시작하게 되었다.

전문 지식이나 기술, 특별한 재능을 갖고 있는 사람들이 자신들의 재능이 만들어내는 가치를 사회에 되돌려주는 자원봉사인 재능 기부는 꼭 필요한 상황에 놓여 있지만, 금전적으로 그 대가를 지불할 수 없는 사람들에게 너무도 감사한 기회가 될 수 있다. 특히 기부자와 도움을 받는 사람들이 직접 연결되어 있어, 더 적극적으로 해당 이슈에 관여하고 공감함으로써 함께 공동체를 성장시킬 수 있다는 만족감을 선사한다. 기본적으로 신뢰가 전제되어 있지 않으면 재능을 주는 사람과 그것이 필요한 사람, 양쪽의 만남이 불가능하기 때문이다.

기부자와 수혜자의 신뢰를 바탕으로 한 만남을 통해 영감을 받은 수혜자들이 또 다른 상황에서 기부자가 될 가능성이 높다는 것도 재능 기부 봉사의 큰 장점이다. 때로 기부자들이 공공선의 목적과 상관없이 커리어를 위한 스펙용으로 재능 기부를 악용한다거나 반대로 정당한 대가를 지불하지 않기 위해 '열정 페이' 운운하는 수혜자들이 있어 논란이 될 때도 있다. 그런 염치없는 행동은 진정성을 가진 기부자와 수혜자에게 도움을 앗아가는 것뿐만 아니라 희망도 빼앗는 행위라는 것을 잊지 말아야 한다.

재능은 어둠을 밝힌다

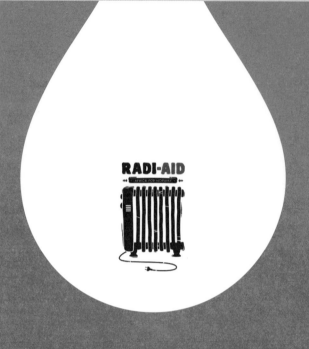

라디 에이드
캠페인

빈곤 포르노는
가난을 잘못 전달하고 있다

빈곤을 이용하는 것에
반대한다

✱ 아이들의 사진을 공유하는 것이 옳은 행동인가요?

"길에서 아이들의 사진을 찍어 소셜미디어에 공유하는 것이
옳은 행동인가요? 그렇지 않다면 왜 당신은 아프리카를 방문했을
때 그곳 아이들과 함께 사진을 찍고 그것을 공유하나요? 이런 방
식으로 빈곤 문제를 알리는 것이 과연 옳은 방법인가요?"

마틸드 크리스티안 센Mathilde Christian Sen이라는 19세 여학생
이 2019년 11월 노르웨이의 유력 일간지 『아프텐포스텐
Aftenposten』에 기고한 글 중 일부다. 빈곤한 아이들의 이미지가
최근 해외 봉사자들의 소셜미디어에서도 공유되는 것을 목격하
고 던진 질문이다. 노르웨이 젊은이의 이런 문제 제기는 '라디 에

이드Radi-Aid'라는 캠페인에 참여했기 때문에 가능했다. 이 캠페인은 노르웨이 학생·학술국제기금Norwegian Student's and Academic's International Assistance Fund, SAIH이라는 단체가 아프리카에 대한 인식 개선을 위해 시작한 활동이다. 이 단체는 풍자적인 영상을 활용해 '빈곤 포르노poverty porn(빈곤 등 고통스러운 이미지로 동정심을 유발하는 모금 캠페인)' 문제를 비판했다.

'노르웨이를 위한 아프리카Africa for Norway'라는 메시지는 이 캠페인의 취지를 역설적으로 담고 있다. 아프리카인들이 추위로 고통받는 노르웨이 사람들을 돕기 위해 난방기(라디에이터)를 기부한다는 설정으로 기존 아프리카 모금 캠페인을 비꼰 것이다. 2012년에는 OECD가 캠페인을 통해 지속 가능한 사회 변화를 촉진한 모범 사례로 선정하기도 했다.

2017년에 '라디 에이드'는 구호 단체의 모금 캠페인 중 최악의 영상Rusty Radiator Award(녹슨 라디에이터 상)으로 세계적인 팝스타 에드 시런Ed Sheeran의 현장 활동 영상Ed Sheeran Meets a Little Boy Who Lives on the Streets을 선정해 화제가 되었다. 이 영상에는 에드 시런이 서아프리카의 라이베리아에 방문해 바닷가의 낡은 배 위에서 잠든 아이들을 불쌍하게 바라보는 모습과 '아이들을 도시로 데려가 안정될 때까지 호텔에 머물게 하고 싶다'와 같은 자신의 소감을 포함하고 있다. 라이베리아의 정치적 상황이나 빈곤의 구조적 원인에 대한 설명은 하지 않고 자신의 감정에 좌우되어 자기 자신을 구세주로 만들었다는 비판을 받았다.

'라디 에이드'가 봉사자나 여행자들을 위해 마련한 소셜미디어 가이드를 살펴보면, 일반 사람들이 별다른 의식 없이 일상 속에서 저지르고 있는 문제적 행동에 대해 객관적으로 살펴볼 수 있다. 나름 의미 있고 동시에 색다른 활동을 하겠다는 결심으로 수많은 사람이 봉사자나 여행객으로 아프리카 등 저개발 국가를 방문한다. 악의가 없었더라도 많은 봉사자나 여행자가 지역 주민들을 수동적이고 희망이 없으며 불쌍한 사람들, 즉 기존에 갖고 있었던 고정관념에 부합하는 사람들로 보이게 하는 사진들을 공유하게 된다. 사실 그들이 만드는 간단한 소셜미디어 포스트에 지역 주민들과 그 배경에 대해 정확한 설명을 제시하는 것은 힘든 일일 것이다. 그러나 이것은 그들의 존엄성과 사생활에 대한 엄청난 침해가 될 수 있다.

✴ 빈곤 포르노는 가난을 해결하지 못한다

이 캠페인의 목표는 3가지다. 빈곤에 대한 인식 개선, 기금 모금 캠페인 방식의 전환, 후원 방식에 대한 고정관념의 해체다. 이를 위해 빈곤과 고통을 지나치게 단순화해 캠페인 메시지로 활용하는 것은 지양되어야 한다. 고통받는 모습과 경제적 빈곤만으로 문제를 평가하는 대신 빈곤의 정치적·역사적 맥락까지 고려해야 한다. 나이지리아의 소설가 치마만다 응고지 아디치에 Chimamanda Ngozi Adichie는 직관적 사실에만 의존한 고정관념은 매우 불완전한 것이라고 비판했다. 그녀는 이를 단편적인 이야기 single story라고 지적했다.

어떤 문제를 바라보고 그 대안을 모색할 때 단편적인 사건을 일반화하는 사고의 오류를 경고한 것이다. 그렇지만 빈곤 포르노는 종종 특정한 사례를 강조해 극단적인 고통을 전달해왔다. 빈곤 포르노는 가난을 잘못 전달하고 있다. 가난은 단지 배고픈 아이들, 더럽고 찢어진 옷들, 육체적 고통과 물질의 부족으로 보이는 것들이 아니다. 가난한 사람들은 자신들의 상태를 심리적·감정적으로 정의한다.

그들은 부끄러움, 열등감, 무기력함, 모욕, 공포, 절망, 우울, 사회적 고립 등의 단어를 사용해 자신들의 고통을 표현하는데, 빈곤 포르노는 그 고통이 단지 기부를 통해 해결 가능하다고 대중을 설득한다. 기부자가 느끼기에는 너무 간단한 해결 방법이다.

이런 방법이 모금액의 증대에 긍정적인 영향을 준 것은 분명하다. 사실 이 방법이 매우 효과적인 것이 더 큰 문제다. 왜냐하면 빈곤을 지원하는 것이 지속적인 빈곤을 유발할 수 있다는 위험한 이데올로기의 고착화를 초래할 수 있기 때문이다. 이렇게 빈곤 포르노는 복잡한 문제를 너무 간단한 방법으로 해결 가능하다는 왜곡된 인식을 심어줌으로써 봉사가 행동이 아닌 자선에 머무르는 부작용을 유발했다.

빈곤 포르노를 활용하는 설득의 또 다른 문제는 도움이 필요한 사람들을 수동적인 존재로만 묘사한다는 점이다. 그들이 함께 문제를 해결해나가는 협력자나 자신들의 나라를 더 살기 좋은 곳으로 만들고자 하는 능력이나 욕망도 없는 사람들로 묘사된 채, 돕는 자와 도움을 받는 자라는 관계만 강조되면서 수혜자가 모금을 위한 홍보 수단이 될 수 있다는 것을 '라디 에이드'는 경고한다.

오히려 고통을 홍보에 활용하기보다 그들의 존엄성을 지켜주어야 한다. 그들이 갖는 잠재력, 재능, 강점을 발굴하고 교육을 통해 문제 해결을 위한 협력자로서 본질적인 변화를 모색해야 한다. 진정으로 가난한 사람들을 돕는다는 것은 그들 스스로 자신들의 커뮤니티를 변화시킬 수 있는 자율권을 갖도록 해주는 것이다.

영국 케임브리지대학의 덩컨 맥 니콜Duncan Mac Nicole 교수는

빈곤을 이용하는 것에 반대한다

아프리카의 수질 개선 프로젝트에 참여하던 당시 '빈곤의 관점'을 바꾸자는 작은 캠페인을 전개했다. 자선단체와 언론이 동정심을 일으키기 위해 무분별하게 활용했던 사진에 대한 문제를 제기하기 위해서였다. 세계 최빈국으로 분류되는 아프리카 말라위에서 캐나다의 '국경 없는 엔지니어Engineers Without Borders, EWB' 단체의 봉사활동 기간 중 그가 목격한 것은 가난이 아니었다. 수많은 구호단체와 언론을 통해 과거에 접했던 절망적인 농촌의 모습 속 고통받는 사람들과는 상반된 숨겨진 본질을 발견한 것이다.

말라위의 동료들이 갖는 지적 능력, 사고의 유연성, 긍정적인 자세 등은 그들이 누구보다 훌륭한 인재라는 것을 입증하기에 충분했다. 그래서 그는 빈곤한 모습과 정반대의 모습을 병렬로 배치한 동일인의 사진을 공유해 아프리카인들이 어떻게 표현되어 왔는지 성찰하도록 했다. 가난한 모습을 보려는 태도에서 협력하려는 모습으로 전환하는 것을 모색한 활동이었다.

* '존엄한 발전'과 인도주의의 실천

글로벌 인권단체 국제정의선교회International Justice Mission, IJM의 설립자인 게리 하우겐Gary Haugen은 "빈곤 해결을 위한 올바른 접근 방식은 빈곤의 뒤에 숨겨져 있는 복잡한 원인을 찾고 구조적인 변화를 모색하는 것"이라고 했다. 여기서 강조하는 것은 인간의 존엄성에 중심을 두는 문제 해결이다. 빈곤하다는 것이 존엄하지 않다는 것을 의미하는 것은 아니다. 존엄하다는 것은 무언가 할 수 있다는 것을 인정하는 것이다. 올바른 모금이란 이렇듯 존엄한 발전dignified development을 이끄는 것이며, 궁극적으로 인도주의를 실천하는 행위다.

대중에게 모금을 호소한다는 것이 인도주의에 관한 기본적인 이해에서부터 출발해야 하는 이유다. 그래서 빈곤을 포함한 국제 분쟁 지역의 역사와 정치, 사회적 배경과 맥락에 더 많은 관심을 가져야 한다. 그동안 장기적인 인식 개선 과제는 뒤로하고 수많은 자선단체가 경쟁 체제에 돌입하면서 빈곤과 고통을 자극적으로 묘사해왔다. 빈곤 포르노 캠페인 개선이 쉽지 않았던 것도 모금이라는 대중의 행동 변화를 이끄는 데 가장 효과적인 설득 수단이었기 때문이다.

국내에서 현금 기부 인구는 2011년과 비교해볼 때 2019년까지 31퍼센트 정도 지속해서 줄어들었다. 기부 인구는 줄어드는데 모금 단체를 통한 후원 방식은 국민의 절반 이상이 채택하고 있는 수단이다. 이 추세는 모금 단체가 치열한 경쟁 상황에 직면해

빈곤을 이용하는 것에 반대한다

있다는 것을 보여준다. 그만큼 빈곤 포르노의 유혹에서 각 단체가 자유롭지 못하다는 의미다. 이와 같은 현실을 고려할 때 빈곤 포르노 문제 해결을 위한 유일한 해법은 구호단체의 자정 활동보다 사회 구성원들의 인도주의에 대한 의식 수준을 제고하는 것이다. 우리는 늘 멀리 떨어진 곳의 빈곤이나 가공된 이미지에는 관대하면서 내 주변의 일상 속에서 목격하게 되는 수많은 인도주의 실천 과제에는 인색하지 않았을까?

그런 측면에서 인간의 존엄성이라는 인도주의 가치를 이해하는 데 도움이 되는 일상 속에 숨겨진 캠페인 하나를 더 살펴보자. 도심 속 길을 걷다 보면 빨간색의 적십자 표장標章을 쉽게 찾아볼 수 있다. 거리의 약국 간판이 대표적이다. 그런데 이 적십자 표장이 인도주의 차원에서 보호되어야 한다는 사실을 아는 사람은 많지 않다. 다시 말해 약국의 적십자 간판을 바꾸는 것도 인도주의 활동이 될 수 있다.

적십자 표장은 국제적으로 승인된 표시로 무력 충돌 시 국제 인도법International Humanitarian Law에 따라 부상자와 병자에게 제공되는 중립적이고 공평한 원조와 보호를 시각적으로 표현한 것이다. 국제사회가 상호 공격하지 않기로 한 인도주의 상징이다. 이 표장이 제네바협약과 대한적십자사 조직법으로 보호받는 이유다. 따라서 임의로 사용하는 것은 불법이며 표장의 오용 정도에 따라 그 사회가 갖는 인도주의에 대한 인식 수준을 가늠해 볼 수 있다.

이 사례를 사소한 것으로 생각하기보다 인도주의 실천을 위한 과제로 받아들이는 것이 필요하다. 대한적십자사 인도법연구소가 '적십자는 인도주의 브랜드다Red Cross is Humanitarian Brand'라는 캠페인을 제안했듯 일상 속 비정상을 정상으로 바꿔 사회가 지켜가야 할 인도주의의 기본 가치를 복원시켜야 한다. 1949년 제네바협약이 체결된 지도 70년이 지났다. 빈곤 포르노에 관한 문제 인식을 바탕으로 인도주의 가치에 부합하는 작은 실천 과제를 우리 주변에서 찾아 도전해보면 어떨까?

빈곤을 이용하는 것에 반대한다

She's the first

그녀가 먼저다
캠페인

사회에서 여성은
남성보다 못한 존재로 차별받아왔다

남녀의 성역할은
고정되어 있지 않다

✱ 당신이 쓰고 있는 가면

"계집애가 왜 이리 덤벙대."

"사내자식이 질질 짜긴."

우리가 자라면서 직접적이든, 드라마나 영화 등을 통해 간접적이든 흔히 들어본 말이다. 최근 한 장례식장의 담당자가 딸만 넷인 집에 '그게 모양이 좋다'라는 이유로 딸 대신 사위나 조카에게 상주를 서게 하라고 했다는 기사를 보면 세월의 변화, 의식의 변화, 가족 현실의 변화와는 달리 성역할 고정관념은 아직 그대로인 것 같다. 미국에서도 이러한 불평등에 대한 인식은 최근까지 크게 다르지 않았다.

'TRPThe Representation Project'는 젠더 스테레오타입과 사회적 불평등에 저항해 모든 인간이 각자의 가능성을 충분히 성취하자는 캠페인을 전개하고 있는 비영리 단체다. 고정된 성역할에 관한 편견으로 남녀 모두가 고통받는 문화를 바꾸기 위해 다큐멘터리 영화를 활용해 대중의 태도와 행동을 변화시키고자 한다. 2011년 배우이자 다큐멘터리 영화감독인 제니퍼 뉴섬Jennifer Newsom은 〈미스 리프리젠테이션Miss Representation〉이라는 영화를 연출했는데, 이 영화의 메시지를 지지하는 대중의 요구는 엄청났다.

뉴섬은 이에 부응해 관련 교육과 사회적 운동을 수행하고자 TRP라는 단체를 설립했다. 이 영화는 2011년 선댄스영화제 출품작으로 주류 매체와 문화가 권력과 영향력을 차지한 여성들을 의도적으로 과소 표현하는 세태를 비판했다. 대중매체에서는 젊은 세대들에게 소녀들이나 여성들의 가치가 리더로서 가능성에 있는 것이 아니라 그들의 젊음, 아름다움, 성적 매력에 있다는 고정관념을 끊임없이 심어주고 있다. 반면, 소년들은 자신들의 성공이 지배력, 권력, 공격성과 관련이 있다고 배운다. 이 영화는 반드시 사람들이 성역할 고정관념이 아닌 완전한 인간이라는 존재 자체로 가치가 있음을 알아야 한다고 주장한다.

역시 2015년 선댄스영화제 출품작인 뉴섬의 두 번째 연출작 〈더 마스크 유 리브 인The Mask You Live In(당신이 쓰고 있는 가면)〉이라는 영화에서는 본격적으로 평등과 정의를 추구하기 위해서 모두 함께 노력해야 한다는 용기 있는 어젠다를 제시한다. 이를 위해 소년들과 젊은 남성들이 미국의 편협한 남성성에 대한 정의와 타협하는 동안 자신들의 본모습을 유지하기 위해 힘겹게 싸우고 있는 모습을 보여준다.

한 연구에 따르면, 미국에서 소년들은 소녀들에 비해 행동장애로 더 많이 진단받고 있으며, 흥분제 처방, 자퇴, 폭음, 폭력 범죄, 자살 등의 비율이 높은 것으로 나타났다고 한다. 대중매체와 또래집단 등에 억눌려서 성인이 된 이후에도 이들은 자신의 감정을 끊어내고, 진실한 우정의 가치를 무시하며, 여성들을 물건 취급하거나 낮게 평가하고, 갈등은 폭력을 통해서 해결하라는 메시지들과 싸워야 한다.

이러한 성역할 고정관념은 인종·계급·환경과 상호 연관되어 있었으며, 소년들이 진짜 남성이 되기 위해 반드시 겪어야 하는 많은 이슈를 제대로 찾기 어렵게 만들고 있다. 이 영화는 궁극적으로 어떻게 우리와 우리 사회가 더 건강한 소년들과 청년들을 키워낼 수 있는지 보여준다.

남녀의 성역할은 고정되어 있지 않다

✱ 여성이 남성보다 차별받아왔다

2019년 샌프란시스코 국제 영화제 출품작인 뉴섬의 세 번째 작품 〈더 그레이트 아메리칸 라이The Great American Lie(위대한 미국의 거짓말)〉는 한 발짝 더 나아가 성역할이라는 렌즈를 통해 미국 사회에서 경제적 고착 상태와 사회적 불공정성이 어떻게 나타나는지 보여준다. 이 영화에서는 뿌리 깊은 제도적인 불평등을 독특한 '젠더 렌즈'를 통해 살펴본다. 미국은 계속 확대되는 경제적 불평등과 고착화된 사회의 계층 이동성 문제에 직면해 있다. 돈과 권력, 개인의 성공에 대한 미국의 집착은 엄청난 불평등을 만들어냈으며 점점 심화된다.

현재 미국이 직면한 4가지 위기, 즉 극심한 경제적 불평등, 인종차별 문제, 기후 위기, 코로나19 등이 가치 질서를 무너뜨리고 있다. 이를 해결하기 위해서는 경제적·사회적 계층 이동성을 개선해야 한다. 배려, 공감, 협력을 통해서만 모든 사람의 아메리칸 드림을 현실로 만들 수 있다.

대부분 사회에서 여성은 남성보다 못한 존재로 차별받아왔고, 아직도 그런 사회 분위기를 유지한 곳이 많다. 2009년 11월 유튜브 영상으로 출발한 '그녀가 먼저다She's the First' 캠페인은 태미

티베츠Tammy Tibbetts와 크리스턴 브랜트Christen Brandt가 소녀들의 교육을 지원하고자 만든 것이다. 이들은 세계 어느 곳에서나 소녀들이 자신의 미래를 스스로 선택할 수 있어야 한다고 생각했다.

많은 곳에서 여자아이들은 남자아이들 다음으로 취급을 받고 있다. 제대로 된 교육을 받지 못하고, 언제 누구와 결혼해야 하는지도 스스로 결정하지 못하며, 리더가 될 수 있는 기회에서는 제외된다. 지금까지도 교육받거나 존경받는 존재가 되는 여성들은 특별한 것이지 평범한 것이 아니다.

유엔아동기금UNICEF에 따르면, 전 세계 1억 3,000만 명의 소녀가 학교 교육을 받지 못하고 있고, 15세 미만의 소녀들이 매 7초마다 원치 않는 결혼을 하고 있으며, 소녀들은 또래의 소년들보다 40퍼센트 이상 더 많은 가사일을 하고 있다. 소녀들이 처해 있는 어려움은 주로 가난, 멀고 위험한 통학 거리, 비싼 고등 교육비, 조기 결혼이나 전통적인 성역할 수행에 대한 강요 등이다.

그러나 제대로 된 여성 교육으로 모든 것이 바뀔 수 있다. 교육을 통해서 소녀들은 성인이 되었을 때 향상된 수입을 얻을 수 있고, 이는 조기 결혼의 필요성도 약화시켜 더 건강한 남녀 관계를 유지할 수 있게 된다. 또한 더 적은 수의, 그러나 더 건강한 아이들을 갖게 될 확률이 높으며 결과적으로 주변 세상을 더 좋게 바

남녀의 성역할은 고정되어 있지 않다

꿀 수가 있다.

그러나 소녀들을 학교에 보내는 것만으로는 충분치 않다. 언제든지 다시 그만둘 상황이 생길 수 있기 때문이다. 또한, 소녀들을 교육시켜 스스로 소리 내게 하는 것만으로도 충분치 않다. 세상이 들을 준비가 되어 있지 않다면 무의미하기 때문이다. 이러한 이유로 '그녀가 먼저다' 캠페인은 소녀들에 대한 교육뿐만 아니라 그들이 잘 성장할 수 있는 커뮤니티를 만들기 위한 솔루션까지 찾는 전체적인 접근 방법을 취하고 있다. 소녀들이 자신의 미래를 직접 선택할 수 있는 능력은 어느 정도의 교육 수준을 갖추느냐에 달려 있다.

이들은 2020년 현재 11개국 12개 커뮤니티 기반의 기관과 협력 관계를 맺고, 소녀들이 학교 수업과 방과 후 프로그램에 참여할 수 있도록 독려하고 있다. 학교 교육을 받는 것뿐만 아니라 멘토십, 성 지식과 건강한 출산과 그 권리에 관한 교육, 생존 기술 등에 대해서도 배울 수 있도록 추가 프로그램도 지원한다. 캠페인 시작 이후 10년간 '그녀가 먼저다' 캠페인의 직접적인 지원을 받은 소녀들은 21개국 1만 1,000여 명에 달한다. 536명은 파트너 프로그램을 졸업했고, 52개의 커뮤니티 기반 조직을 교육시켰으며, 4만 1,302명의 가족 구성원이 영향을 받았다.

이들은 교육 전·후 설문조사, 포커스 그룹 인터뷰, 직접 관찰 등을 통해 끊임없이 교육의 효과를 평가하고 재설계하고 있다. 그래서 학생들의 자존감이 변화했으며, 소녀들이 각자의 개인적인 일부터 가족·학교·커뮤니티 수준에서 의사결정을 할 적에 자신의 목소리를 내는 범위가 달라졌다. 학교 교육과 생존 기술에 대한 수업을 받은 소녀들은 각자의 진로에서 더 많은 선택권을 갖게 되었다.

✳ 나는 성 편견, 차별, 폭력에 대해 조치를 취하겠다

생물학적 성과는 별개로 사회적 성(젠더)은 가정환경과 부모의 성 인식에 따라 결정된다. 여전히 가부장적 문화의 영향 아래 있는 우리 사회에서 성역할에 대한 고정관념은 더욱 심각한 갈등으로 나타난다. 개인의 개성을 존중하기보다 남성 중심주의 문화에서 여성의 성역할을 강조하다 보니 성별에 따라 삶의 영역이 제한되고, 성역할에 대한 고정관념이 커질수록 개인들이 갖는 내적 갈등도 커진다. 성역할에 대한 사회적 기대는 여성에만 국한된 것이 아니어서 남성들도 성격, 직업, 관심사, 취향 등에서 불필요한 스트레스로 고통을 받게 된다.

　　　　　　　　　남녀의 성역할은 고정되어 있지 않다

'히포시HeForShe' 캠페인은 유엔에서 시작한 양성 평등을 위한 연대 운동이다. 이 캠페인은 양성 불평등이 모든 사람에게 사회적·경제적·정치적으로 영향을 미치는 이슈라는 점에 근거한다. 남성들과 함께 부정적인 성역할 고정관념과 행위에 저항함으로써 양성 평등을 성취하도록 독려하고 있다. '히포시'의 로고는 여성과 남성의 상징을 합한 것으로 양성 평등을 이루기 위해서는 여성과 남성이 함께 노력하는 공동 연대를 구성해야 한다는 것을 표현하고 있다.

2014년 9월 20일 캠페인을 시작하면서 글로벌 굿윌Goodwill의 홍보대사인 엠마 왓슨Emma Watson은 뉴욕 유엔 본부에서 '히포시' 캠페인을 시작한 개인적인 동기에 초점을 맞춘 연설을 했다. 이 유튜브 동영상은 현재 527만 조회수를 달성할 정도로 온라인에서 화제를 모았다. 이 캠페인에 따르면, 성별의 차이를 없애는 데 필요한 시간은 257년 정도로 엄청난 것이다.

이 차이를 최대한 줄이기 위해서는 이미 힘과 특권을 가진 남성들의 참여가 가장 결정적인 요소이기 때문에 남성들과의 연대를 형성하는 것이 중요하다고 설명한다. SNS를 통해 "나는 우리 모두에게 평등의 혜택을 주기 위해 성 편견, 차별, 폭력에 대해 조치를 취하겠다"고 약속을 하는 것으로 캠페인에 참여할 수 있는 데, 2021년 9월 현재 양성 평등을 위해 노력하겠다고 약속한 사람은 전 세계적으로 227만여 명에 달한다.

세계는 전환점에 놓여 있다. 많은 사람이 양성 평등의 개념을 이해하고 지지하고 있다. 이제 양성 평등이 단지 여성들만을 위한 이슈가 아니라 인간 권리의 문제라는 점에도 동의하고 있다. '히포시' 캠페인은 남성과 여성이 함께 연대해 양성 평등을 위한 담대하고 가시적이고 연합된 힘을 만들어내고자 한다. 남성들은 가장자리에 서 있는 존재들이 아니라 여성들과 함께 일하고 가정을 만들고 커뮤니티를 이루는 사람들이다. 이 캠페인 이름대로 '그녀를 위해서'는 그와의 연대가 절대적으로 필요하다.

남녀의 성역할은 고정되어 있지 않다

제4장

건강한 신체에 건강한 정신이 깃든다

모벰버
캠페인

많은 남성이 직면하고 있는
건강 문제에 변화를 일으켜보자

11월에는 남성의 건강을 생각하자

✱ 매일 1분마다 남성 한 명이 자살을 한다

가장 핵심적인 근로 연령인 25~54세의 남성들이 미국에서 발생하는 자살로 인한 사망자의 주요 인구 집단이라는 설명은 얼핏 모순적인 듯하다. 그러나 이 나이대의 남성들은 사실 어떤 종류의 사회적 지원이든 가장 적게 받는 집단이라는 특징이 있다. 일반적으로 생각하는 사회적 약자와 거리가 있기 때문이다.

이 나이대의 남성들은 자신들의 건강 문제에 대해 친구들이나 가족과 공유하지 않고, 전문가와도 상담하지 않는다. 그들은 건강 문제에 대한 논의가 남성적이지 못한 약함의 표현이라는 문제적 사고의 희생자일 수 있다. 남성의 건강 문제에 대한 자발적인 참여와 사회적 의식을 강화시키고자 하는 캠페인 가운데 남성을 상징하는 독특한 아이디어로 눈길을 끄는 캠페인이 있다.

'모벰버Movember'는 콧수염Moustache과 11월November을 의미하는 두 영어 단어의 일부를 합성한 이름으로, 남성들의 전유물인 콧수염을 캠페인에 활용한다. 매년 11월 한 달 동안 콧수염을 기르거나 가짜 콧수염을 달아 전립선암, 고환암, 자살 등 남성 사망의 주된 이유로 알려진 건강 문제에 관한 주의를 환기시키고자 하는 목적을 가진다. 콧수염을 기르면 당장 얼굴에 변화가 느껴지듯이 이를 통해 많은 남성이 직면하고 있는 건강 문제에 변화를 일으켜보자는 것이다.

남성들은 보통 여성들보다 평균 6년 먼저 사망한다. 사망 원인은 대부분 예방 가능한 것들이지만 바쁘다는 이유로, 혹은 무관심 때문에 치료 시기를 놓치는 경우가 많다. 예방 검진으로 발견하지 못한 전립선암의 비율은 향후 15년간 2배 이상이 될 것으로 예측된다. 고환암은 15~39세의 남성들 사이에서 가장 흔한 암이고, 세계 곳곳에서 매일 1분마다 남성 한 명이 자살로 생을 마감한다. 자살 행위의 75퍼센트가 남성들에 의해서 이루어지고 있으며, 이는 여성의 4배에 달한다.

'모벰버'는 이러한 문제에 대해 세계적 차원에서 더 집중적인 논의가 필요하다고 주장한다. 특히 남성들의 참여를 독려함으로써 조기 암 발견과 진단, 효과적인 치료 가능성을 향상시키고, 궁극적으로 예방을 통해 사망자 수를 줄이고자 한다. 연간 건강 검진과 함께 암에 대한 가족력을 인지하고 더 건강한 생활 방식을 취할 것을 권한다. 이 캠페인 시작 이래로, 모벰버 재단은 8억 3,700만 달러의 기금을 모아왔고, 20개국 이상에서 1,200여 개의 프로젝트에 자금을 조달했다.

시작은 우연한 기회에 이루어졌는데, 2003년 호주 멜버른에 있는 한 조용한 맥줏집에서 만난 두 친구 트래비스 가론Travis Garone과 루크 슬래터리Luke Slattery의 아이디어로 탄생했다. 그들은 당시 패션 트렌드에서 완전히 사라진 콧수염에 관해서 이야기를 하다가 장난삼아 과연 이것을 부활시킬 수 있을까 생각하게 되었다. 그즈음 친구 어머니가 유방암을 위한 기금 마련을 한다는 소식을 들었던 터라 콧수염 아이디어를 남성들의 건강과 전립선암에 관한 캠페인에 활용하는 데까지 생각이 미치게 되었다.

이들은 10달러를 내고 참여할 수 있는 콧수염 기르기 이벤트를 만들어냈고, 이 도전에 동참하고 싶어 하는 남성 30명의 연락을 받았다. 2004년 호주에서 1년 만에 480명의 모 브로스Mo Bros(콧수염 형제들)와 모 시스타스Mo Sistas(콧수염 자매들)가 생겨

11월에는 남성의 건강을 생각하자

났고, 그간 모금한 금액이 약 4만 달러에 달해 건강 문제로 고민 중이던 남성 6명을 도울 수 있었다. 2006년 뉴질랜드로도 캠페인이 전파되었고, 2007년에는 미국, 영국, 캐나다 등에서 전립선암 재단 등과의 파트너십이 본격적으로 전개되었다.

✱ 성공한 신사들의 탈 것

2019년 현재 전 세계 21개국이 이 캠페인에 동참하고 있으며, 집계된 모 브로스와 모 시스타스는 600만 명에 달한다. '모벰버' 캠페인은 2003년 이래로 1,250여 명의 남성 건강 프로젝트를 지원해왔다. 또한 전립선암, 고환암, 정신 건강과 함께 신체 운동 부족에 관한 건강 문제까지 캠페인의 범위를 확장했다. '모벰버'는 전 세계에서 가장 큰 남성 건강을 위한 단체로 무엇보다 남성들이 자발적으로 건강 문제를 개선하는 활동에 참여할 수 있도록 하는 데 의미를 두고 있다.

이 캠페인의 참여 방법은 간단하면서도 흥미롭다. 대표적인 것은 '콧수염 기르기'로 이메일이나 페이스북 등을 통해 지원할 수 있다. 군데군데 나는 수염이든, 한쪽으로 치우쳐진 수염이든 상관이 없다. 이들은 어떤 콧수염이든 당신의 얼굴이 남성 건강

을 위해 돈을 모으고, 건강에 대한 인식을 넓힐 수 있는 데 도움이
될 수 있다는 것이 중요하다고 강조한다.

콧수염이 나지 않는 여자들의 캠페인 참여를 독려하기 위한
'신체 움직이기' 이벤트도 있다. 한 달 동안 60킬로미터 이상 달리
거나 걷기로 약속하고 이를 지키는 것인데, 전 세계에서 매 시간
마다 자살로 목숨을 잃는 남성이 60명이나 된다는 것을 기억하기
위한 것이다. 그 외에도 '나만의 방식'으로 육체적 고통과 싸워내
는 것이거나 좋지 않은 습관을 끊어버리는 것 등 무엇이든 자신
에게 의미 있는 방식으로 도전 과제를 정해서 캠페인에 참여할
수도 있다. 이들의 목표는 2030년까지 조기 사망하는 남성들의
숫자를 25퍼센트 이상 줄이는 것이다.

'성공한 신사들의 탈 것The Distinguished Gentleman's Ride'이라
는 재미있는 이름의 캠페인도 많은 남성의 로망인 오토바이 타는
남자를 내세워 사람들의 관심을 끌고 있다. 이 캠페인은 모벰버
를 위한 기금 마련 방안으로 전개하는 연간 오토바이 자선 행사
다. 전 세계의 클래식하고 빈티지한 스타일의 오토바이나 스쿠터
라이더들이 말쑥하게 차려입고 모여 자신들이 살고 있는 도시의
중심에서 퍼레이드 이벤트를 벌임으로써 전립선암 연구와 남성
건강에 대해 환기시키는 활동을 한다.

이 캠페인은 2012년 호주 시드니에서 마크 하와Mark Hawwa라
는 사람이 시작한 것이다. 그는 유명한 TV 쇼인 〈매드 맨스Mad
Men's〉의 가장 고급스러운 양복을 입고 두 다리를 벌린 채 클래식
바이크를 타는 모습을 보여준 주인공인 도널드 드레이퍼Donald
Draper의 사진에서 영감을 받았다. 마크 하와는 틈새 집단인 클래
식 오토바이 마니아들과 커뮤니티를 연결함으로써 우리 생활에
서 남성들을 지원할 수 있는 기금을 마련하는 기발한 방안으로
테마가 있는 라이드ride를 생각해냈다.

이 캠페인의 초점은 거친 인생을 살아온 신사들이다. 특히 세
계적으로 남성 건강을 지원하기 위해 전립선암에 대한 최첨단 연
구와 정신 건강, 자살 방지 프로그램 등을 위한 기금을 마련하고
있다. 2021년 현재 전 세계 700여 도시에서 12만 명이 참여하는
등 뜨거운 반응이다. 핵심 도시에서는 1,000명 이상의 라이더가
몰릴 수 있기 때문에 안전문제 등을 이유로 일반 오토바이의 참
여는 배제하고 있다.

이 캠페인에 참여를 원한다면, 승인된 클래식 모델을 빌려야
하고 성공적인 남성들을 표현하기 위해 옷도 정해진 드레스 코드
(실크 조끼, 트위드 슈트 등 말쑥한 정장)를 입어야 한다. 이들은 오
토바이만 클래식해야 하는 게 아니라 참여자들의 행동이나 태도

등도 예의 바르고 공손해야 한다고 공지해 이벤트를 세심하게 관리하고 있다. 물론 성별, 나이, 문화와 상관없이 모든 사람에게 적극적인 관심과 지원을 촉구한다. 이는 당연히 우리 모두의 삶에 남성들이 포함되어 있고, 그들과 함께 더 건강하게 오래 살기 위함이다.

✱ 우울증과 싸우는 남성들

남성들의 건강 문제에서 어려운 점 중 하나는 잘못된 믿음 때문에 적극적인 치료를 주저하게 되는 우울증에 관한 것이다. 캐나다 밴쿠버에 있는 브리티시컬럼비아대학에서 시작한 '헤드 업 가이즈Heads Up Guys'는 우울증과 싸우는 남성들을 돕기 위해 전문적인 서비스와 성공 스토리 등 여러 정보를 제공한다. 우울증은 나약하다는 뜻이 아니며, 당연히 남자들도 우울할 수 있다.

우울증은 매년 수백만 명의 남성에게 영향을 끼치며 장애의 주요 원인으로 알려져 있다. 우울증은 살고자 하는 의지를 앗아가는 병이다. 우울증은 기쁨을 주던 것들에서 만족감을, 육체적인 에너지와 힘을, 친구나 가족과의 유대감을, 스스로 스트레스를 조절할 수 있는 능력을 훔친다. 우울증에 대한 여러 가지 오해가 특히 남성들이 다른 사람들에게 털어놓거나 자신의 정신 건강을 챙기기 어렵게 만든다.

예를 들어, 우울증은 개인적인 나약함의 증거라거나, '진짜 남자'는 자신의 감정을 정신력으로 이겨낼 수 있다고 하거나, 남성이라면 이런 일로 도움을 요청하지 말아야 한다는 것 등이다. 이러한 잘못된 믿음 때문에 남성들은 종종 슬프거나 우울한 기분을 화나거나 짜증난 기분으로 표현하게 된다. 이러한 오해 때문에 남성들은 아무리 작은 정서적 지지를 위해서라도 남들에게 먼저 도움을 요청하는 것을 꺼리게 된다.

우울증의 증세가 매우 심각해지기 전까지 많은 남성은 도움을 요청하지 않는다. 이것 때문에 스스로 목숨을 끊는 위험까지 놓이게 된다. 우울증은 자살의 가장 위험한 요소이지만, 분명 치료될 수 있는 병이다. 다른 부상들처럼 정확히 어느 정도의 회복 기간이 소요되는지, 어떤 치료 방법이 적합한지는 알 수 없어도 인내를 갖고 꾸준히 치료하는 것이 중요하다.

그렇기 때문에 가능한 한 빨리 도움을 요청해야 한다. '헤드 업 가이즈'에서는 우울한 기분, 심각한 체중 변화, 식욕 저하, 수면 습관의 변화, 집중력 저하 등 우울증에 관한 공통적인 증상과 육체적인 고통, 분노, 난폭한 행동 등 다양한 증상에 대해 상세한 정보를 알려주어 자기 점검이 가능하며 도움이 필요한지 판단할 수 있도록 한다. 무엇보다도 '당신은 혼자가 아니다'라는 메시지를 전달하기 위해 소개하는 우울증을 앓다가 회복한 다른 많은 남성의 성공 스토리는 근거 없는 믿음 때문에 주저하는 남성들에게 용기를 준다.

각종 캠페인의 대상이 사회적 약자이기 때문에 상대적으로 남성에 대한 캠페인은 역차별이라고 할 만큼 관심을 받지 못했다. 신체적·정신적 건강에 적신호가 나타날 때에도 스스로 도움을 요청하는 데 매우 취약한 남성들의 특성은 공존과 상생의 공동체에 큰 위협이 될 수 있다. 특히 과로사 뉴스에 자주 등장하는 우리나라 남성들에게도 적극적으로 자신과 주변인의 건강을 돌아볼 수 있는 기회를 제공할 수 있는 캠페인이 시급하다.

테리 폭스 런
캠페인

테리 폭스는 '희망의 마라톤'을 시작하면서
1달러씩 기부해달라고 요청했다

그는 희망을 위해
달리고 있다

* 143일 동안 5,373킬로미터를 달리다

캐나다 청년 테리 폭스Terry Fox는 고등학교와 대학 시절 육상 선수와 농구선수로 활약하던 건강하고 평범한 청년이었다. 그러던 그가 18세 때 무릎 윗부분에 골육종 진단을 받고 이를 치료하기 위해 수술하던 중 오른쪽 다리를 절단하게 된다. 그러나 그는 희망을 잃지 않고 인공 다리에 의지해 계속 달리기를 했고, 부단한 노력으로 휠체어 농구선수로 활약하며 국가 대항 경기에서 3번이나 우승했다.

그러는 사이 암 치료를 위해 16개월을 암 병동에서 머무르는 동안 자신은 물론 다른 암 환자들의 엄청난 고통까지 생생하게 경험했다. 그리고 모든 사람에게서 그 고통을 끊어내고 싶다는 간절한 소망을 갖게 되었다. 테리 폭스의 개인적인 경험과 연구 결과 그가 내린 단순한 결론은 암 연구에 더 많은 돈이 필요하다는 것이었다.

그는 1980년 4월 12일 암 연구 기금을 모으기 위한 목적으로 캐나다를 횡단하는 '희망의 마라톤Marathon of Hope'을 시작하면서 2,400만 명의 캐나다인에게 1달러씩 기부해달라고 요청했다. 그는 유명해지기 위해서 달리기를 시작한 것이 아니었다. 변화를 만들어내고 싶었고, 모든 종류의 암 치료를 위한 기금을 마련하고 싶었다.

뉴펀들랜드주, 프린스 에드워드 아일랜드주, 노바스코샤주, 뉴브런즈윅주, 퀘벡주, 온타리오주 등 캐나다의 6개 주를 거치면서 눈, 비, 바람, 더위, 습기와 싸웠다. 400개 이상의 마을, 학교, 도시에 들러 왜 자신이 달리고 있는지 설명했다. 그는 매일 아침 4시 30분에 달리기를 시작했고 밤 7시까지 달렸다. 테리 폭스와 운전을 도와준 그의 친구는 비용 문제로 종종 자동차에서 잠을 자기도 했다.

어떤 날은 수백 명의 사람이 그를 응원했지만, 어떤 날에 그는 도로 위에 혼자였고, 한 푼도 모으지 못했다. 그러나 테리 폭스는 캐나다인들이 그의 이야기와 그의 노력에 반드시 응답할 것이라는 희망을 결코 포기하지 않았고, 결국 그가 옳았다. 마라톤을 시작한 지 5개월 후인 1980년 9월, 테리 폭스가 온타리오주에 도착했을 때 온 나라가 그를 응원했고, 암 연구를 위한 기금 모금에 참여했다. 캐나다인들은 테리 폭스의 끈기와 노력은 무제한이라는 것을 보았다.

테리 폭스는 143일 동안 매일 단호한 결심과 희망을 가지고 단 하루도 쉬지 않고 달렸다. 하루에 42킬로미터씩 매일 마라톤 완주 거리만큼 달렸다. 캐나다 동쪽 끝인 뉴펀들랜드주의 세인트존스에서부터 온타리오주의 선더베이까지 6개 주를 가로질러 총 5,373킬로미터를 달렸다. 하루도 쉬지 않은 그의 다리와 발은 상처와 물집으로 엉망이 되었지만, 누구도 그의 강한 의지를 꺾을 수 없었다.

그러나 폐까지 전이된 암 때문에 테리 폭스도 1980년 9월 1일 멈출 수밖에 없었다. 테리 폭스는 병원 침대에서도 암 연구를 위해 기부하는 것이 얼마나 중요한지에 대해 이야기했다. 그는 캐나다인들에게 '희망의 마라톤'을 계속 지원해달라고 요청했고, 자신이 두 번째 암 진단을 받은 것조차 사람들이 누구에게나 암이 재발할 수 있다는 것을 이해할 수 있는 계기가 되기를 바랐다.

그는 희망을 위해 달리고 있다

마라톤을 멈춘 지 9개월 후인 1981년 6월 28일, 22세의 너무도 짧은 삶을 마감하기 전 테리 폭스는 모든 캐나다인에게서 1달러씩 받겠다는 목표를 달성했다. 더욱 중요한 것은 '테리 폭스 런 Terry Fox Run'이라는 의미 있는 달리기 행사의 기초를 잡았다는 것이다.

* 모든 사람이 존엄성 있는 삶을 살다

'테리 폭스 런'은 캐나다에서 암 연구에 불을 붙였고, 1980년 이래로 8억 5,000만 달러를 모금했으며, 수백만 명의 캐나다인에게 희망과 건강을 가져다주었다. 그의 업적을 기리기 위해서 1981년부터 매년 9월 중 하루, 전 세계 60개국 이상이 '테리 폭스 런'을 개최하며 수만 명이 참석해 테리 폭스가 못다 한 마라톤 캠페인을 이어가고 있다. 현재 '테리 폭스 런'은 세계에서 가장 큰 암 연구를 위한 1일 자선 운동이다.

이 캠페인은 자원봉사자들의 주도로 참여를 원하는 모든 이를 포함한다. 참가 자체가 가장 중요한 비경쟁 이벤트로 치러지며 기업의 스폰서십이나 인센티브 없이 진행된다. 그는 명예를 위해 달리지 않았고, 자신의 노력의 대가로 돈을 벌고 싶어 하지 않았다. 이는 1981년 테리 폭스가 죽기 전 남긴 요청 사항이다.

암과 함께, 한때 사람들에게 엄청난 공포감을 주었던 후천성 면역 결핍증인 에이즈AIDS를 퇴치하기 위한 의미 있는 캠페인도 있다. 오늘날 HIV(인간면역결핍바이러스)를 가진 전 세계 2,500만 명 이상의 사람이 생명을 구할 수 있는 약을 얻을 수 있게 되었다. 에이즈로 인한 사망은 2003년 정점일 때 이래로 60퍼센트 정도 감소해왔고, HIV를 가지고 태어나는 신생아의 숫자도 2000년 이래로 3분의 2 이상 줄어들고 있다. 그러나 에이즈를 완전히 끝내기 위해서는 약 이상의 무언가가 필요하다. 이를 위한 '레드 RED' 캠페인의 기금은 HIV·AIDS에 생명을 구하기 위한 다양한 프로그램을 지원하고 있다. 예방, 검사, 상담, 치료, 성 건강 교육, 또래 멘토십 프로그램 등이 해당된다.

'레드'는 2030년까지 극심한 빈곤과 예방 가능한 질병을 끝내고, 세계 어디에 있든 모든 사람이 존엄성 있는 삶을 살고 기회를 갖도록 하자는 전 지구적 운동인 '원ONE' 캠페인에서 시작한 에이즈 관련 연구와 예방을 위한 캠페인이다. 2006년 아일랜드 출신의 세계적인 록그룹 U2의 리더이자 사회운동가인 보노Bono와 원 캠페인의 대표인 보비 슈라이버Bobby Shriver에 의해 만들어졌다. 레드라는 이름은 빨강이라는 색이 비상사태를 의미하기 때문에

그는 희망을 위해 달리고 있다

붙여졌다.

HIV 혹은 코로나19 등은 전 세계적인 비상사태로 힘없고 약한 사람들에게 가장 심각한 영향을 미친다. '레드' 캠페인은 에이즈와 싸우기 위해 현대인들의 소비주의와 기업들의 힘을 최대한 활용한다. 세계에서 가장 창의적인 사람들과 함께 작업함으로써 도움이 가장 필요한 사람들을 도울 수 있는 힘이 생긴다고 믿기 때문이다. 이 캠페인은 가장 상징적인 브랜드들과 파트너를 맺어 레드 관련 상품들을 판매한 것으로 얻은 이익과 경험을 글로벌 펀드The Global Fund에 지원한다.

유명 브랜드들에 레드 상품이나 서비스의 옷을 입힘으로써 일반 사람들이 HIV·AIDS로 고통받는 수백만 명의 사람을 지원하는 프로그램을 간단한 방법으로 도울 수 있게 되었다. 소비자가 따로 기부를 하지 않아도 각자가 원하는 제품을 사면 그 수익의 일부가 자동으로 사회에 환원되는 방식이다. 현재까지 레드 협력사들은 글로벌 펀드에 6억 5,000만 달러 이상을 지원함으로써 가나, 케냐, 레소토, 르완다, 남아프리카공화국, 에스와티니(스와질란드), 탄자니아, 잠비아 등의 국가에서 에이즈, 결핵, 말라리아 등을 종식시키기 위한 HIV·AIDS 기금 모금에 참여하고 있다. 이 기금은 간접비 공제 없이 모두 질병 치료에 사용된다.

✱ 에이즈 없는 세상을 만들겠다

'레드' 캠페인이 지원한 글로벌 펀드 기금은 1억 8,000만 명 이상의 사람에게 질병 예방, 치료, 상담, HIV 검사, 간병 봉사 등으로 도움을 주고 있다. 에이즈 없는 세상을 만들겠다는 레드의 비전을 공유하는 협력사들은 에이즈와의 전쟁에서 중요한 자금을 지원하고, 에이즈에 대한 경각심을 환기시키며, 각종 자원 등을 제공한다. 레드 상표 제품을 팔거나, 콘텐츠나 경험에서 함께 컬래버레이션을 하거나, 목적을 달성하기 위한 각종 기술이나 도구를 지원하는 등의 활동을 한다.

애플, 뱅크오브아메리카BOA, 비츠Beats, 듀렉스Durex, 스타벅스, 몽블랑, 나이키, 루이비통, 아마존 등은 대표적인 글로벌 레드 협력사들이다. 2021년에 새로운 협력사가 된 지프, 램, 피아트 등 유명 자동차 회사 3곳은 드라이브 레드 캠페인을 위해 각각 스페셜 에디션을 출시했고, 여기서 얻은 수익금은 에이즈와 함께 코로나19 바이러스 퇴치를 위해서도 사용된다.

암과 에이즈는 세상에서 가장 무서운 병으로 인류가 불안에 떨었던 병이다. 의료 기술의 발달로 최근 암과 에이즈도 완치되는 사례가 늘고 있지만, 아직도 사망률이 높은 질병이다. 이러한

그는 희망을 위해 달리고 있다

치명적인 병들의 위협에 노출된 사람들에 대해 지구적 차원의 노력이 아니고서는 사실상 개개인이 돕는다는 것이 불가능하다. 이를 위해 용감하게 두 사람이 앞장선 것이다.

테리 폭스는 평범했던 한 청년이 암에 걸려 극심한 고통을 겪은 후, 암 연구에 더 많은 투자가 필요하다는 것을 알리기 위해 인간의 한계에 도전하는 '희망의 마라톤'을 전개해 철저히 무관심했던 사람들한테 감동과 영감을 주었다. 무엇이든지 노력하면 불가능한 것이 없다는 것을 테리 폭스가 스스로 보여준 것이다. 전 세계 60개국 이상에서 해마다 수만 명이 테리 폭스를 기억하며 함께 달리고 암 연구를 위한 기금을 모금한다.

보노는 전 세계 대중음악 팬들의 관심을 한 몸에 받던 최고의 록스타다. 1985년 아프리카의 에티오피아에 봉사활동을 다녀온 후, 그곳의 기아와 빈곤, 질병을 퇴치하는 데 도움이 되고자 자선활동가, 인권을 위한 사회운동가를 자처하고 나섰다. 그는 각종 캠페인에 참여하고, 조지 W. 부시George W. Bush 미국 대통령, 폴 마틴Paul Martin 캐나다 총리 등 국가 수장은 물론 많은 정치인을 만나면서 스스로 정치적 영향력을 갖는 사람이 되어 에이즈 등 질병으로 더 큰 곤경에 빠진 아프리카 상황을 알리기 위해 힘썼다. 쟁쟁한 세계적 브랜드들이 레드 제품을 출시해 에이즈 치료

기금을 마련한다는 '레드' 캠페인은 보노의 정치적·사회적·문화적 영향력을 잘 활용한 사례다.

어느 쪽이 더 나은 캠페인이라고 말할 수는 없다. 우리 모두가 테리 폭스가 될 수도 없고, 보노가 될 수도 없다. 테리 폭스의 좌절하거나 굴복하지 않는 의지와 도전에 탄복하는 사람도 있고, 일상에서 아름다운 레드 제품을 구매하며 행복감을 느끼는 사람도 있을 것이다. 결과적으로 암과 에이즈라는 인류가 맞닥뜨린 엄청난 불행을 해결하기 위해 사람들이 관심을 갖게 되고, 기금을 모아서 이 치명적인 병으로 고통받는 사람들이 줄어들었다는 것은 방법은 달랐지만 이들의 진정성이 통했다는 것이 아닐까?

그는 희망을 위해 달리고 있다

겟 라우드
캠페인

타인의 시선, 편견, 수치심, 고립은
사람들을 더욱 힘들게 만든다

나도 당신과 같은
아픔이 있다

✱ 낙인과 차별이 사람들을 고립시킨다

"정신 건강에 관해 자유롭게 이야기하고 사회적 편견을 허물
자."

2019년 캐나다 정신 건강 주간(5월 둘째 주)에 쥐스탱 트뤼도
Justin Trudeau 총리가 발표한 내용 중 일부다. 한마디로 정신 건강
을 위한 목소리를 높이자는 것인데, 이는 캐나다정신건강협회
Canadian Mental Health Association, CMHA가 제안한 '겟 라우드Get
Loud' 캠페인의 주장을 함축적으로 담고 있다. '겟 라우드'의 가장
중요한 목표는 정신 건강이나 약물 사용에 대한 우리의 생각을
바꾸자는 것이다.

'외치자'는 의미의 '겟 라우드'는 CMHA 브리티시컬럼비아 지부가 캠페인 메시지를 사회적 연결망에 적합한 형태로 바꿔 2018년부터 정신 건강 행사 주간에 사용하고 있다. 미국의 비영리 단체 멘털헬스아메리카Mental Health America, MHA가 정신 건강 개선을 위해 일상 속 대화 방식을 바꾸자는 차원에서 전개하고 있던 '비포스테이지포B4Stage4' 캠페인과 같은 맥락의 활동이다. 이것은 정신질환을 4단계로 구분해 적극적인 치료를 권장하되 그 이전에 사회 구성원들이 정신 건강을 지키는 예방 활동 차원에서 각자의 경험 등을 주제로 대화에 나서자는 캠페인이다.

암, 심장병, 당뇨병 등 모든 병에 예방과 조기 진단이 중요하다는 것을 모두가 잘 알고 있다. 아무도 증상이 나타난 후 병이 저절로 치료되기를 기다리지 않는다. 미국인의 50퍼센트가 인생 중 정신 건강 상태와 관련해 진단을 받을 정도의 기준에 포함되고, 그중 절반에 해당하는 사람들은 14세 정도까지 이미 증상이 발현된다고 한다.

예방, 조기 식별과 개입에 중점을 둠으로써 정신 건강에 관한 사회적 낙인stigma을 없애는 것을 목표로 하는 인식 개선 활동이다. 2017년 캐나다 연방 총선 당시 브리티시컬럼비아주에서 정신 건강에 관한 각 정당의 관심을 이끌고 공약에 반영시키는 성과도 거두었다. 당시 1만 5,000명 이상이 캠페인 서명에 동참했고, 정파를 떠나 모든 정치 주체를 설득해 실질적인 변화를 이끈 초당적인 캠페인으로 평가받았다.

1946년 설립된 영국의 자선단체 마인드Mind도 정신 건강에 대한 대중의 인식과 이해를 높이기 위해 '타임 투 체인지Time To Change' 캠페인을 전개해오고 있다. 정신 건강에 문제가 있는 것도 힘든데, 타인의 시선, 편견, 수치심, 고립은 정신 건강 문제에 대처해야 하는 사람들을 더욱 힘들게 만든다. 정신 건강 문제를 겪고 있는 사람들에 대한 낙인과 차별을 멈춰야 하는 이유다. 낙인과 차별이 정신 건강 문제로 진단을 받은 사람들을 더욱 고립시키고 누구에게도 도움을 요청할 수 없도록 한다.

일상의 활동에서 배제시키는 것은 물론 새로운 관계를 만들거나 기존 관계를 유지하는 것도 불가능해져서 직장을 그만두는 일이 생길 수도 있다. 2020년 2월 6일에도 대화를 통해 삶을 변화시키자는 캠페인을 했다. 영국 내에서 25퍼센트 이상의 사람들이 겪고 있는 정신 건강 문제에 대해 부끄러움을 버리고 공개적인 대화로 상호 간 경험을 공유하자는 것이었다. 2007년부터 시작한 이 캠페인에 참여한 체인지 메이커change maker가 10만 명에 달한다(2019년 기준).

나도 당신과 같은 아픔이 있다

✱ 당신의 마음을 이야기하자

통신기업 벨Bell의 캐나다 법인은 정신 건강 문제 해결을 위한 대화 촉진 캠페인 '렛츠 톡Let's Talk'을 2010년부터 전개해오고 있다. 당시만 해도 대부분 사람들이 정신 건강에 대해 이야기하기를 꺼리는 분위기였다. 그러나 지난 10년 동안 100억 건 이상의 대화를 공유하며, '렛츠 톡'은 더 많은 캐나다인이 참여해 정신 건강에 관한 긍정적인 변화를 만들어낼 수 있는 데 집중해왔다. 또한 지난 11년간 1,500만 달러 이상의 기금을 조성해 청소년, 지역 주민, 군인 등 888개의 다양한 이해관계자의 정신 건강을 위한 대화 촉진 캠페인에 투입되었다(2022년 기준).

그 결과 정신 건강을 위해 가장 우선시되어야 하는 것이 사회적 대화라는 것에 동의하는 응답자가 늘어나며 공중의 인식에 변화가 나타났다. 2019년 닐슨 조사에 따르면, 응답자의 84퍼센트가 정신 건강과 관련해 주변 동료들과 편하게 대화한다고 응답했다. 이는 2012년 조사 결과인 42퍼센트와 비교할 때 2배 이상 개선된 결과다. 2020년 1월 29일에도 캐나다 전역에서 '레츠 톡 데이' 활동이 전개되었다. 이제는 많은 사람이 정신 건강 문제가 우리 모두에게 영향을 미친다는 데 동의하고 있다.

최근 정신 건강 인식 개선 캠페인들이 소셜미디어 기반의 디지털 소통에 주력하고 있는데, 그 이유는 캠페인의 주요 대상이 젊은이들이기 때문이다. WHO에 따르면, 정신질환 중 우울증은 젊은이들이 겪는 주요한 질병이다. 우울증은 음주, 흡연, 약물 복용, 청소년 임신, 학업 중단, 반사회적 행동의 원인으로 지목되고, 자살이라는 극단적인 선택으로 이어질 가능성이 크다. 캐나다에서도 24세 이하 젊은이 사망 원인의 20퍼센트가 자살이다. 통계청의 자살에 대한 충동과 이유 조사에 따르면, 한국도 2018년 자살 충동이 있었다고 응답한 20대의 비율이 5.7퍼센트로 다른 나이대와 비교해 가장 높게 나타났다.

2020년 초 스위스 다보스에서 개최된 세계경제포럼WEF 연례 회의에서는 2019년을 정신 건강 위기를 해결하기 위해 전 세계적으로 인식 개선 운동이 큰 추진력을 얻은 시기로 평가했다. 특히 2019년 9월 시작된 '당신의 마음을 이야기하자Speak Your Mind' 캠페인은 전 세계 젊은이와 지역단체의 풀뿌리 운동이 제3세계 국가까지 확산되는 계기를 마련했다. 이 활동을 주도한 세계경제포럼의 청년 모임 글로벌 셰이퍼 커뮤니티Global Shapers Community는 2020년을 정신 건강에 적극적으로 투자해야 할 시기라고 호소했다. 전 세계적으로 40초에 한 명이 자살하는 현실 속에서 정신

나도 당신과 같은 아픔이 있다

건강 문제의 75퍼센트가 24세 이전에 시작된다는 사실 때문이다.

캐나다 브리티시컬럼비아대학의 산타 오노Santa Ono 총장은 취임 이후 줄곧 학생들의 정신 건강을 강조하고 있다. 특히 자신이 14세와 20대 때 조울증을 겪고 2번의 자살을 시도했다는 경험을 고백했다. 단순히 대중에게 알려진 유명인이 아니라 지역사회리더들의 이러한 경험 공유는 정신 건강에 관한 사회적 대화 분위기 조성에 크게 기여했다.

캐나다 밴쿠버에 있는 모자 회사 워스Wirth는 친구를 자살로잃은 후 정신 건강을 위한 상담과 치료를 위한 대화의 중요성을알리기 위해 창업한 사회적 기업이다. 이 회사는 수익금을 정신건강 상담 활동에 지원하면서 패션, 건강 등 다양한 분야의 브랜드와 협력하면서 사회적 가치를 창출하고 있다. '머리를 안아주자Check in on your homies cap'는 이 회사의 모토는 정신 건강 개선을 위해 열린 대화를 장려하고자 하는 이들의 '작은 외침'이다. 이렇듯 정치권, 시민사회, 글로벌 기업과 사회적 기업까지 정신 건강에 대해 각자의 경험과 고민을 '외치자get loud'고 호소한다.

미국과 영국에서는 대중적으로 알려진 유명인들도 정신 건강을 위해 자신의 경험을 고백하고, 대화의 장을 열어가자는 사회운동에 앞장서고 있다. 영국의 윌리엄 윈저William Windsor 왕자도 과거 가족의 죽음 후 겪은 우울증에 대해 공개적으로 이야기하면서 정신 건강 인식 개선 캠페인에 앞장서고 있다. 2016년 영국에서 시작된 정신 건강에 관한 대화 촉진 캠페인 '헤드 투게더Heads Together'도 그렇게 시작되었다. 그는 2019년 세계경제포럼에서 정신 건강 문제는 도덕적·경제적 측면 모두에 영향을 주기 때문에 한 국가의 생산성과 직결되는 가장 우선시되어야 하는 해결 과제라고 강조했다. 그래서 영국의 축구연맹The FA과 함께 '헤드 업Heads Up' 캠페인도 전개하고 있다.

영국의 수백만 명의 사람이 열정적으로 사랑하는 국가 스포츠인 축구, 단 하루도 축구에 대해 이야기하지 않고 지나가는 사람이 거의 없을 정도로 축구 사랑이 대단한 나라가 영국이다. 이제는 정신 건강에 대해서도 그 정도로 이야기해보자는 것이다. 윌리엄 윈저 왕자는 "그동안 정신 건강이라는 주제에 대한 침묵이 너무나 길었다. 이제는 우리 사회에서 가장 강력하고 통합된 힘을 발휘하는 축구를 이용해 정신 건강에 대한 대화를 시도해야 한다"고 촉구했다.

나도 당신과 같은 아픔이 있다

✱ 이제는 더 많이 외쳐야 한다

정신 건강을 위한 대화 촉진 캠페인의 중요성을 강조하는 주체들은 단순히 계도가 아닌 '나도 당신과 같은 아픔이 있다'는 공감을 강조한다. 그래서 이를 해체된 공동체 복원 캠페인이라고도 한다. 궁극적으로 정신 건강에 관한 인식 개선 캠페인이 지향하는 공통의 사회적 가치는 안전한 사회다. 왜 '겟 라우드', 즉 더 많이 외쳐야 하는지에 대한 명분이기도 하다.

OECD가 발표한 「2019 건강 보고서」에 따르면, 정신 건강은 일상생활과 직결되는 문제라고 한다. 직장, 학교, 가정 등 지역사회에서 발생하는 아동 학대, 가정폭력에서부터 우리를 경악시키는 범죄, 사회 내 갈등까지 공공 문제의 근본적인 원인이 정신 건강과 직결될 수 있기 때문이다.

지난 반세기 이상 정신 건강 캠페인을 전개해온 캐나다, 미국, 영국 등 3개국의 자살률은 OECD 평균 수준이다. 한국은 이들 국가와 비교해 자살률이 2배 이상이다. 2003년 이후 한 해(2017년)만 빼고 OECD 국가 중 자살률이 줄곧 1위였다. 그나마 2011년 31.7명(인구 10만 명당)을 기점으로 감소세를 이어가던 자살률이 2018년 전년도 대비 10퍼센트 가까이(인구 10만 명당

26.6명) 급증했다(2019년은 26.9명, 2020년은 25.7명이다).

2014년 OECD는 1991년부터 2011년까지 20년간 자료를 근거로 한국의 자살과 정신질환자 숫자 증가를 우려하는 보고서를 발표한 바 있다. 자살률이 전반적으로 감소 추세를 보이는 상황에서 한국만 자살자 숫자가 당시 기준으로 10년간(2000~2011년) 100퍼센트 증가했기 때문이다. 이 결과를 근거로 국가 차원에서 정신 건강 프로그램 확산을 위한 적극적인 투자에 나서야 한다고 제언했다. 또한, 정신 건강과 관련해 사회적인 논의가 좀더 공개적인 방식으로 전개되어야 한다는 점도 분명히 했다. 이 통계가 벌써 10여 년 전 자료다. 과연 그사이에 나아졌을까? 사회 각 분야에서 대화 촉진을 통해 정신 건강 인식 개선 캠페인에 가장 많이 노력해야 할 나라는 어디일까?

나도 당신과 같은 아픔이 있다

캐치 잇, 빈 잇, 킬 잇
캠페인

미소로 나누는
비접촉 인사법은 어떨까?

당신의 부주의가
치명타가 될 수 있다

✱ 당신은 지금 병원균을 퍼뜨리고 있다

"기침이나 재채기를 할 때 손수건이나 화장지로 입을 막아라. 그렇게 하지 않는다면, 당신은 지금 병원균을 퍼뜨리고 있는 것이다."

100여 년 전인 1918년 10월 당시 미국 공중보건국Public Health Service, PHS이 스페인 독감 확산을 위해 제작한 대국민 홍보 포스터와 신문광고 내용 중 일부다. 인쇄 매체에 의존하던 당시에는 극장 로비와 기차역 등에 포스터를 붙이고 지역신문에 광고를 게재하는 방식으로 바이러스 예방법을 알렸다.

미국 버지니아공과대학의 톰 유잉Tom Ewing 교수는 1918년 스페인 독감 당시와 2015년 메르스 확산 시점의 위기 대응을 비교함으로써 한 세기 동안 변화된 바이러스 방역 체계의 차이를 탐색했다. 당연히 바이러스 예방을 위한 활동 중 백신 개발과 항바이러스 치료제 등 의학 분야에서는 괄목할 만한 성과가 있었다. 하지만 꾸준한 의학 발전과 대비되는 것이 있었는데, 바로 공중이 지켜야 할 보건 예절이다. 똑같은 메시지를 100년간 지속하면서도 유효할 만한 행동 변화를 이끌어내지 못했다. 당시 착용을 권했던 천 마스크의 효과가 없다는 것 말고 나머지 내용은 지금도 똑같다.

예방 활동을 위한 보건 예절 중 비상사태가 선포된 시기뿐만 아니라 일상에서 지속적인 실천이 필요한 것이 기침과 재채기 예절, 손 씻기 2가지다. 그런데 비상사태가 종료되면 이런 보건 예절을 실천하자는 것도 함께 종료되었기에 오랜 시간이 지났지만 개선이 미흡했다. 그 이유가 무엇일까? 늘 권고만 했기 때문이다. 기억하기 쉽고 지속적인 메시지를 활용한 캠페인을 뿌리내리도록하는 전략적인 소통 노력이 부족했다. 공학적 사고로 의학 발전에는 지속적인 관심을 기울였으나 인문학적 사고를 갖고 보건 예절문화를 한 사회에 정착시키는 데 상대적으로 인색했기 때문이다. 바이러스와 전쟁한다고 가정할 때, 군대가 무기 개발에는 주력하면서 정신 전력, 즉 정훈 교육은 경시하는 것과 같은 이치다.

스페인 독감 당시 사망자 숫자나 관련 정보를 보건 당국이 갱신해 공지하는 주기는 일주일 정도였고, 국민이 관련 신문 보도를 접하는 데는 거의 한 달이 소요되었다. 과거와 비교해 실시간 소통이 가능한 현재, 비상시 소통뿐만 아니라 상황 종료 이후 평상시 캠페인 차원의 지속적인 소통이 가능하도록 준비해야 한다. 특정한 캠페인을 전개한다는 것은 장황한 설명을 포기하겠다는 것과 같다. 한 가지 핵심적인 문제를 해결하겠다는 명확한 목표를 설정했다는 뜻이기도 하다.

백신 개발에 따라 독감 예방접종을 잊지 말라는 캠페인이 특정 시기에 집중되는 의학적인 예방 행동 캠페인이라면, 기침과 손 씻기는 일상적인 보건 예절 캠페인이다. 이 2가지 캠페인이 적절히 균형을 이루어야 연중 지속적인 예방 활동이 가능하다.

✳ '악수하지 않기'와 '악수 없는 공간'

2009년 4월 신종플루 비상사태가 선포되었을 때 영국의 국가 의료서비스National Health Service, NHS는 대국민 캠페인을 기획했다. 바로 '캐치 잇, 빈 잇, 킬 잇Catch it, Bin it, Kill it' 캠페인이다. 기

당신의 부주의가 치명타가 될 수 있다

침이나 재채기를 할 때 화장지로 침이 튀는 것을 막자Catch it, 휴지통에 버리자Bin it, 손을 씻어 바이러스를 없애자Kill it는 행동 변화 촉진 운동이다. 이 캠페인이 전달하는 내용은 기존의 권고 사항들과 같았지만, 형식은 달랐다. 예방 행동 수칙을 권고하는 방식에서 벗어나 기억하기 쉬운 메시지와 시선을 끄는 강렬한 이미지 등 다양한 설득 요소를 활용했다. 이 캠페인은 10여 년이 지난 현재까지도 이어지고 있다.

이 캠페인에서는 화장지 사용을 습관화해 입을 막고 즉시 버리고 손을 씻자는 실천을 강조한다. 2012년 미국 하버드대학 보건대학원의 조사 결과에 따르면, 영국에서는 이 캠페인을 통해 자주 손 씻기를 실천하는 사람들의 비율이 53퍼센트로 증가했다고 한다. 이 조사에서는 보건 예절 확산을 위해 향후 국가별로 사회적 관행이나 생활 문화 등 바이러스 확산에 영향을 주는 요소를 추적해 자체적으로 개선해나갈 필요가 있다고 했다.

'악수하지 않기'라는 낯선 제안이 좋은 예가 될 수 있다. 신종 바이러스 비상사태 때 악수하지 않기는 이색적인 것이 아니라 오히려 서로를 배려하는 인사법이 될 수 있다. 하지만 평소에는 정반대다. 미국 캘리포니아대학 로스앤젤레스캠퍼스UCLA 의대의 마크 스칼란스키Mark Sklansky 교수는 2014년 6월 『미국 의학협

회저널『Journal of the American Medical Association』에 수록한 논문에서 '악수 없는 공간handshake free zone' 아이디어를 정식으로 제안했다. 손이 바이러스 전파의 주요한 원인임에도 손 위생은 지극히 개인적인 영역이라 사실상 통제가 불가능하다는 판단 때문이었다.

실제 2010년 미국 의료역학회The Society for Healthcare Epidemiology of America, SHEA의 『감염 관리·병원 역학Infection Prevention and Healthcare Epidemiology』에 따르면, 병원 종사자의 40퍼센트만이 제대로 손 위생 수칙을 준수하는 것으로 나타났다고 한다. 이 정도라면 병원 내 '악수하지 않기'가 과도한 제안은 아니라고 했다. 단 악수를 피하는 것이 사회관계는 물론 영업 활동에서 경제적인 손해로 이어질 수 있기에 단기간 문화 확산에 한계가 있다는 점은 인정했다. 따라서 병원 등 보건의료 기관부터 실천하고 장기적으로 새로운 비접촉 인사법을 만들어가자는 것이다. 이에 대해 많은 의료 종사자는 지지 의사를 밝혔다.

미국 질병통제예방센터CDC도 손 위생은 개인이 실천해야 할 공공질서로 규정하면서 기침과 재채기를 할 때 화장지가 없으면 팔이나 팔꿈치로 입을 막으라고 안내한다. 팔꿈치를 사용해 입을 막는 것이 최선책이 아닌 차선책임을 알라는 것이다. 절대 맨손

　　　　　　당신의 부주의가 치명타가 될 수 있다

으로 입을 막는 것은 피하라는 호소다. 스페인 독감 당시에는 감염자의 침이나 콧물 같은 체액이 기침으로 튀어 감염되는 것은 독가스 포탄만큼 위험하다고 경고했다. 오염된 물건을 만진 후 씻지 않은 손으로 얼굴을 만지는 것, 다른 사람들이 자주 만지는 물건의 표면을 만지는 것 등을 통해서도 인플루엔자나 호흡기 질환 바이러스, 세균 등은 쉽게 전염된다.

또 다른 중요한 위생 에티켓은 동물을 안거나 만지거나, 동물의 장난감 등을 만지거나 동물에게 음식을 먹이거나 동물의 분비물을 치운 후, 반드시 비누와 물을 사용해서 손을 충분히 씻어야 한다는 것이다. 동물과의 접촉으로 감염될 수 있는 세균은 살모넬라균, 대장균, 큐열 바이러스, 백선 등 다양하다. 코로나19로 집에서 보내는 시간이 늘어나면서 반려동물을 키우는 인구가 큰 폭으로 증가했고, 반려동물을 동반해 출입할 수 있는 공공장소도 많아진 만큼 동물 관련 위생 수칙을 꼼꼼히 따져보는 것도 중요하다.

＊ 전쟁이 아닌 바이러스로 인한 전염병

캐나다나 미국의 많은 병원에서 일반적으로 전개하는 코로나 시대 보건 예절인 '3C 캠페인Clean, Cover, Contain'에서도 흐르는 물에 20초 이상 자주 손을 씻고Clean, 기침과 재채기가 나올 때는 티슈나 팔로 가리고Cover, 아플 때는 24시간 이상 증상이 없을 때까지 집에 머무르면서 충분한 휴식을 취함으로써 질병을 억제하는Contain 것으로 다른 이들에게 바이러스나 박테리아 전파를 막을 수 있다고 강조한다. 생각해보면 공동체 생활에서 너무도 기초적인 상식이지만 막상 아픈데도 여기저기 돌아다니는 사람들이나 아이들을 학교나 학원에 보내는 것을 주변에서 쉽게 찾아볼 수 있는 것은 매우 아쉬운 부분이다.

한국에서는 질병관리청이 2013년부터 정기적으로 감염병 예방 행태 실태조사를 통해 기침 예절과 손 씻기 실태를 파악하고 있다. 하지만 지역사회 감염병 예방을 위한 행태 개선 사업은 시범 운영 수준에 머물고 있다. 통합적인 차원에서 대국민 캠페인을 기획하고 운영할 필요가 있지만, 개별적인 계도성 홍보만 실시하고 있을 뿐이다. 이색적인 계도는 이어져왔으나 전략적인 캠페인은 찾아볼 수 없었다.

2017년 기준 대국민 대상 감염병 예방 행태 실태조사에서는 손 씻기 실천율을 용변 후 비누로 손을 씻는지로 평가하고 있다. 기침 예절에서 옷소매로 가리고 기침하는 비율은 설문 응답자의

당신의 부주의가 치명타가 될 수 있다

17.7퍼센트, 관찰 결과는 6.2퍼센트에 불과한 것으로 나타났다. 손을 얼마나 자주 씻는가, 기침과 재채기를 할 때 화장지 사용을 생활화하고 있는지를 묻는 실태조사는 먼 미래에나 가능할 것 같다. 이런 현실 속에서 WHO는 신규 코로나 바이러스nCoV와 같이 이전에 확인되지 않은 새로운 균주菌株는 앞으로 계속 등장할 것이라고 경고하고 있다.

2015년 빌 게이츠Bill Gates는 테드TED 강연에서 앞으로 1,000만 명이 넘는 사람이 목숨을 잃는다면, 그것은 전쟁이 아닌 바이러스로 인한 전염병일 것이라고 했다. 당연히 백신 개발 등에 지금보다 훨씬 더 많은 예산과 노력이 투입되어야 할 것이다. 이러한 노력이 의료 전문가의 역할이라면 비상사태 이후 한 사회가 만들어가야 할 보건 예절 조성은 공중의 역할이라는 인식이 확산되어야 한다. 이를 위해 '미소로 나누는 비접촉 인사법은 어떨까?', '학교에서부터 보건 예절 캠페인을 추진해보는 것은 어떨까?' 등과 같은 다양한 질문이 필요한 때다.

사실 코로나19 팬데믹으로 사회적 거리 두기가 강화되면서 악수 등 접촉식 인사법에 부담을 느끼는 사람이 많아졌다. 이에 대한 대안 인사법으로 서로 주먹이나 팔꿈치를 부딪치는 인사법(댑dap)이나 간단한 눈인사나 목례가 안전한 인사법으로 각광받고 있다. 그러나 비상사태가 끝나면 다시 공공장소에서 시원하게 재채기하는 사람의 모습을 목격할 것이고, 맨손으로 입을 막고 기침한 후 그 손으로 악수하며 사람들과 반갑게 인사를 나누는 것은 아닌지 우려의 마음도 든다. 새로운 보건 예절 문화 조성 캠페인을 준비하는 것이 감염병 예방과 치료를 위해 백신 개발만큼 최선은 아니어도 차선책으로서 사회적 가치는 충분하지 않을까?

당신의 부주의가 치명타가 될 수 있다

charity: water

채리티: 워터
캠페인

오염된 물은 그 어떤 무기나 폭력보다
많은 사람을 죽게 한다

깨끗한 물을 마실 수 있는 권리

＊ 오염된 물은 사람을 죽게 한다

모든 사람이 꿈꾸는 질병 없는 건강한 삶을 위한 가장 필수적인 삶의 조건은 깨끗한 물을 충분히 마실 수 있는 것이라고 할 수 있다. 그러나 세계 인구 10명 가운데 1명, 약 9억만 명의 사람이 인간의 가장 기초적인 욕구인 깨끗한 물을 마실 수 없는 곳에서 살고 있다. 그들 대부분은 시골 지역에 고립되어 살고 있고, 누군가는 가족들에게 물을 떠다 주기 위해 매일 오랜 시간을 걸어 물을 구하러 가야 하는 상황이다.

이 때문에 아이들이 학교를 가지 못하는 것은 물론 부모들도 돈을 벌 시간이 부족하지만, 그렇게 구해온 물조차도 질병을 유발한다. 이런 공동체에 깨끗한 물이 있다면 아마 모든 것이 바뀔 것이다. 지역 주민들의 건강이 향상되고, 음식을 구하기도 쉬워지고, 지역 경제가 발전할 것이며, 아이들이 학교에서 더 많은 시간을 보낼 수도 있을 것이다. 무엇보다 깨끗한 물을 이용할 수 있다는 것은 물이 부족한 지역에서 특히 여성과 아동들에게 더 나은 교육과 수입, 건강을 의미한다.

'채리티charity: 워터water'는 개발도상국에 있는 사람들에게 깨끗하고 안전한 음용수를 제공하기 위해 운영되는 비영리 조직으로, 2006년 미국 뉴욕에서 스콧 해리슨Scott Harrison이 설립했다. 그는 건강이 좋지 않았던 어머니로 인해 평범한 유년기를 보내지 못했다. 어릴 때부터 요리와 청소 등 대부분 집안일을 도맡아 하고 어머니를 간호하느라 청소년기를 우울하게 보내다가 18세 때 음악에 빠져 뉴욕으로 이주했다. 그곳에서 살았던 10년 동안 그는 화려한 클럽에서 일하면서 술, 마약, 도박 등의 유흥에 빠져 방탕한 생활을 했다.

그러다 어느 순간 그런 삶에 회의를 느끼게 되고, 새로운 삶을 찾기 위해 2년 동안 의료봉사 선박인 머시 십Mercy Ships을 타고 서아프리카의 라이베리아로 가서 생활하게 된다. 그는 그곳 사람들의 열악한 건강 상태와 그 지역의 참담한 생활 수준을 목격하고 충격을 받았다. 특히 교육, 안전, 건강을 둘러싼 그곳의 문제들이 깨끗한 물과 기본적인 위생 시스템이 부족하기 때문이라는 사실을 깨달았다. 오염된 물은 그 어떤 무기나 폭력보다 많은 사람을 죽게 만들고 있었던 것이다.

스콧 해리슨은 미국 뉴욕으로 돌아와서 '채리티: 워터'라는 단체를 설립하고, 친분이 없었던 실리콘밸리의 테크tech 기업 설립자들에게도 무작정 이메일을 보내 도움을 요청하기도 했다. 그의 진정성에 감동한 사람들의 도움으로 그는 본격적으로 깨끗한 물 프로젝트를 시작할 수 있었다. '채리티: 워터'의 운영 경비는 따로 후원자를 찾아 해결하는 대신 프로젝트를 위한 모든 기부금은 물 부족 문제 해결을 위해 사용한다는 것을 원칙으로 했다. 그리고 기부자들에게 프로젝트의 진행 상황을 사진과 GPS 등으로 제공해 신뢰성을 구축하면서 많은 사람을 성공적으로 설득했다.

오염된 물로 인한 질병은 매년 전쟁을 포함한 모든 종류의 폭력보다 더 많은 사람을 죽음에 이르게 한다. 이렇게 죽는 사람들의 43퍼센트는 5세 미만의 어린아이들이다. 깨끗한 물과 기본적인 위생 상태를 유지할 수 있게 되는 것만으로 매주 1만 6,000명의 생명을 구할 수 있다. 또한, 아프리카에서 보통 여성들이 물을 구하기 위해 걸어야 하는 시간이 연간 400억 시간에 달한다. 가

　　　　　　　　　깨끗한 물을 마실 수 있는 권리

까이에서 이용할 있는 정수 시스템이 갖춰진 공동체는 더 많은 시간을 식량을 재배하고, 수입을 창출하고, 학교를 가는 등 빈곤과 싸울 수 있는 여러 활동을 하는 데 사용할 수 있다.

✹ 지속 가능한 물과 정수 서비스

깨끗한 물은 어린이들, 특히 여자아이들을 학교에 보낼 수 있도록 도와준다. 물을 얻기 위해 소비되는 시간이 적을수록 아이들이 교실에서 보낼 수 있는 시간이 많아진다. 깨끗한 물을 얻을 수 있고, 학교에서 화장실을 이용할 수 있게 된다면 10대 소녀들은 매달 일주일 정도의 시간을 집에서 보내지 않아도 된다. 보통 아프리카 사하라 지역에서 여성들은 사용해야 할 물의 72퍼센트 정도를 구하는 일이 일반적이다. 물 구하기가 여자들의 주된 일이 된 것이다.

공동체에 깨끗한 물이 공급된다면, 여성들과 소녀들은 각자의 삶을 되찾을 수 있다. 각자의 업무를 하고, 가정환경을 개선하고, 미래를 꿈꿀 수 있다. 인간의 삶에 너무나 기본적인 깨끗한 물, 이 물에 투자되는 1달러는 4~12달러의 경제적인 수익을 가져다줄 수 있다. 물은 이들에게 경제적 성장을 촉진하는 가장 강력한 단일 도구다.

이러한 물 부족 위기는 심각하지만 해결 가능한 것이다. '채리티: 워터'는 지역 전문가와 공동체 구성원과 함께 상의해 지하수를 연결할 수 있는 우물을 파거나, 파이프 시스템을 설치하거나, 여러 개의 층으로 이루어진 모래와 초미세 박테리아 필름으로 오염 물질을 제거하는 바이오샌드biosand 필터를 활용한다. 또 지붕의 홈통 등을 통해 빗물을 저장장치로 모으고 정화시킬 수 있는 방법 등 각 지역에서 이용 가능한 물의 양, 문화, 경제적인 조건을 고려해 가장 적합하면서 오랫동안 지속 가능한 해결 방안을 찾기 위해 노력했다.

이러한 과정들은 보통 프로젝트 준비 기간(6개월: 후원금 모금, 사전 조사 작업, 공사 허가 작업, 지역사회 파트너들과의 협업 등), 진행 기간(6개월: 공사 진행, 후원자들에게 중간 리포트, 정수 시스템에 대한 지역사회 교육), 완성 기간(9개월: 사진과 GPS를 통해 결과 확인과 후원자 보고) 등 21개월이 소요된다. 2020년 9월 현재 '채리티: 워터'는 5만 6,759개의 물 관련 프로젝트를 후원하고, 이를 통해 29개국 1,142만 7,234명에게 물을 제공했다고 밝혔다.

이들은 지속 가능한 물과 정수 서비스를 제공할 수 있는 여러 기관을 찾기 위해 전 세계를 돌아다니며 가장 성공적인 프로그램

깨끗한 물을 마실 수 있는 권리

을 후원한다. 이들의 목적은 단지 물을 제공하는 것에서 끝나는 것이 아니라 그것이 최대한 오랫동안 유지되도록 하는 것이다.

지구 전체적으로 사람들이 이용할 수 있는 물은 사실 점점 줄어들고 있다. 유엔환경계획UNEP에 따르면, 2025년에는 전 세계 인구의 3분의 2 정도가 물 부족 상황에 놓이게 될 가능성이 있다고 한다. 사람과 마찬가지로 지구의 70퍼센트 정도가 물로 이루어져 있지만, 실질적으로 사람이 이용할 수 있는 물의 양은 매우 한정되어 있기 때문이다. 세계적 인구 증가로 인해 물 소비량이 늘고, 각종 산업이 발달함에 따라 많은 지역의 물이 오염되었다. 기온과 강수량이 급격이 변하는 기후 위기로 인해 지구의 물 부족 상태는 더욱 악화될 전망이다.

2019년 유엔의 「세계 물 보고서」에 따르면, 우리나라 역시 물 부족water-stressed 국가로 분류되고 있지만 일상생활 속에서 막상 물 때문에 불편함을 느껴본 적이 없다 보니 물의 소중함을 크게 깨닫지 못하는 듯하다. 언제나 깨끗하고 안전한 수돗물에 대한 높은 접근성은 환경적·기술적·경제적 혜택을 주지만, 반대로 수돗물에 대한 막연한 불신으로 음용수로 수돗물보다 생수를 선호하는 사람이 많다.

✱ 깨끗한 물을 마실 수 있는 1달러

사실 서울의 수돗물 아리수는 WHO가 권장하는 수돗물 검사 항목 164개보다 많은 171개 항목(먹는 물 수질 기준 60개 항목+서울시 자체 감시 항목 111개)을 정밀 검사하고 있다. 취수원인 한강 상류에서부터 정수 센터, 수도꼭지까지 생산과 공급의 전 단계에 걸쳐 수질에 대해 24시간 실시간으로 측정하고 관리한다. 서울시 상수도사업본부가 발간한 「2020 아리수 품질 보고서」에서 2019년 조사된 아리수 정밀 수질 검사 결과를 보면, 서울시 전 지역의 모든 검사 항목에서 먹는 물 수질 기준 적합 판정을 받은 것으로 나타났다. 그러나 OECD 회원국의 약 50퍼센트가 수돗물을 음용수로 사용하는데 반해, 우리나라의 수돗물 음용율은 5퍼센트 정도에 불과하다.

그 무엇으로도 대체될 수 없는 자원인 물, 그러나 언제나 공짜로 얻을 수 있기 때문에 무심하게 대했던 것의 가치에 대해 다시 생각해보게 하기 위해서 시작된 수돗물 캠페인이 있다. 2007년 미국 뉴욕에서 유엔아동기금의 '탭 프로젝트Tap Project'가 시작되었는데, 유엔이 지정한 세계 물의 날인 3월 22일에 레스토랑을 찾은 고객들에게 평소에는 무료로 즐기던 수돗물에 대해 최소

깨끗한 물을 마실 수 있는 권리

1달러 이상의 금액을 기부해줄 것을 요청하는 캠페인이다. 이 기금은 빈곤 국가의 어린이들에게 깨끗한 물을 마시게 할 수 있는 비용으로 사용되었다.

유엔아동기금은 1달러의 금액으로 한 어린이에게 40일 동안 깨끗하고 안전한 물을 제공할 수 있다고 밝혔다. 제1회 탭 프로젝트에는 약 300개 이상의 레스토랑이 참여했으며, 수천 명의 식당 고객의 성원으로 단 하루에 10만 달러를 모금할 수 있었다. 그리고 다음 해부터는 세계 물의 날 단 하루가 아니라 '세계 물 주간 World Water Week'으로 매년 일주일씩 캠페인이 진행되며 2014년까지 250만 달러를 모금했다. 이 돈은 50만 명에게 깨끗한 물을 가져다준 금액이었다. 탭 프로젝트 기간에 물 관련 질병으로 죽은 어린이의 숫자가 2006년 하루 4,000명 이상에서 2015년 하루 1,000명 아래로 떨어진 것은 엄청난 성과다.

흔히 '물을 많이 마시면 좋다'는 말을 한다. 과연 어디에 어떻게 좋은 걸까? 물은 체내 세포를 손상시키는 유해 산소를 제거하고, 각종 노폐물과 독소를 체외로 배출시킨다. 신진대사가 활발해져 칼로리 소모를 촉진하고 체지방을 줄여주며 콜레스테롤 수치를 낮추는 효과도 있다. 그리고 혈액 내 수분이 부족하면 혈액 순환이 어려워지지만 물을 보충해주면 혈액과 조직액의 순환이 원활

해지고 숙면에 도움이 된다.

　나이가 들수록 인체에 수분이 차지하는 비율은 점점 줄어들어 아기는 90퍼센트, 성인은 70퍼센트, 노인은 50퍼센트 정도라고 한다. 수분이 모자라면 수분 불균형으로 피부 노화도 빠르게 진행된다. 충분한 수분 보충은 세포 노화 방지에 도움이 된다고 하니 생명수生命水라고 해도 과언이 아니다. 깨끗한 물을 함께 나누어야 하는 이유가 더 절실해진다.

THE
M⟳NDAY
CAMPAIGNS

먼데이
캠페인

일주일에 한 번
고기를 먹지 말자

우리가 먹는 것이
곧 우리다

❋ '고기 없는 월요일'와 '닭고기 없는 목요일'

1960년대에는 우리나라에 혼·분식 장려 캠페인이 있었다. 당시 국민소득이 조금씩 높아지면서 보리 대신 쌀 수요가 급증했고 쌀 부족으로 인한 혼란이 생기자, 이를 타개하기 위한 정부 주도의 혼·분식 장려 운동이 사람들의 밥상에 영향을 미쳤다. 그보다 앞선 제1차 세계대전 때 미국에서는 토머스 우드로 윌슨Thomas Woodrow Wilson 대통령이 매주 화요일은 3끼 모두, 다른 요일은 1끼를 고기를 먹지 않을 것(주당 9끼를 고기 없이 식사하기)을 명령하는 선언문을 발표하기도 했다. 당시 미국식품관리청U.S. Food Administration, USFA(현재 미국식품의약국FDA)은 대중들에게 국민 모두가 전쟁을 도와야 한다고 강조하면서 식량 배당제를 피하기 위해서는 이 캠페인에 다 함께 협조할 것을 요청했다.

'음식이 전쟁을 이긴다Food Will Win the War'라는 슬로건을 내걸고, 고기 없는 월요일Meatless Monday, 밀 없는 수요일Wheatless Wednesday, 닭고기 없는 목요일Poultryless Thursday 등 시민들의 식생활을 통제하는 캠페인이 끊임없이 추가되었다. 그러한 영양 결핍과 식료품 부족 시대를 지나 오늘날 모든 종류의 음식이 넘쳐나는 영양 과잉의 시대에 그때와는 다른 이유로 식생활 캠페인은 계속되고 있다. 이제는 특정 영양분에 대한 과잉 섭취로 오히려 건강을 해치는 상황이라 사람과 자연의 건강함이 식생활 캠페인의 가장 큰 목적이 되었다.

'먼데이Monday 캠페인'은 월요일이라는 시간을 건강 이슈에 연결해 예방 가능한 질병 사고를 줄이고자 하는 목적으로 의료기관들과 함께하는 공중 보건 캠페인이다. 건강한 사고와 행동은 한 주의 시간들과 동시에 움직인다. 월요일은 사람들이 가장 많이 긍정적인 변화를 시도할 자세가 되어 있는 시간이다. 따라서 평생 지속될 수 있는 건강한 습관들을 만들어내는 동기를 매주 제공할 수 있는 가장 좋은 시간이 될 수 있다.

이 캠페인은 2003년 시드 러너Sid Lerner라는 전 광고업체 대표에 의해 시작되었는데, 그는 주로 공중 보건에 관한 마케팅을 하던 사람이었다. '고기 없는 월요일'은 2003년 존스 홉킨스 센터 Johns Hopkins Center for a Livable Future와 함께 시작했으며, 금연·영양·운동·스트레스 관리에 관한 성공적인 캠페인들을 꾸준히 마련했다. '먼데이 캠페인'은 미국과 전 세계에서 기하급수적으로 성장했으며, 개인·병원·학교·기업·NGO·정부기관·공동체 등으로 퍼져나갔다. 특히 개인들에게는 단순한 일주일간의 건강한 습관들에 대해 웹사이트·소셜미디어·이메일 뉴스레터 등을 통해 제공하고, 기관들에는 캠페인 프로그램을 시작할 수 있는 다양한 무료 지원을 제공한다.

오늘날의 '고기 없는 월요일' 캠페인은 건강과 지구의 환경을 위해 식단에서 고기를 제거할 것을 촉구하는 전 지구적 운동이 되었다. 제1차 세계대전 때는 전쟁 중 식량이 부족할 수 있어 고기 먹기를 줄였지만, 이제는 고기를 덜 먹는 대신 식물성 식품을 더 먹음으로써 예방 가능한 만성적인 질병의 가능성을 줄일 수 있다. 또 육지와 바다 자원을 보존하고, 기후 위기와 싸울 수 있기 때문에 고기 먹기를 줄여야 한다고 외친다.

'고기 없는 월요일'의 단순한 메시지는 "일주일에 한 번 고기를 먹지 말자skip meat once a week"라는 것이다. 이를 실천하면서 한

우리가 먹는 것이 곧 우리다

주를 시작하게 되면, 그 주의 다른 날들도 더 많은 과일, 채소, 식물성 고기를 먹게 될 가능성이 높다. 캠페인 사이트에서 제공하는 무료 자원, 마케팅 자료, 실행 방법, 각종 레시피 등을 참고하면 집에서도 '고기 없는 월요일'을 쉽게 실천할 수 있다. 현재 전 세계 40개국에서 가정, 학교, 병원, 식당, 커뮤니티 등 다양한 범위의 참여자들에 의해 실천되고 있다.

❋ 우유를 거부하다

수십 년 동안 특히 성장기 아이들에게 건강한 음식으로 소비되고 있는 음식이 있다. 심지어 우리나라에서는 달걀과 함께 완전식품으로 소개되어온 바로 우유다. 이 유제품에 대해서도 다른 시각이 등장했다. 미국에서 유제품 광고는 감성을 자극하는 방식으로 시청자들을 사로잡아왔다. 특히 운동선수들을 동원한 캠페인을 통해 힘이나 근성을 보여주며, 가족·사랑·영양적 측면에서 사람들을 자극하는 광고가 많았다.

그런데 미국 사이클 선수이자 2012년 런던 올림픽 은메달리스트 닷시 바우슈Dotsie Bausch는 2018년 평창 동계 올림픽 광고를 보고 충격과 분노를 느꼈다. 그 내용은 10명 중 9명의 올림픽 출전 선수가 우유를 마시고 훈련했다고 선언한 것인데, 우유가 운동선수들의 성공에 결정적인 요인인 것처럼 표현된 것에 동의하지 못한 것이다. 그녀는 유제품 업계가 마케팅 목적으로 국가대표 훈련센터에 유제품들을 납품하거나 선수들이 등장하는 무대를 이용하는 것이 옳지 않다고 생각했다. 그녀는 아카데미 수상경력의 다큐멘터리 작가와 유제품 거부에 뜻을 같이한 5명의 올림픽 출전 선수로 팀을 만들어 새로운 광고를 만들었다.

이 혁명적인 광고에서 선수 6명은 자신들의 기량을 향상시키기 위해 더 좋은 것으로 바꾼다고 선언했다. 이 광고는 2018년 평창 동계 올림픽 폐회식과 아카데미 시상식 행사에서 방영되었다. 다른 나라에서도 유제품을 거부했던 선수들의 호응이 이어져 하나의 완전한 비영리 조직을 만들게 되었다. 현재 400명 이상의 운동선수와 의학 전문가가 참여하고 있는 '스위치 포 굿Switch 4 Good'은 엘리트 선수들만을 대표하고 있는 것이 아니라 각자의 삶을 살고 싶어 하는 모든 선수와 시민을 위한 것이다.

'스위치 포 굿'은 모든 사람이 참여할 수 있는 캠페인이다. 오랫동안 유제품을 먹어왔던 사람들도 환영한다. 이 캠페인의 목적은 공동체와 사람들에게 유제품에 관한 다양한 이야기를 제공함으로써 아직 바꾸지 못한 사람들에게 바꿀 수 있도록 동기를 부여

우리가 먹는 것이 곧 우리다

하는 것이다. 공동체의 모든 사람은 저마다 다른 수준의 능력·배경과 다른 삶의 속도를 갖고 있다. 누구나 더 잘 살고 싶어 하고, 더 많은 것을 하고 싶어 한다. 이를 위해 '스위치 포 굿'은 유제품 섭취를 멈출 것을 권한다.

✳ 음식은 정치적 행위다

우유와 각종 유제품들은 비만, 호르몬 관련 암, 당뇨, 골다공증, 심장병 등과 연관이 있고, 세계 인구의 65퍼센트는 락토스(젖당) 소화 효소를 갖고 있지 않다. 즉, 그들의 신체는 유제품 안의 락토스를 적절하게 소화시킬 수 없다는 뜻이다. 소화 관련 논의에서 이 결과들은 심각한 상태부터 약간 불편한 정도까지 다양하다. 또한, 우유는 운동선수의 회복에 좋지 않은 영향을 끼치며, 경기 능력뿐만 아니라 전반적인 신체 능력을 약화시킨다. 그러나 유제품은 끊임없이 성장기 어린이, 건강한 어른, 유망한 운동선수들에게 건강한 식품으로 소개되고 있다.

더 건강한 삶을 살기 위해서 유제품을 끊는 것은 건강 증진과 기록 향상뿐만 아니라 지구 환경에까지 영향을 미치는 일이다. 단 1갤런의 우유를 생산하기 위해 1,000갤런의 물이 사용된다고 한다. 미국에서 인간이 살 수 있는 땅의 41퍼센트가 축산업을 위한 농작물 생산에 사용되고 있으며, 매년 축산용 소 한 마리가 생산하는 배설물이 약 10톤에 달한다. 유제품 생산은 수로를 오염시키고, 온실가스 배출을 증가시키며, 지역 생태계를 파괴한다. 단지 우리가 식단을 바꾸는 것만으로도 지구 환경을 치료할 수 있다는 것이다.

더 나아가 식품의 정당성 획득을 위해서 과도한 우유 소비 권장 행태를 바꿔야 한다는 주장도 있다. 음식은 정치적 행위이며, 우리의 선택은 모르는 사이에 다른 이들의 삶에 영향을 미친다. 전 세계 인구의 65퍼센트, 특히 흑인, 동양인, 미국 원주민, 남미 인구 가운데 굉장히 높은 비율(심한 경우 95퍼센트)의 사람들이 소젖에 과민 반응을 갖고 있는 것으로 나타났다. 그렇지만 미국 정부와 일부 비영리 단체들은 대중들에게 유제품을 건강하고 필수적인 식품처럼 권장하고 있다. '스위치 포 굿'은 이것이 사실상 식품에 대한 인종차별적 행위라고 지적한다.

유제품을 강요받지 않는 커뮤니티를 만들기 위해서 '스위치 포 굿'은 프로 스포츠팀이나 청소년 스포츠팀과 파트너십을 맺고 관련 교육, 자원, 대체 식품 선택 등의 기회를 제공한다. 또한 운동선수, 의사, 트레이너, 영양사 등 많은 사람과 함께 다양한 커뮤니

우리가 먹는 것이 곧 우리다

티를 구성해 사람들에게 유제품을 포함하지 않은 식단 개선의 중요성을 알리고 변화를 촉구할 수 있는 이벤트를 마련한다.

2020년 봄부터 미국식생활지침자문위원회U.S. Dietary Guidelines Advisory Committee, DGAC에 유제품을 추천 식품 분야에서 제외해야 한다는 의견을 계속 피력하고 있으며, 2020~2025년 기준 설정에 변화를 만들 수 있기 위해 노력하고 있다. 유제품은 일상의 수많은 불편한 증상의 원인일 수 있다. 만성 기침, 피부 가려움증, 여드름, 호흡 곤란, 코 훌쩍거림, 붓기, 더부룩함 등이 유제품 섭취 이후 느껴지는 부작용들이다. 유제품을 먹지 않는다면 이런 증상 없이 훨씬 건강하게 살 수 있다.

최근 고기, 우유(유제품), 밀가루(글루텐) 등 그동안 별 생각 없이 학교나 대중매체에서 들은 대로 혹은 막연히 건강식으로 생각해 우리의 식단에 습관처럼 등장했던 많은 식품이 사실은 알레르기를 일으키는 등 부작용이 더 클 수 있다는 주장이 많은 설득력을 얻고 있다. 2021년 9월 한국농수산식품유통공사는 'ESG 경영'을 선도하기 위한 대국민 캠페인 중 하나로 '코리아 그린푸드 데이Korea Green Food Day'를 마련해 안전한 먹거리 보급과 저탄소 식생활 문화 확산에 힘을 쏟는다고 발표했다.

현세대와 미래세대를 위해 먹거리의 생산, 유통, 소비 전 과정에서 발생하는 온실가스 배출량을 줄이는 것이 이 대국민 식생활 개선 캠페인의 목적이다. 시대와 환경이 변함에 따라 좋고 나쁨의 기준도 달라지고 있다. 기업의 광고나 관련 산업 단체의 마케팅을 과신하기보다 모든 선택지를 테이블 위에 올려놓고, 스스로 찾아보고 따져봐서 나에게 좋은 것과 환경을 위해 좋은 것으로 바꾸는 것이 21세기를 살아가는 시민의 기본 자세라고 하겠다.

우리가 먹는 것이 곧 우리다

래닛 러브 라이프 캠페인더 업사이클 캠페인
리턴 투 오펜더 캠페인계단 오르기 캠페인
엘리베이터 데이 캠페인 계단이 좋습니다 캠페인
하루에 100가지 캠페인빨간 그네 프로젝트

제5장

나부터
시작하자

자전거 길 평가 캠페인
빗물 정원 만들기
더 웨이브 오브 웨이스트 프로젝트
클린 시티스 캠페인워크 유어 시티 캠페인
50 캠페인 프라이데이즈 포 퓨처 캠페인
지구의 날 캠페인캐노피 프로젝트 캠페인
음식 발자국 캠페인 그레이트 글로벌 클린업 캠페인
기후 정보력 캠페인어스 챌린지 캠페인
배에서 안전한 아이들을 위한 캠페인
스티커 쇼크 캠페인

플래닛 러브 라이프
캠페인

지구상의 생명체는 바다를 통해
모두 연결되어 있다

쓰레기를 줄이는 것이
생명을 구하는 길이다

＊ 해양 쓰레기에 대한 뜻밖의 진실

넷플릭스의 오리지널 다큐멘터리 〈씨스피라시Seaspiracy〉
(2021년)는 해양 쓰레기에 대한 뜻밖의 진실을 폭로한다. 영화의
타이틀은 바다sea와 음모conspiracy라는 단어를 합성한 것이다.
예상대로 바다에 관한 음모를 파헤치고자 하는 내용인데, 많은
사람이 놀랐던 부분은 평소 미디어를 통해서 알려진 내용과 달리
해양 생물과 바다 환경을 가장 위협하는 쓰레기는 플라스틱 빨대
가 아니라 전 세계 수많은 어선이 사용하고 난 후 버린 폐그물이
라는 것이다. 어선들이 던지는 저인망 그물에 무분별하게 많은
해양 생물이 끌어올려지고, 낡은 그물들은 그대로 바다에 버려져

바닷속을 자유롭게 이동해야 할 많은 바다 동물을 옭아맨다.

2014년 카리브해 바하마섬에서 해양 과학 프로그램의 교육·운영 담당자로 근무하던 롭 웹스터Rob Webster와 멜로디 웹스터Melody Webster 역시 학생들에게 바다 쓰레기의 부정적인 영향에 대해서 가르치는 동안, 해양 생물에게 가장 위험한 독이 되는 쓰레기는 낚시 그물이라는 사실을 깨달았다. 바닷속 플라스틱의 50퍼센트 정도가 버려지거나 누군가 잃어버린 낚시 그물이다. 쓰레기의 분해 시간도 비닐은 20년, 스티로폼은 500년, 낚시 그물은 600년 이상의 시간이 소요되는 등 낚시 그물이 바다에 미치는 악영향은 매우 심각했다.

매년 10만 마리 이상의 해양 동물이 버려지거나 분실된 낚시 도구에 감겨 생명을 잃는다. 그들은 해양 쓰레기를 줄일 수 있는 유일한 방법은 이러한 사실을 널리 알리는 것이라고 생각했다. 해양 쓰레기는 전 지구적 문제로 개인이나 작은 단체가 해결할 수 있는 문제가 아니기 때문이다. 이 문제를 해결하기 위해서는 바다에서 플라스틱 쓰레기를 줄이기 위한 변화를 만들어낼 수 있는 수많은 개인과 단체의 노력이 절실했다.

롭과 멜로디는 바다 환경에 대한 현실적인 이야기를 육지로 가져와야 한다는 생각에 '플래닛 러브 라이프Planet Love Life'라는 캠페인 단체를 조직하고, 바다에서 수거한 그물을 활용해 팔찌를 만들기 시작했다. 멋진 상품을 만들어내겠다는 마음으로, 해양 쓰레기에 대한 인식을 전파하기 위해 지구와 그 안에 살고 있는 모든 생명체에 대한 사랑과 존중을 표현할 수 있는 브랜드와 상징을 만들어냈다. 이들이 만들어내는 각 팔찌들은 서로 다른 해양 동물의 종류를 표현하고 있다.

예를 들어, 초록색은 수달 팔찌, 레몬색은 상어 팔찌, 3개의 매듭이 있는 것은 바다거북 팔찌 등 다채로운 색과 모양으로 만들어졌다. 이 팔찌를 판매해 얻은 수익금은 모두 바다를 청소하고 해양 오염 문제에 대한 경각심 제고를 위해 사용한다. 이들이 판매하는 팔찌들은 자원봉사자들이 건져낸 버려진 낚시 그물로 만들어지고 있으며, 그 지역의 장인들이 수작업으로 하고 있다.

'플래닛 러브 라이프'의 개념은 한 개의 브랜드가 하나의 삶의 방식으로 성장하는 것이다. 지구상의 생명체는 바다를 통해 모두 연결되어 있다. 이들의 목표는 생명에 대한 사랑과 존중을 통해 해양 동물들이 낚시 그물에 감기는 것을 방지하고, 지속 가능한 삶을 촉진하며, 지구의 자연환경을 보존하기 위해 해양 쓰레기에 대한 교육을 제공하는 것이다.

쓰레기를 줄이는 것이 생명을 구하는 길이다

✱ 버려진 것에 새로운 가치를 부여하다

쓰레기가 된 그물로 팔찌라는 새로운 가치를 창조해내는 것과 같이 버려진 것에 다시 목적을 부여해 디자인하는 것을 업사이클 upcycle이라고 한다. 업사이클된 제품들은 원래의 물건보다 기능적이고 아름답다. 그 물건의 가치가 올라가서 업사이클이라고 부른다. 기존에는 재활용의 방법으로 리사이클recycle을 하는 경우가 더 많았다. 리사이클과 업사이클 모두 버리는 대신 물건을 재사용한다는 점에서 매우 중요하며, 매립 쓰레기를 줄이는 것은 환경에 긍정적인 영향을 준다.

리사이클과 업사이클은 서로 다른 과정을 갖는다. 리사이클은 물건을 분해해 재사용하는 과정을 거치며, 종이는 갈려져서 펄프가 되고, 플라스틱은 부서져서 알갱이로 녹여진다. 유리는 깨뜨린 후 다시 녹인다. 이런 다운사이클링downcycling은 리사이클을 위한 필수적인 단계지만 물건의 가치를 떨어뜨린다. 업사이클은 버려진 것을 쓰레기가 아니라 자원으로 보는 창조적인 과정이다. 물건들은 새롭고 기발한 방식으로 재사용되어 새로운 생명과 기능을 갖게 된다.

헌 옷은 대표적인 업사이클 대상 자원이다. 미국에서만 한해

95억 킬로그램의 헌 옷이 매립된다. '더 업사이클 캠페인The Upcycle Campaign'은 극심한 소비주의와 쓰레기가 갈수록 큰 환경 문제가 되고 있는 안타까운 현실, 여기에 패스트 패션fast fashion 산업이 큰 부분을 차지하고 있는 상황을 알리기 위한 캠페인이다. 짧은 시간 안에 현재 트렌드에 맞는 제품을 대량 생산하는 패스트 패션은 신속한 트렌드 반영으로 지난 수십 년 동안 의류 가격과 품질을 저렴하게 제공하면서 널리 퍼졌다.

트렌드 변화 속도가 빨라질수록 더 많은 의류가 만들어지고, 소비자들은 값싸게 쓰고 버리는 문화throwaway culture에 익숙해지고 있다. 문제는 이 어마어마한 양의 옷 제작에 사용되는 각종 염료와 살충제 등에서 나오는 오염 물질이 노동자와 커뮤니티에 심각한 위협이 되고 환경에 악영향을 주고 있어 매우 비윤리적이고 지속 불가능하다는 것이다. 따라서 '더 업사이클 캠페인'은 전 지구적 차원에서 소비자의 구매 행위를 재설계하고, 더 많은 대중이 패션 산업에서 지속적이고 윤리적인 소비에 대해 생각할 수 있도록 현실을 알리고 교육하고자 한다.

이를 위해 업사이클링 방법을 공유하고 보여주는 정보를 제공한다. 헌 옷을 업사이클링해서 수작업한 다양한 작품을 소셜미디어를 통해 공개해 헌 옷이 완전히 새로운 목적을 가진 새 옷으로

쓰레기를 줄이는 것이 생명을 구하는 길이다

변하는 방법과 기술을 알려준다. 또한, 패스트 패션과 값싸게 쓰고 버리는 문화, 패션 산업의 공해를 둘러싼 이슈들에 대한 인식 개선 비디오를 제작·소개하고, 비디오 게임도 만들었다. 웹사이트 이용자들이 게임을 하는 동안 무의식중에 지구에 얼마나 많은 해를 끼치고 있는지를 깨닫도록 하는 것이 목적이다. 무엇보다 소비주의가 곧 낭비로 이어진다는 사실을 기억하고, 멀쩡히 기능할 수 있는 옷을 버린다는 인식을 바꿔야만 소비자들이 패션 제품을 소비할 때 의미 있는 변화를 만들어낼 수 있다.

아예 업사이클이나 리사이클을 하기도 어려운 쓰레기들은 어떻게 줄일 수 있을까? 과대 포장으로 인해 점점 늘어나는 엄청난 쓰레기를 조금이라도 줄이기 위해 제조업체 차원에서 포장을 더 간소하게 해야 한다고 주장하는 사람이 늘고 있다. '리턴 투 오펜더Return To Offender(법법자에게 돌려주자)' 캠페인은 SASSurfers Against Sewage(오물에 맞서는 서퍼들)라는 영국의 해양 보존 자선 단체가 마련한 캠페인이다. SAS는 해양 쓰레기부터 기후 위기까지 광범위한 주제의 해양 보존 이슈에 관한 캠페인들을 만들고 있다. 이들은 원래 해양 스포츠를 사랑하는 평범한 사람들이었다. 서핑, 바다 수영, 윈드서핑 등을 하던 중 바다와 해변에서 수많은 오물을 발견하면서 해양 쓰레기 문제의 심각성을 깨닫게 되었고, 이를 해결하는 데 조금이라도 도움이 되고자 1990년 5월 SAS를 만들었다.

✳ 쓰레기를 발견하고 사진을 찍고 공유한다

'리턴 투 오펜더'는 시민들의 참여로 제조업체가 플라스틱 포장을 줄이게 하고, 그들에게 플라스틱으로 인한 환경 오염 문제의 책임을 묻자는 캠페인이다. 현재는 '디지털 리턴 투 오펜더' 캠페인으로 운영된다. 수백만 조각의 해양 오염물이 강에 떠다니고, 공원과 바닷가에 널브러져 있다. 이런 쓰레기들에 대해서는 제조업체를 호출하고 정부에 관련 정책을 요구해야 한다는 것이다.

이를 위한 3단계 실천 방법은 간단하다. 첫 번째 단계는 바닷가, 강, 공원, 시골길 등에서 브랜드명이 인쇄된 쓰레기를 발견하는(#SeeIt) 것이고, 두 번째 단계로 브랜드명이 분명하게 보일 수 있도록 사진을 찍고(#SnapIt), 세 번째 단계는 트위터나 인스타그램을 이용해 해당 사진을 공유하면(#ShareIt) 된다. 해시태그(#ReturnToOffender, #SurfersAgainstSewage) 등을 사용하고, 해당 브랜드의 소셜미디어 어카운트와 @sascampaigns을 태그한다.

SAS는 매달 모아진 브랜드들을 기록해 그 결과를 분석하고 공표한다. 즉, 가장 많이 자연환경을 오염시키는 브랜드가 무엇인지 찾아내 해당 제조업체에 포장을 줄일 것을 요청한다. 또한 이것을 기반으로 정부에 플라스틱으로 인한 환경 오염을 줄일 수 있는 핵심 정책 수립, 제조업체 책임 확대, 보증금 환불제 등을 요구한다. 이 활동 내용은 대중들이 더 현명하게 제품을 구매, 사용, 소비할 수 있도록 학교의 교육 프로그램과 광범위한 행동 변화 캠페인에 활용한다. 줄이고Reduce, 재사용하고Reuse, 다시 채우고Refill, 다시 돌려주는Recycle 방법을 알려주는 각종 캠페인을 통해 불필요하게 사용되는 포장의 양을 줄이며, 바다 환경 보존을 위한 시민운동과 해변 청소 활동을 전개한다.

코로나19가 지구촌 모든 사람의 삶을 완전히 바꿔놓은 지 2년이 지났다. 초기에는 나라마다 강력한 국경 폐쇄와 철저한 사회적 거리 두기 등으로 쓰레기와 오물로 오염되었던 수많은 세계적인 관광지에 사람들의 발길이 완전히 끊겼다는 소식이 전해졌다. 그 덕분에 곳곳이 깨끗해지고 죽어가던 자연이 회복되고 있다는 뉴스가 코로나19가 가져다준 뜻밖의 혜택으로 신선한 감동을 주기도 했다.

그러나 빠르게 모든 곳이 다시 사람들의 발길로 뒤덮여가고 있으며, 여기에 더해 코로나19 방역 차원에서 피할 수 없었던 각종 소독용품, 마스크, 일회용품, 음식 배달 용기, 택배 상자 등이 어마어마한 양의 쓰레기가 되어 돌아오고 있다. 이미 지구는 과도한 양의 제품과 그로 인한 쓰레기로 소화 불능 상태다. 혁신적인 아이디어와 인류의 대대적인 행동 변화 없이는 바다 생물뿐만 아니라 우리 모두에게 미래가 없다는 경각심을 가져야 한다.

쓰레기를 줄이는 것이 생명을 구하는 길이다

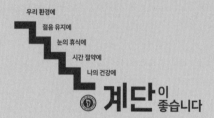

우리 환경에
젊음 유지에
눈의 휴식에
시간 절약에
나의 건강에

계단이 좋습니다

계단 오르기
캠페인

개인의 건강과 환경을 위해
계단을 이용해보자

탄소발자국을 위해
계단을 오르자

✱ 코로나19 시대에 맞는 '계단 오르기'

"올해는 6,194미터 높이의 매킨리산Mt McKinley(미국 알래스카 주 디날리국립공원에 있는 산) 정상 오르기에 도전합시다."

2010년 4월 22일 '지구의 날Earth Day'을 맞아 미국 하버드대학 보건대학원이 내부 구성원들과 '계단 오르기Take The Stairs' 캠페인을 위해 내건 구호다. 이 캠페인은 구성원이 5명씩 팀을 만든 후, 정해진 한 달이라는 시간 동안 오른 계단의 높이가 공유되면서 상호 경쟁하는 형식으로 진행되었다. 계단을 오르는 높이를 세계 최고봉 높이의 산이나 트래킹 코스로 환산해 참여 동기를 부여해왔다.

탄소발자국을 위해 계단을 오르자

처음에는 보건대학원과 부설 병원 내에서 진행한 작은 캠페인이었다. 이런 형식의 '계단 오르기' 캠페인은 우리 모두에게 익숙한데, 한 가지 차이라면 형식과 메시지가 일관되게 유지되며 10년 이상 캠페인이 지속되고 있다는 점이다. 팬데믹 상황에서 많은 캠페인이 위축되었던 2020~2021년에도 '계단 오르기' 캠페인은 변함없이 이어졌다. 계단 오르기라는 것이 평범한 일상 속에서 무산소 운동과 유산소 운동의 효과를 동시에 누리며 누구나 쉽게 건강을 챙길 수 있는 방법 중 하나이기 때문일 것이다.

재택근무 등 근무 여건 변화를 반영해 참여 대상을 구성원의 가족으로 확대했다. 계단 오르는 속도와 목표 달성 여부보다 생활 방식의 변화를 통해 또 하나의 문화로 정착되도록 캠페인의 방향성만 수정했다. 이 캠페인이 지향했던 건강, 환경, 공동체 연대라는 가치를 따르기 위해서다. 계단 오르기가 개인의 활동을 증대시키는 유일한 방법은 아니다. 그런데 코로나19는 '계단 오르기' 캠페인에 다시 주목하게 해주었다. 계단이 승강기나 에스컬레이터 등에 비해 거리 두기에 효과적이기 때문이다.

실제로 미국 질병통제예방센터CDC의 코로나19 예방 수칙에는 거리 두기를 위해 사무실이나 공공장소에서 취해야 할 행동 강령 중 하나로 계단 이용을 권장하고 있다. 승강기나 에스컬레이터

입구 근처 바닥에 거리 두기 표시를 해두었는데, 이는 로비나 승강기 앞에 모이지 않도록 하는 예방 차원의 대책 중 하나다. 여기에 캐나다 토론토에 있는 온타리오예술디자인대학의 게일 니콜 Gale Nicole 교수는 현실적인 문제를 제기했다.

그녀는 코로나19 시대에 승강기 이용이 일상 속에서 직면하게 되는 큰 위험 중 하나라고 했다. 현실적으로 승강기나 에스컬레이터 이용 시 사회적 거리 두기가 힘들기 때문이다. 정부에서 승강기 탑승 인원에 제한 지침을 권고하고 있지만, 그로 인해 오히려 긴 줄이 만들어지고 대기하는 공간이 더 혼잡하게 되었다.

게일 니콜 교수는 '계단 오르기' 캠페인이 급증했던 2010년 전후 뉴욕시와 보건당국과 공동으로 발표했던 '액티브 디자인 가이드라인Active Design Guideline'의 내용 중 계단 이용을 촉진할 수 있는 방법에 다시 주목했다. 이 지침의 목적은 공공장소나 도심 속에서 시민들의 신체 활동을 증진시키도록 유도하는 것이다. 이를 위해 건물이나 공공장소에서 계단의 위치를 적극적으로 안내함으로써 개인의 신체적인 활동을 증대시키자는 것이다.

CDC 산하 국립면역·호흡기질병센터National Center for Immunization and Respiratory Diseases, NCIRD에서도 승강기보다 가능한 한 계단 이용을 추천하면서 불가피하면 최소 인원의 탑승이

탄소발자국을 위해 계단을 오르자

가능할 때까지 기다려줄 것을 권고하고 있다. 계단으로 이동할 때 스스로 거리를 유지하거나 속도를 조절할 수 있기 때문에 거리 유지가 가능하다는 이유에서다. 노약자나 건강상 문제로 계단 이용이 어렵지 않다면 승강기나 에스컬레이터와 같은 사회적 거리 두기가 어려운 이동 수단은 자제하자는 것이다. 이는 공동체에서 새로운 배려 문화를 만들자는 제안이기도 하다. 따라서 각 개인이 자연스럽게 계단 오르기 습관 익히기에 도전해볼 수 있도록 공공장소에서부터 계단 이용 안내 표지 등을 보완할 필요가 있다.

✱ 탄소발자국을 줄이자

미국 캘리포니아대학 샌디에이고캠퍼스UCSD의 로런 와이스 Lauren Weiss 교수가 2006년『오비서티 리뷰Obesity Reviews』에 발표한 연구에 따르면, 계단과 에스컬레이터 또는 승강기 사이 이동 지점에 안내 표시가 있을 때 계단 이용이 증가하는 것으로 나타났다. 이런 검증을 바탕으로 '계단 오르기' 캠페인에 다양한 안내 표지판과 넛지nudge 요소가 적용되기 시작했다.

이렇게 계단으로 안내하고 선택을 독려하는 방식의 캠페인이 제안되면서 많은 공공기관과 기업이 앞다퉈 승강기 주변에 계단 이용을 알리는 캠페인에 동참했다. 이후 2012년 2월『미국예방 의학저널American Journal of Preventive Medicine』에 발표된 논문을 보면, 계단 이용 안내 표지판이 설치된 이후 계단 이용률이 최소 9.2퍼센트에서 최대 34.7퍼센트까지 증가한 것으로 나타났다.

우리나라에서도 지하철이나 학교 계단 등을 살펴보면 계단 한 칸 오를 때마다 소모되는 칼로리 등을 표시해둔 곳이 많다. 층별 계단과 벽면에 이동한 누적 계단 수, 그에 따른 수명 연장 시간까 지 표시를 해두어 조금이라도 더 많은 사람의 실천을 유도하려고 하고 있다.

2015년 국제스포츠문화연맹International Sport and Culture Association, ISCA이 유럽 21개국에서 시작한 '노 엘리베이터 데이 No Elevators Day'는 3년 만에 유럽을 넘어 국제적인 행사로 발전했 다. 2020년에는 6대륙 50개국에서 550만 명 이상의 참가자가 해 시태그(#NoElevatorsDay, #TakeTheStairs)를 붙인 사진과 동영상 을 소셜미디어를 통해 공유하며 서로 영감과 동기를 주고받았다. 처음에는 매년 4월의 마지막 수요일을 정해 하루 종일 큰 움직임 없이 사무실에서 일하는 직장인들에게 신체 활동의 중요성을 알 리기 위해 기획한 캠페인에서 이제 회사뿐만 아니라 학교, 공공

기관, 지역 커뮤니티, 개인 등 나이와 상관없이 모든 사람이 참여하는 시민운동이 되었다.

비만, 고혈압, 허리 통증 등 현대의 많은 건강 문제가 앉아서 생활하는 습관sedentary behavior으로 인해 생긴 문제임을 인지하고, 계단을 이용함으로써 더 적극적인 라이프스타일을 갖자는 것이다. 이 캠페인은 무엇보다 계단을 쉽고 편리한 운동의 도구로 바라보면 각자 나름으로 즐길 수 있는 다양한 운동 루틴을 창의적으로 생각해내고 실천할 수 있다(#UseTheStairs)는 점을 서로가 서로에게 알릴 수 있는 즐거운 축제의 장이 되었다.

1854년 미국 뉴욕박람회에서 오티스Otis가 개발한 승강기의 안전성을 입증하기 위해 개발자들은 탑승 퍼포먼스를 했다. 당시 대중에게 겁먹지 말고 이 편한 기계에 올라타라는 호소였다. 160여 년이 지난 현재 전기의 힘을 빌려 이동하는 모든 수단은 필연적으로 개인의 탄소발자국을 증대시키고 있다. 건강과 환경을 위한 필수적인 선택 중 하나가 어느새 계단이 되어버린 것이다.

'나의 탄소발자국 줄이기'를 위한 실천으로 계단 오르기를 한다고 가정해보자. 직장에서 하루 4번 승강기를 탄다고 가정했을 때 1인당 0.3~0.6킬로그램의 이산화탄소CO$_2$를 배출하게 된다. 국제환경·개발연구소International Institute for Environment and

Development, IIED의 의장인 환경 과학자 타라 샤인Tara Shine 박사는 코로나 시대 각 개인은 더욱 왕성하게 움직이고 활동해야 한다고 주장한다. 여기서 왕성한 활동이란, 공공의 문제 해결을 위한 '작은 실천'을 의미한다. 그런데 우리는 물리적인 멈춤만을 강조하면서 코로나19 이전과는 비교할 수 없을 만큼 지속적인 탄소 발자국 남기기에 익숙해지고 있다.

✳ 계단이 좋습니다

사회적 거리 두기가 강조되면서 자동차 기반의 소비문화 상징인 드라이브 스루drive through가 주목받고, 오토바이 배달과 트럭 배송에 의존하는 소비에 환호하고 있다. 배달 플랫폼 업계에서 환경을 위해 전기 오토바이를 도입하고 싶어도 할 수 없는 이유는 하나다. 바로 속도 때문이다. 잠시 멈춤이라는 구호가 시대적 화두인 탄소 저감과 맞물리면서 자연스럽게 일상 속에 존재하던 공간과 작은 실천 과제를 재설정해주었다. 그 대표적인 공간이 계단이며 실천 과제 중 하나가 걷기와 오르기다.

비상용으로만 존재하고 있는 건물 계단, 사적 공간으로 인식해 여러 물건이 적치된 아파트 계단 등이 대표적이다. 반대로 오

탄소발자국을 위해 계단을 오르자

색찬란한 빛깔로 화려하게 꾸며진 일부 공공 시설물의 계단은 단기적인 효과는 있지만, 장기적으로는 관리에 한계가 많다. 이용하는 사람으로서는 오히려 시선을 받는 것 같아 부담스럽다는 의견도 있다. 그냥 자연스럽게 계단으로 안내하고 기본적인 가치를 전달하는 지속 가능한 캠페인이 필요한 이유다.

서울시도 2021년 초 '계단이 좋습니다'라는 통합 캠페인을 개발해 안내 표지판 등을 보완하고 지하철역부터 적용해나가고 있다. 마스크를 착용하고 있는데 무슨 계단을 오르냐고 묻는 이도 있다. 그렇다면 마스크를 쓰고 어떻게 등산을 하는지 되묻지 않을 수 없다. 등산복을 차려입고 산을 오르기 위해 이동하는 지하철역에서 마주하게 되는 계단은 철저히 외면하는 이도 많다. 그냥 습관이고 무관심일 수 있다.

그런 차원에서 매년 거창한 계획보다 개인의 건강, 공동체를 위한 배려, 환경을 위해 주변에 계단이 보이면 그쪽으로 이동해보는 습관에 익숙해져야 한다. 빠른 배송에만 너무 의존하지 말고, 재택근무도 늘어난 이때 혼자 걸어가서 장 보는 것에도 인색할 필요가 없다. 승강기나 에스컬레이터의 속도보다 약간 느림이라는 물리적 이동에도 좀 익숙해지려는 노력도 해야 한다. 그래야 배달이 좀 기다려줄 수 있는 여유를 익히게 되지 않을까?

탄소는 줄이자고 하면서 지금 우리 사회는 아예 멈추거나 굉장히 빠른 속도를 요구하는 딱 2가지 방법만 강조하고 있다. 이제는 너무 익숙해진 '잠시 멈춤'이라는 메시지는 그래서 잘못된 것 같다. 오히려 지금 우리가 익혀야 하는 것은 '착한 움직임'이다. 그중 하나로 공공장소에서 나와 우리, 현재와 미래를 위해 계단을 이용하는 '착한 움직임 캠페인'에 도전해보면 어떨까?

탄소발자국을 위해 계단을 오르자

하루에 100가지
캠페인

한두 가지의 작은 행동이
한 도시를 긍정적으로 변화시킨다

지속 가능한 도시를
만든다는 것

✳ 더 살기 좋은 도시를 만들기 위한 아이디어

누구나 안전한 도시, 아름다운 도시, 건강한 도시, 즉 한마디로 살 만한 도시에 살고 싶어 한다. 현재 꿈꾸는 도시에 살고 있지 않다면, 여러 아이디어를 모아서 내가 살고 있는 도시를 더 살 만한 도시로 만들어보는 것은 어떨까?

'하루에 100가지100 in 1 Day' 캠페인은 시민들의 힘으로 하루에 100가지 도시 개선에 대한 아이디어를 제안하자는 캠페인이다. 2012년 콜롬비아 보고타에서 시작되었는데, 자신들이 살고 있는 도시의 가능성을 극대화하고 사람들 사이의 커넥션을 만들 수 있는 다양한 변화를 시민들 스스로 찾아낼 것을 독려하는 시민운동이다. 이후 전 세계 많은 도시에서 이 운동은 시민이 주도하는 행동으로 더 나은 세상을 꿈꾸는 힘을 보여줄 수 있는 연례적인 기회로 수용되어왔다.

각 지역에서 영감을 받은 시민들은 '하루에 100가지' 캠페인이 특히 공공장소에서 사람들을 함께 모일 수 있게 한다는 점에서 도시를 재정립할 수 있는 사회적 변형 모형으로 인식하고 있다. 이러한 행동들은 지역 공동체 안에서 삶에 생동감을 불어넣을 수 있는 작은 축제부터 변화를 모색할 수 있는 기회에 대한 진지한 전망을 가능하게 하는 행동까지 매우 다양하다. 이 행동들은 각 지역의 환경·문화·사회와 관련된 다양한 관점에서 접근이 쉬운 주제들로 선정되지만, 지역 단위에서 긍정적인 영향을 주려고 하는 것은 공통된 바람이다.

보통 행동 변화에 대한 욕구는 개인들과 다른 사람들 간에 커뮤니티나 공공장소에서 나타나는 관계를 관찰함으로써 시작되는 경우가 많다. 이러한 관계들을 성찰하다 보면 삶의 방식을 다르게 바꿀 수 있을 촉매제 같은 것을 상상하게 된다. '하루에 100가지' 캠페인은 규모와 상관없이 커뮤니티에 긍정적인 영향을 끼칠 수 있는 개인들의 아이디어를 행동으로 바꿀 수 있도록 지지하고 응원한다.

더 살기 좋은 도시를 만들기 위한 아이디어는 끝이 없다. 미술, 음악, 드라마, 요가, 명상, 정원 만들기, 자전거 길 등 다양한 아이디어가 여러 도시에서 나왔다. 이것들은 모두 도시를 더욱 안전하고, 더 많이 이용하고, 더 건강한 장소로 만들 수 있는 지속 가능한 교통수단과 도시 계획에 초점을 맞추고 있다. 한두 가지의 작은 행동이 한 도시를 긍정적으로 변화시킨다 해도 막상 개별 거주자의 삶에 커다란 영향을 미치지 않을 수도 있고, 너무나 느린 개선 속도에 쉽게 포기하게 되기도 한다.

그러나 이 캠페인의 중요성은 하룻밤 사이에도 도시 안에서 삶의 질에 긍정적인 영향을 줄 수 있는 100가지 행동을 주인 의식을 가진 거주자들이 직접 할 수 있다는 정신을 동기화하는 데 있다. 그 효과는 하루에 끝나는 것이 아니라 사람들이 임시 행동을 장기적인 프로젝트로 발전시킴으로써 정책 변화와 혁신을 지지하고 직접 행동할 수 있도록 독려한다.

✱ 도시를 자유롭게 걷기

2012년 3월 보고타에서는 250개 이상의 좋은 도시를 만들 수 있는 제안 아이디어가 나왔으며, 이 운동은 전 세계 31개 이상의

지속 가능한 도시를 만든다는 것

도시로 퍼져나갔다. 특히 캐나다의 '하루에 100가지' 캠페인은 매우 활발하게 전개되고 있으며, 각 지역에서 매우 흥미로운 아이디어들이 나왔다. 노바스코샤주 핼리팩스의 '빨간 그네 프로젝트 Red Swing Project'는 모든 연령대의 사람들이 즐길 수 있는 12개의 빨간 그네를 도시 곳곳에 설치하는 것이었다. 어른들의 동심을 건드려 반응이 좋았는데, 안전성 문제로 제거하자는 논의가 있자 트위터 캠페인(#redswing)까지 생기며 시민들은 빨간 그네를 지키고 싶어 했다.

온타리오주 해밀턴에서는 누구나 자전거를 타고 돌아다니는 데 최적의 장소가 되기를 바라는 목적으로 '자전거 길 평가 Cycling Route Rating' 캠페인이 등장했다. 이것은 인기 있는 비디오 게임인 슈퍼 마리오 카트를 활용해 주민들이 도시의 자전거 길을 평가하는 피드백을 제공했다. 토론토에 사는 마크 야마구치 Marc Yamaguchi는 집 안마당에 '빗물 정원 만들기 Rain Gardens of Danforth East Village'를 제안했다. 이는 개인 집들의 마당이나 동네에 폭우와 가뭄에 잘 견디는 식물들을 심어 도심의 빗물이 땅에 스며들어 강으로 흘러가지 않도록 흡수하는 정원으로, 도시의 수도 시설과 수질 오염 개선에도 도움이 되는 활동이다.

노바스코샤주에 있는 달하우지대학 학생들은 수개월 동안 해양 쓰레기를 수집해 핼리팩스 바닷가의 유명한 '더 웨이브The Wave'라는 조형물과 같은 모양으로 '더 웨이브 오브 웨이스트The Wave of Waste'를 만들었다. 이 프로젝트는 사람들에게 얼마나 많은 양의 플라스틱 쓰레기가 바다에 버려지고 있는지 알리기 위한 것이다. 이를 통해 쓰레기 문제에 대해 서로를 비난하는 대신 우리 모두의 책임이라는 인식을 자연스레 이끌어낼 수 있는 대화의 장이 마련되기를 바랐다.

내가 살고 있는 도시를 더 잘 알게 되고, 더 잘 보존할 수 있는 방법은 무엇일까? 무엇보다 직접 걸어 다닐 수 있는 도시가 지속 가능한 도시라고 생각하는 사람이 많을 것 같다. 걷고 싶은 도시는 보행자 중심의 도시라는 뜻이고, 거리라는 공간의 구석구석을 더 많은 시민이 활용하게 되면서 삶의 질을 높일 수 있기 때문이다.

2012년 1월, 미국 노스캐롤라이나주 롤리의 다운타운에 27개의 플라스틱 방향 표지판을 설치하면서 도시의 보행성walkability을 향상시키고자 하는 '워크 유어 시티Walk Your City' 캠페인이 시작되었다. 롤리라는 도시는 이전 10년간 급속하게 성장해 인구가 폭발적으로 많아진 곳이었는데, 도시를 걸어 다니는 사람들은 여전히 찾아보기 어려웠다. 그들에게 그 이유를 물었을 때 공통적으로 나온 대답은 자신들이 가야 하는 곳이 너무 멀다는 것이었다.

지속 가능한 도시를 만든다는 것

이에 몇몇 사람이 '워크 롤리'라는 이름으로 사람들이 보기 적당한 거리 곳곳에 표지판을 설치하면서 대중의 인식을 바꾸는 작업을 시작했다. 비공식적으로 붙여진 표지판이었지만 이것들은 전문적으로 만들어졌으며, 설치하기 쉽고 가벼운 것들이었다. 성공적인 커뮤니티 청원과 공식적인 파일럿 프로젝트 후에 '워크 롤리'는 마침내 도시의 '포괄적 보행 계획Comprehensive Pedestrian Plan' 안에 공식 포함되었고, '워크 유어 시티' 캠페인이 탄생하게 되었다.

✱ 왜 사람들이 더 많이 걷지 않을까?

'워크 유어 시티'는 커뮤니티들이 사람들을 위한 거리의 표지판을 만드는 것을 돕는다. 보행자나 자전거를 타는 사람들에게 매일 이용하는 생활 편의시설까지의 거리와 소요 시간 등을 보여주는 신호에 대한 캠페인이다. 이 같은 캠페인들은 커뮤니티를 더 건강하고, 안전하고, 생기 있게 만들어주면서 도시의 보행성을 높여주는 이동 수단(걷기나 자전거)에 대한 더 적극적인 선택을 가능하게 한다.

이 캠페인은 하나의 단순한 질문에서 출발했다. 왜 사람들이 더 많이 걷지 않을까? 한 조사에 따르면 운전보다는 걷거나 자전거를 타고 근처에 유용한 목적지에 도달할 수 있는 많은 기회가 있지만, 미국 사람들의 절반은 약 5킬로미터 이내를 걷는 것으로 나타났다고 한다. 사람들이 생각하는 거리는 실제 물리적인 거리보다 먼 것으로 나타나는 경우가 많다. 사람들이 매일 방문하는 장소들이 사실은 그렇게 멀지 않다는 것을 이웃에게 명확하고 간단한 표지판으로 알려주는 것은 거리에 대한 오해를 없애고 더 많은 사람이 걸어 다니게 할 수 있는 좋은 방법이 될 수 있다.

'워크 유어 시티' 캠페인에서는 공동체가 보행자들을 위한 교육적인 신호 체계와 웹사이트 기반의 캠페인 관리와 데이터 수집을 연결하고 이를 시민과 시청 직원들에게 제공해 자신들이 사는 도시의 보행성, 즉 걷기 좋은 환경을 향상시키는 것을 돕는다. 걷기 좋은 환경이라는 것은 유용하고, 안전하고, 편안하고, 흥미로운 것을 의미한다. 즉, 보행성은 주로 목적지 간의 근접성 proximity과 연결성connectivity의 정도에 따라 정해지는데, 일상생활에서 필요한 대부분 장소들은 가까이에 보행으로 해결 가능한 곳에 있게 하며, 보행자가 자동차를 타는 대신 스스로 걷는 기회를 제공하도록 설계된 거리를 의미한다.

보행자들은 거리에서 실제로 안전해야만 할 뿐 아니라 안전한

지속 가능한 도시를 만든다는 것

느낌을 받아야 하는데, 이것은 사실 더 어려운 일이다. 건물이나 풍경이 거리를 야외 응접실 같은 분위기로 만들 수 있어야 하며, 친근한 분위기를 가진 독특한 건물들이 줄지어진 거리를 구성해 인간적인 감성이 가득하다는 느낌을 줄 수 있어야 하기 때문이다. 이러한 기준은 땅의 크기, 구역의 정책, 도시 계획, 사회적 맥락, 시민 문화와 같은 것들에 의해 만들어진다.

걷기에 적합하지 않은 커뮤니티를 위한 해결책은 이러한 모든 성공 요소를 잘 포함하고 있어야 한다. 도시의 보행성을 높이는 것은 자동차 대신 자신의 발을 선택하는 것으로 경제적·환경적으로 큰 혜택을 제공한다. 이것이 결국 지속 가능한 도시를 만든다는 것은 유럽의 비정부 단체 연합이 전개하는 '클린 시티스 Clean Cities' 캠페인에서도 확인할 수 있다.

'클린 시티스' 캠페인을 통해 유럽 비정부 단체 연합은 2030년까지 유럽의 참여 도시들을 제로 배출가스 이동 수단의 도시로 전환하는 계획을 갖고 있다. 더 살 만하고 지속 가능한 도시의 미래를 위해서는 현재의 배기가스를 내뿜는 자동차 이용을 단계적으로 폐지하고, 10년 이내에 공유 방식의 전기 이동 수단으로 완전한 대체가 이루어져야 한다는 것이다.

'클린 시티스'의 3가지 주요 이슈는 기후 위기, 공기 오염, 살 만

한 도시 만들기인데, 결국 살 만한 도시라는 것은 우리가 깨끗한 공기를 마실 수 있고, 더 많은 녹색 공간에 접근할 수 있으며, 안전하고 활동적으로 돌아다닐 수 있는 공간을 더 많이 보유하고 있는 도시라는 뜻이다. 각자에게 지속 가능한 도시란 어떤 의미일까? 그것을 위해 나의 적극적인 참여가 필요한 아이디어는 무엇인지 오랜만에 동네를 산책하면서 한 번 생각해봐야겠다.

지속 가능한 도시를 만든다는 것

←350

350
캠페인

우리의 작은 행동이
지구 환경을 개선시킨다

지구를 위한
변화가 필요하다

✳ 온실가스로 인한 지구 온난화

최근 몇 년간 여름이면 늘 역대급 더위, 겨울이면 또 역대급 추위라는 기사를 접하는 일이 반복되고 있다. 그 원인은 온실가스로 인한 지구 온난화 때문인데, 극도로 덥거나 추울 때에는 지구 온난화 문제의 심각성에 대해 크게 우려하면서도 그때가 지나면 종종 잊게 된다.

과학자들은 현재 지구의 상태를 설명하는 데에는 기후변화 climate change라는 표현이 정확하지 않으므로 기후 비상사태 emergency·위기crisis·붕괴breakdown라고 바꾸고, 지구 온난화 global warming라는 용어도 지구 가열화global heating로 대체되어야 한다고 주장한다. 지구의 온도는 계속 상승해서 이미 안전 구역을 벗어나 인간에게 위협이 되는 수준에 이르렀기 때문이다.

지구의 기후변화를 일으키고 있는 원인은 여러 가지가 있지만, 대기 중 온실가스 효과로 복사열을 충분히 방출하지 못하는 것이 지구 온도를 높이고 있다는 설명이 일반적이다. 산업화 이후 가파르게 상승해온 온실가스 배출의 주요 요인은 화석 연료의 연소(70퍼센트)와 강대국에서 더 일반적인 동물 기반 농·축산업(15퍼센트) 때문인 것으로 파악된다. 지구의 온도 상승 정도는 온실가스 배출량과 거의 동일한 상관관계를 보인다.

과학자들은 기후 위기에 대한 각 나라 정치 지도자들의 대처나 조치가 너무 미흡하고 느리다고 경고한다. 2015년에야 파리기후협약Paris Climate Agreement을 통해 세계 각국의 정부가 지구 온도의 상승 정도를 산업화 이전 수준에서 1.5~2도 이하로 유지할 것에 동의했지만 이마저도 제대로 수행되지 않고 있다.

1989년 『자연의 종말The End of Nature』이라는 책 출간을 시작으로 여러 저서를 통해 기후변화에 대해 연구해온 빌 매키번Bill McKibben은 대학생들과 함께 2008년 '350'이라는 캠페인 단체를 설립했다. 설립 목적은 세계적 기후변화에 대한 주의 환기다. 350이라는 이름은 대기 중 이산화탄소의 안전한 비율인

350ppm에서 가져온 것이다. 이산화탄소는 열을 보유하는 특성을 갖고 있어 이산화탄소의 대기 중 농도가 높아질수록 온실가스 효과는 증대되는데, 현재 이 비율이 400ppm을 넘어 매우 심각한 상황이다.

이에 국제적인 시민운동을 주도하는 '350'은 평범한 사람들이 화석 연료 시대를 끝내고 모두를 위해 공동체가 주도하는 재생 가능한 에너지로 살 수 있는 세상을 만들고자 함께 노력할 것을 독려하고 있다. 신속하고 공정한 방법으로 재생 가능한 에너지로 전환, 화석 연료(기름, 석탄, 가스 등) 사용 금지, 화석 연료로 생산되는 회사 제품 사용 금지 등을 목표로 한다.

1970년대부터 석유산업이 기후변화에 미치는 영향에 대해 알고 있었던 엑슨Exxon 등 세계 상위 5개의 석유 회사는 2015년 파리기후협약 이후에도 1조 달러 이상의 돈을 브랜딩과 로비 자금으로 사용해 기후 위기 문제의 불확실성을 조작하며 본질을 호도하고 있다.

＊ '미래를 위한 금요일' 시위

현재 지구의 연평균 온도는 산업화 이전 수준보다 1.2도 정도

지구를 위한 변화가 필요하다

뜨거워진 상태다. 약 1도 상승만으로 벌써 지구 곳곳에 충격적인 영향을 주고 있다. 세계 곡물 생산량은 기후변화로 인한 열파熱波와 홍수로 10퍼센트 정도 감소했고, 이로 인한 기아와 인구 이동이 발생하고 있다. 바닷가에 사는 100만 명 이상의 사람이 해수면 상승과 더 심해진 폭풍으로 인해 집을 떠날 수밖에 없게 되었으며, 앞으로도 수백만 명의 사람이 대피해야 할 것으로 예측된다.

지구의 기후라는 것은 매우 복합적인 것이어서 아무리 적은 양의 지구 평균 온도 상승도 엄청난 변화와 막대한 피해를 가져오는 위험한 부작용을 발생시킬 수 있다. 유엔의 기후 변동에 관한 정부 간 패널Intergovernmental Panel on Climate Change, IPCC에 따르면, 지구 온도가 1.5도에서 2도로 상승한다는 것은 해수면 상승으로 인한 이동 인구가 1,000만 명 이상 추가된다는 것을 의미한다. 해마다 극심한 기상 상태의 빈도와 정도가 증가한 것이 기후변화의 결과임은 물론이다.

최근에는 기후 위기에 더 강력한 대처를 요구하는 젊은 세대의 목소리가 높아졌다. '프라이데이즈 포 퓨처Fridays for Future'는 2018년 8월에 시작된 기후 위기에 관한 관심을 촉구하는 시민운동이다. 스웨덴의 15세 소녀 그레타 툰베리Greta Thunberg가 기후 위기 문제에 대한 경각심을 제고하고자 학교 수업을 빠지고 혼자 스웨덴 의회 앞에서 시위를 시작했다. 그레타의 활동은 『콜린스 사전Collins Dictionary』이 2019년 올해의 단어로 '기후 파업climate strike'을 선택할 정도로 많은 주목을 받았다.

이는 학교나 직장을 빠지며, 기후 위기에 반대하기 위한 행동을 요구하는 시위에 참여하는 항의 행동이다. 당시 스웨덴 선거까지 3주 동안 그레타 툰베리는 매일 의회 앞에서 기후 문제에 관한 긴급 조치를 요구했다. 그녀는 기후 위기를 위기로 보지 않으려 하는 사회에 경고했다. 처음 그레타 툰베리는 혼자였으나 곧 많은 사람이 동참했다.

9월 8일, 그레타 툰베리와 학교 친구들은 스웨덴의 기후 위기 관련 정책이 파리기후협약과 마찬가지로 지구 온도 상승폭을 2도 아래로 유지시킬 수 있는 안전한 계획을 제공할 때까지 수업을 계속 거부하기로 했다. 그들은 해시태그(#FridaysForFuture)를 마련해 세계 다른 젊은이들의 참여를 촉구했다. 이것이 기후 위기에 대처하기 위한 세계적인 학교 파업 운동School Strike for Climate의 시작이다.

이들의 요구는 전 세계 학생들과 행동주의자들에게서 국제적인 관심을 불러일으켰고, 곧 많은 젊은 세대가 각 나라 의회 주변에서 시위를 함으로써 하나로 통합되었다. 2019년 이들의 요구

지구를 위한 변화가 필요하다

에 부응해 760만 명이 거리로 나온 전 세계 기후 파업Global Climate Strike은 역사적으로 가장 거대한 규모의 기후 위기에 대한 항의 시위로 기록되었다. 185개국에서 6,000건 이상의 시위가 있었고, 수백만 명의 근로자를 대표하는 73개의 노동조합, 수천 개의 자영업, 조직, 웹사이트가 함께 참여했다. 그리고 화석 연료 사용 기업에 대한 투자 회수 운동으로 11조 달러의 자산이 회수된 것으로 보고되었다.

✱ '지구의 정의'를 위한 싸움

기후 위기의 직접적인 원인이 화석 연료의 사용 때문인 만큼 이에 대한 해결책은 기존 산업 전반에 관한 법적·정책적 문제와 관련되어 있는 때가 많다. 지구에 더 좋은 변호사가 필요하기 때문에 존재한다는 사람들은 이를 위한 실무적인 도움을 주고자 '지구의 정의Earth Justice'라는 단체를 만들었는데, 이것은 공공의 이익을 위해 환경 관련 문제의 소송을 무료로 맡아 변호하는 비영리 조직이다.

1971년 시작된 이 단체는 2018년까지 1,000건 이상의 소송에서 환경 문제의 중요성을 대변해왔다. 이 기관 운영 자금은 개인이나 재단의 기부로 충족된다. 기업이나 정부의 자금은 일절 받지 않는다. 현재 환경 관련 최고 수준의 전문 변호사 150명 이상이 미국 전역 14곳의 사무실에서 지역 커뮤니티의 환경 이슈에 대해 싸우며 전 국가적인 차원에서 반향을 일으킬 수 있는 결과를 얻어내고 있다.

이들은 정의를 위한 싸움에서 법 전문가들과 함께 수백 건의 공공 이익을 위해, 우리 모두를 위한 건강한 환경을 목표로 무료 봉사하고 있다. 사람들의 건강을 지키고, 위대한 자연을 보호하고, 산업의 기본 에너지를 클린 에너지로 전환해 기후 위기와의 전쟁에서 이기기 위해 법의 힘을 활용한다. 변화를 위한 가장 강력한 수단은 법이라는 생각으로 '지구의 정의'는 한 번 무너지면 돌이킬 수 없는 야생의 환경을 구하고, 우리가 마시는 공기를 정화시키며, 친환경 에너지의 성장을 돕고 있다.

'지구의 날'은 매년 4월 22일 전 세계적으로 환경 보호를 지지하기 위해 열리고 있는 시민운동이다. 1970년 처음 개최된 이래, 현재는 193개국에서 '지구의 날 연합Earth Day Network'에 의해 조직되는 캠페인이다. 1969년 미국 캘리포니아주 산타바바라 지역의 바다에서 유니온 오일 플랫폼이라는 회사의 석유 시추 작업 중 폭발이 발생해 300만 갤런 이상의 기름이 바다에 쏟아지는 사

지구를 위한 변화가 필요하다

고가 있었다. 이로 인해 1만여 마리 이상의 바닷새, 돌고래, 바다사자 등이 죽는 등 그 지역 바다의 오염이 매우 심각해졌다.

이 엄청난 재앙에 환경운동가들이 모여 유사한 사고를 방지하기 위한 일환으로 환경 규제법, 환경 교육, '지구의 날' 제정에 대해 협의했다. 첫 '지구의 날' 행사는 미국 전역의 2,000개 이상의 대학과 1만 개 이상의 초중고, 수백 군데의 지역 공동체에서 열렸다.

'지구의 날'이 전개하는 다양한 캠페인에는 1달러로 한 그루의 나무를 심어 숲을 재건하는 '캐노피 프로젝트Canopy Project', '음식 발자국food print'을 얼마나 줄일 수 있는지에 관한 음식과 환경 캠페인, 쓰레기와 플라스틱으로 오염된 물과 공기로 인한 환경 문제를 개선하고자 하는 '그레이트 글로벌 클린업Great Global Cleanup', 학생들로 하여금 환경 문제를 적극 인지하고 참여할 수 있도록 기후와 환경 교육을 추진하는 '기후 정보력Climate Literacy' 캠페인, 시민 과학을 활용하기 위해 모바일 앱에 플랫폼을 제공하는 '어스 챌린지Earth Challenge' 등이 있다.

시민 과학citizen science은 세계 곳곳의 서식지와 공동체에 영향을 미치는 환경 이슈에 대한 지식과 데이터를 확장시켜야 하는 긴급한 필요성에서 출발했다. 과학적 연구에 참여하고자 하는 모든 일반 시민이 연계되고, 이용자가 앱을 통해 전송하는 각종 데이터를 활용해 환경 과학을 강화할 수 있는 좋은 방법이다. 수십만 명의 시민이 데이터를 수집하고 공유할 때, 오픈 소스 데이터베이스는 이전에는 얻을 수 없는 규모와 수준으로 확장되어 집단 지성의 힘이 발휘된다.

가뭄, 산사태, 폭염, 한파, 폭설, 집중호우, 홍수, 대형 산불 등 광범위한 기상 이변과 재난이 이제 일상이 되었다. 없어도 잘 살아왔지만 이제는 포기할 수 없는 과학, 문명, 산업에 대한 인간의 집착이 자연과의 불협화음을 만들어내며 지구를 생명체가 살 수 없는 환경으로 바꿔가고 있다. '지구의 날'이 전개하는 캠페인을 통해 우리가 일반 시민으로서 할 수 있는 크고 작은 활동이 지구 환경을 개선하는 데 도움이 될 수 있기를 바란다.

담배에서 안전한 아이들을 위한
캠페인

흡연은 아동·청소년의 두뇌에
장기적이고 유해한 영향을 끼친다

청소년의 흡연을
막아라

✱ 담배 소매점은 맥도날드보다 31배가 많다

"여름 휴가철 해수욕장이나 야영장 주변에서 어른들의 흡연 장면을 자주 목격하게 됩니다. 가족이 다 같이 휴가를 즐기는 곳인데, 아이들에게 어떤 영향을 줄지 늘 불편하고 걱정됩니다."

휴양지에서 무분별한 흡연에 관한 인터넷 커뮤니티 회원의 게시물 내용이다. 아동·청소년이 일상에서 흡연 장면에 자주 노출되면 담배의 유혹에 취약해질 수 있다는 걱정이다. 이런 이유로 국가의 금연 캠페인은 정책 홍보와 정책 옹호 그룹과의 전략적 연대 등에 주력해야 한다. 현재 성인 흡연자뿐만 아니라 잠재적 흡연자 그룹에 속하는 청소년을 보호하기 위해서다.

'담배에서 안전한 아이들을 위한 캠페인Campaign for Tobacco-Free Kids, CTFK'은 아동·청소년 흡연 예방 운동에 주력하고 있는 비영리 단체다. 1995년 미국 암협회American Cancer Society, ACS와 미국 심장협회American Heart Association, AHA 등의 지원으로 설립되었는데, 금연 규제 정책을 옹호하는 캠페인에 주력하고 있다. 아동·청소년기 담배와 접촉을 최소화하는 것이 최선의 금연 캠페인이라는 신념 때문이다.

청소년기의 흡연은 암 발병률을 높이는 것은 물론, 니코틴에 일찍 노출될수록 그 중독 위험이 높아지는데, 특히 아동·청소년의 두뇌에 장기적이고 유해한 영향을 끼친다. 니코틴에 중독되면 니코틴 사용 장애, 약물 사용 장애, 성인이 되었을 때 감정 장애를 겪을 수 있다. 보통 흡연을 시작으로 다른 약물 중독에 이르게 될 가능성이 높기 때문에 그로 인한 결과는 더욱 치명적이다.

이 단체가 2020년 8월 미국 국립암연구소National Cancer Institute, NCI가 후원하는 담배 소매 환경에 관한 과학적 현장 조사 전문센터ASPiRE와 공동으로 연구 결과를 발표했다. 미국 주요 30개 도시 공립학교의 63퍼센트가 담배 소매점에서 300여 미터 이내에 있다는 내용이다. 스쿨존이 사실상 담배에서 무방비 상태임이 드러난 것이다. 이 연구에서는 스쿨존 내 담배 소매점으로 인해 쉽게 담배에 노출됨으로써 청소년의 흡연 위험이 증가할 수 있다고 경고했다.

대상 지역의 담배 소매점 숫자는 맥도날드보다 31배, 스타벅스보다 16배 더 많은 것으로 나타났다. 특히 8개 도시 공립학교의 80퍼센트 이상이 담배 소매점과 인접해 있었는데, 주로 저소득층 지역인 것으로 나타났다. 이러한 환경은 단순히 흡연의 문제가 아닌 니코틴 중독 차원에서 접근해야 한다고 지적했다. 흡연율은 감소하는 듯 보이지만 청소년의 전자 담배 사용은 급증하고 있다.

미국의 2019년 전국 청소년 흡연 실태조사에 따르면, 전국 고등학생의 전자 담배 사용은 2017년 11.7퍼센트에서 2019년 27.5퍼센트로 2배 이상 증가했다고 한다. 또 전자 담배 흡연 청소년의 97퍼센트가 향이 첨가된 제품을 사용한다고 응답했다. 이와 같은 추세는 담배 관련 제품에 일상적으로 노출되는 환경과 무관치 않다. CTFK의 대표인 매슈 마이어스Matthew Myers도 최근 향이 첨가된 전자 담배가 다양한 공간에서 노출되면서 시각적 요소뿐만 아니라 후각까지 자극하는 감각적인 마케팅이 청소년들의 니코틴 중독을 부추길 수 있다고 경고했다.

　　　　　　　　　청소년의 흡연을 막아라

✽ 담뱃갑 포장을 바꿔라

전국청소년담배조사National Youth Tobacco Survey, NYTS의 2021년 조사 결과에 따르면, 2021년 상반기에만 전자 담배를 사용한 중·고등학교 학생이 200만 명이 넘는 것으로 나타났다고 한다. 코로나19 팬더믹으로 인해 많은 학교가 휴교 상태였지만, 점점 더 많은 학생이 담배에 중독되고 있는 심각한 현실을 보여준다. 애초 기존 담배를 끊고 전자 담배로 바꿈으로써 흡연자들의 건강을 증진시키는 데 도움이 될 것이라는 전자 담배가 실제로는 세련된 디자인과 친근한 향으로 비흡연자였던 수많은 청소년을 흡연자가 되도록 유도했기 때문이다.

이런 현실 때문에 금연 캠페인은 '금연 유도'가 아닌 '흡연 예방'을 중점으로 특히 아동·청소년에게 집중해야 한다. 그 어느 때보다 WHO의 담배규제기본협약Framework Convention on Tobacco Control, FCTC 제11조, 제12조, 제13조를 성실히 이행하는 민관 협력의 유기적인 캠페인 활동이 더욱 중요해졌다. 제11조는 담배 제품의 포장과 표시, 제12조는 국민 의식 개선, 제13조는 담배 광고, 판촉과 후원 활동에 관한 금지를 강력히 권고하고 있다.

담뱃갑 디자인 개선과 같은 제품의 본질 개선, 금연 문화 확산과 흡연 예방을 위한 국민 의식 개혁, 담배회사 판촉 활동에 둔감한 사회 문화 개조라는 3가지 활동의 균형 유지가 그것이다. CTFK와 같은 단체가 20년 이상 담배 규제 정책을 옹호하는 캠페인에 적극적으로 나설 수 있는 것도 이 때문이다.

학교 주변 담배 소매점 자체를 없앨 수는 없다. 하지만 그 안에서 담배 판매 방식은 바꿀 수 있다. 대표적인 예가 담뱃갑 포장이라는 본질을 개선하는 것이다. 가장 강력한 예가 플레인 패키지 plain package다. 담배의 위해성을 알리고 왜곡된 소구appeal를 방지하는 예방적인 조치다. WHO가 권고한 담배 포장 지침에 따른 것인데, 브랜드별 화려한 포장 대신 제조사와 상품명을 식별 가능한 정도로만 표기하며 무광 코팅된 녹색 포장지에 경고 사진과 문구만 넣도록 했다. 이는 아동·청소년의 호기심을 자극하는 주요한 마케팅 도구 중 하나를 무력하게 한 것으로 평가받는다. 매력적인 포장 디자인은 최초 구매 경험을 유도하는 데 매우 중요한 요소로 흡연의 위험과 전혀 상반된 이미지로 아동·청소년에게 오도될 수 있다.

실제로 2012년 12월 1일 호주에서 이 플레인 패키지가 적용되었다. 2011년 11월 21일 호주 의회는 정부가 제안한 플레인 패키지 법안을 통과시켰고, 2012년 8월 15일 호주 대법원이 이 금연 정책에 대해 합헌 판결을 내렸기 때문이다. 이 법이 시행된 후 호주에서 실시된 초기 연구에 따르면, 플레인 패키지는 담배의 매력을 줄이고 담뱃갑 경고 그림의 가시성을 높인 것으로 나타났다고 한다. 당시 온두라스, 쿠바, 인도네시아 등 주요 담배 원료 수출국이 호주 정부를 상대로 국제무역을 저해한다는 이유로 세계무역기구WTO에 소송을 제기했다.

8년 만인 2020년 6월 9일 WTO는 호주 내에서 판매되는 담배 제품 포장에 적용되던 플레인 패키지가 담배 원료 수출국에 불리한 무역 장벽이 아니라고 최종 판결했다. 호주에서는 이 플레인 패키지를 실행하는 데 거의 20여 년의 시간이 걸렸지만, 세계에서 처음으로 플레인 패키지를 적용한 국가가 된 것이다. 이 활동의 가장 큰 수혜 대상은 아동·청소년이다. 호주에 이어 영국, 프랑스 등을 포함한 몇몇 국가도 담배 포장에 표준화를 요구하는 비슷한 법안을 통과시켰다. 2014년에 유럽연합은 '담배 규제법 Tobacco Products Directive'을 채택했는데, 이것은 유럽연합 회원국들에 플레인 패키지 시행 옵션을 준다는 것을 명백하게 공표하고 있다.

✽ 청소년들은 하루에 몇 번 흡연 장면에 노출될까?

우리나라도 2020년 8월 6일 청소년 흡연 근절을 위해 담배 소매점 내 담배 진열 금지 내용을 담은 국민건강증진법 일부 개정 법률안이 국회에서 발의되었다. 이와 별개로 보건복지부는 2021년 7월부터 국민건강증진법(제9조의4 제1항 제1호)과 담배사업법(제25조 제2항)에 따라 편의점 등에서 담배 광고나 판촉물이 외부로 노출되지 않게 지도·단속하고 있다. 이것을 어기면 편의점 등 담배 소매점 점주에게 1년 이하의 징역이나 100만 원 이하의 벌금이 부과된다.

그런데 이런 정책의 실효성을 높이려면 국민의 관심과 지지와 함께 이해관계자들의 동의를 얻어내는 소통이 병행되어야 한다. 지금과 같은 경제 상황에서 자영업자인 편의점 업주들의 협력을 이끄는 것도 중요한 캠페인 과제일 수 있다. FCTC 제12조에서 권고하는 국가별 적극적인 금연 캠페인은 정부 주도의 캠페인과 민간의 강력한 정책 옹호 활동, 담배 마케팅에 저항하는 방식의 국민 주도 캠페인의 균형을 전제로 한 것이다. 정부 주도 캠페인은 1년 단위 광고 캠페인에만 지나치게 의존하기 때문이다.

미디어 환경 변화 속 전략적인 연대를 통한 소통 방식으로 전

청소년의 흡연을 막아라

환한 지 오래인데, 핵심 정책 전환 시점에 세부 금연 정책과 보조를 맞추는 국민 참여형 캠페인은 찾아보기 힘들다. 이는 금연 캠페인 사업 예산 구성만 보아도 알 수 있다. 2020년 보건복지부의 금연 홍보·캠페인 사업 제안 요청서 예산표를 보면, 200여 억 원의 캠페인 예산이 쓰였다. 그중 70퍼센트 정도가 광고 매체 집행비다. 나머지 50여 억 원 중 캠페인 전략 수립 예산은 0원이다. 그나마 캠페인 수행 업체들의 수주 경쟁으로 대부분 업체가 60퍼센트대 예산을 제시해 결국 30여 억 원만 집행되었다.

CTFK는 코로나19 상황에서 소셜미디어를 중심으로 니코틴 관련 제품의 마케팅이 강화되고 있음을 우려했다. 평소보다 더 전략적인 청소년 대상 금연 캠페인을 전개해야 하는데, 책정된 예산도 사용하지 못하고 있는 것과 별반 다름없다. 국민의 관점에서 문제를 제기하고 정부와 보조를 맞춰 담배회사의 마케팅에 대응하는 제대로 된 공공 캠페인 프로세스 정립이 필요하다. 그래야만 FCTC 제13조 담배 광고, 판촉과 후원 활동에 관한 금지 조항과 같은 활동에 시의적절하게 대응하면서 공격적인 여론전도 펼쳐나갈 수 있을 것이다.

기획재정부가 발표한 '2020년 상반기 담배 시장 동향'을 보면, 담배 판매량이 전년 동기 대비 3.8퍼센트 증가했다. 여름철만 되면 담배회사들은 휴가철 쾌적함과 자유 등을 강조하면서 각종 경품을 제공하는 공격적인 마케팅을 펼친다. 공공장소에서 치킨과 피자를 경품으로 내걸고 팝업 스토어도 운영한다. 편의점을 드나들고 거리를 걸으면서 우리 청소년들은 하루에 몇 번 담배 판촉과 흡연 장면에 노출되고 있을까? 2017년 질병관리청의 조사에 따르면, 우리 청소년들이 흡연을 시작한 평균 나이는 12.9세라고 한다. 청소년 흡연 문제에 대한 해법은 부모는 물론, 사회적인 관심이 필요한 부분이다.

청소년의 흡연을 막아라

스티커 쇼크
캠페인

알코올 중독은
우울증과 폭력을 유발한다

청소년의 음주를 막아라

✳ 청소년들에게 술을 제공하는 어른들

"이거 사도 돼요?"

"안 돼. 술이잖아."

"음료수 같은데⋯⋯."

초등학교 저학년쯤 되어 보이는 딸과 아빠가 편의점에서 음료
수를 고르며 나눈 대화다. 그러고 보니 편의점 음료 판매대의 골
든 존golden zone, 즉 진열대의 중간 높이 칸에는 시선을 끄는 화
려한 주류 제품이 자리를 잡고 있다. 국내외 유명 맥주를 비롯해
감각적인 포장의 수제 맥주까지, 오랜 시간 판매대의 주요한 자
리는 늘 화려한 주류가 차지하고 있었다.

청소년들은 주류를 구매하지 않더라도 자연스럽게 이들 제품을 접하게 된다. 다시 말해 강력한 잠재 고객으로 길들여지고 있는 것이 현실이다. 대형 마트도 예외는 아니다. 주류 판매 코너가 별도로 마련되어 있지만, 어린 자녀의 손을 잡고 술을 고르는 부모의 모습을 목격하는 것은 어렵지 않다.

이런 모습이 무슨 문제가 되냐고 되묻기도 하지만, 1998년 미국 펜실베이니아주의 청소년들은 이를 그냥 지나치지 않았다. 주류 판매점 내에서 알코올의 위험성을 경고하고 청소년을 위한 음주 예방 활동을 강화해야 한다는 취지로 그들은 '스티커 쇼크 Sticker Shock'라는 참여형 캠페인을 제안했다. 특히 이 캠페인은 주류 구매가 불가능한 청소년들을 대신해 합법적으로 술을 구매하여 제공하는 어른들에게 메시지를 전하기 위해서 고안되었다. 청소년들에게 술을 제공하면 받게 되는 처벌에 대해 경고하기 위해서다.

펜실베이니아주에서는 누구든 21세 미만의 청소년들에게(자신의 자녀들도 포함) 알코올을 제공하거나 위조 신분증을 팔면 1,000달러의 범칙금, 재범은 2,500달러의 범칙금 규정이 있지만, 대부분 어른들이 이 법과 범칙금에 대해서 모르고 있었기 때문이다. 술을 사고, 소비하고, 소유하고, 운반하기 위해 나이를 속이거나 위조 신분증을 소지하는 청소년들도 형사 고발 대상이며, 벌금형에 처하거나 운전면허가 정지될 수 있다.

뉴스 매체들의 보도로 인해 이 스티커의 영향력이 확대되었고, 많은 주류 소매점이 장기간 지속될 수 있는 표식들을 맥주 패키지 등에 붙이는 데 참여했다. 이 캠페인은 바로 다음 해인 1999년 펜실베이니아주 전체로 확대되었다. 모든 활동은 자발적인 참여와 봉사로 이루어지며 참여 방법도 매우 간단했다. 청소년들이 음주와 관련된 다양한 경고 문구를 넣은 스티커를 제작한 후 주류 판매점을 방문해 개별 포장지에 부착하는 봉사활동으로 기획되었다. 사전에 이 취지에 공감하는 소매점 업주의 허락을 받고 함께 협력하기 때문에 별다른 갈등도 없었다.

스티커 제작에서부터 이해관계자를 설득하고 협력을 이끌어내는 일련의 과정 전체가 자율적으로 수행되었다. 이 캠페인은 청소년, 주류 판매업자, 부모와 커뮤니티 구성원, 전문가, 법률 집행 담당자 등 많은 사람이 잠재적인 주류 공급자를 계몽하고, 청소년 음주에 대한 공공 인식을 환기시키며, 청소년에게 알코올을 제공함으로써 처벌되는 법을 강화시킨다는 공동의 목표를 가지고 함께 파트너십을 맺었다는 데 큰 의미가 있다.

청소년의 음주를 막아라

❋ 알코올 중독은 우울증과 폭력을 유발한다

이 캠페인을 통해 제작된 스티커에는 이 제품은 중독성이 있다는 경고 문구에서부터 청소년에게 술을 판매하는 것은 불법이라고 알리는 문구가 포함되었다. 예를 들어, 청소년 음주는 자살, 우울증, 성폭행, 원치 않는 임신, 폭력, 알코올 중독과 관련이 있음을 주류 구매자에게 상기시켰다. 청소년이 음주를 경험하거나 주류를 접하게 되는 주요한 통로가 다름 아닌 부모라는 사실을 경고하고, 알코올이 청소년의 뇌 건강에 미치는 부정적인 영향을 알려주기도 했다.

이렇듯 작은 경고 스티커는 '정보 캠페인'의 역할을 효과적으로 수행했다. 이 캠페인의 참여 형식은 같았지만, 스티커 안에 담는 내용과 디자인은 제한이 없었다. 지난 20여 년간 각 주에서 다양한 형태로 참여가 이어진 결과 청소년의 주요한 봉사활동으로 자리매김했다. '스티커 쇼크' 캠페인을 통해 만들어진 스티커의 종류와 활동 내용은 정확한 통계가 어려울 정도로 방대하다.

하지만 이 '스티커 쇼크' 캠페인이 무분별하게 전개되는 것은 아니다. 이 캠페인에 참여하려는 학생들은 반드시 학교 선생님이나 지역 보건소 담당자의 지도를 받아 사전에 스티커를 어디에 어떻게 배치해야 하는지 교육을 받아야 한다. 지역 기반 자원봉사로 자리 잡으면서 일부 지역 봉사단체는 사전에 스티커를 제작해놓고 이를 배포함으로써 캠페인 참여를 독려하기도 했다.

미국 메인주에서는 2001년 포트켄트 지역 청소년 모임이 '스티커 쇼크' 캠페인에 참여했다. 당시 지역의 한 주류 소매상이 동참한 후 같은 해 약 400개 점포로 빠르게 확대되었다. 이런 성과를 기반으로 매년 5월과 12월에 캠페인이 정례화되었고, 2005년에는 모든 소매 주류 판매점에서 '스티커 쇼크' 캠페인에 동참하도록 하는 법안이 통과되기도 했다. 누구든 개별적으로 참여할 수 있었지만, 명확한 캠페인 지침을 제공해 현장에서 혼선을 최소화했다.

스티커는 가능한 한 병이나 캔에 직접 붙이지 않고 멀티팩이나 포장재에 부착하게 한다거나 브랜드 이름이나 바코드를 가리지 않도록 했다. 또 캠페인에 참여하는 모든 청소년은 반드시 성인과 동반해야 한다. 이들은 주류 판매점에 방문하기 전에 부모의 사전 허가를 받도록 했다. '스티커 쇼크' 캠페인은 2가지 인식제고 성과를 거두었다. 청소년 음주에 관한 문제의식과 성인들의 음주 행위나 주류 소비가 청소년에게 어떻게 노출되고 있는지 주의를 기울여야 한다는 의식 개선이다.

청소년의 음주를 막아라

이 성과를 놓고 우리 현실을 되돌아볼 필요가 있다. 청소년 음주 문제에 대해서는 그들의 흡연에 비해 상대적으로 관심이 덜했다. 2018년 건강보험심사평가원이 밝힌 10대 알코올 중독 환자는 32.6퍼센트, 2017년 식품의약품안전처의 주류 소비·섭취 실태조사 결과 10대의 폭탄주 음주 경험자는 30.1퍼센트에 이르렀다. 이를 자세히 살펴보면 청소년 음주는 오랜 시간 개선되지 않고 있는 사회문제 중 하나다.

이미 2019년 국정감사에서 청소년 알코올 중독 환자의 급증에 따른 경고 신호를 우리 사회에 보낸 바 있다. 이러한 결과는 청소년 음주에 관대한 사회문화와 술을 쉽게 접하고 구할 수 있는 구매 환경 때문이다. 또한, 코로나19 이후 사회적 거리 두기가 강화되면서 집에서 혼자 술을 마시는 사람이 증가했다고 하는데, 부모의 음주하는 모습은 자녀들에게 음주에 대한 긍정적인 기대를 가지게 할 가능성이 높은 만큼 부모들의 주의가 필요하다.

＊ 음주는 태아의 건강을 해칠 수 있다

통계청의 청소년 건강 행태 조사에 따르면, 한 달 동안 한 잔 이상의 술을 마신 청소년의 비율, 즉 청소년 음주율이 2013년 이후 15~16퍼센트에 머물며 전혀 개선되지 않고 있다고 한다. 이런 현실은 편의점과 마트에서 어린 시절부터 자연스럽게 접하게 되는 현재 주류 판매 방식과 무관치 않다. 현행법에 따라 술병에는 '과다한 음주는 건강에 해롭다', '임신 중 음주는 태아의 건강을 해칠 수 있다'는 경고 문구가 표기되어 있다. 하지만 전체적인 용기 라벨의 크기나 브랜드의 화려함에 비하면 주목도가 현저히 떨어진다.

이런 문제 해결을 위해 주류 용기의 음주 경고 문구와 경고 그림 개선, 소주 광고의 성 상품화 방지 등을 위한 국민건강증진법 일부 개정법률안이 2018년 이후 연이어 발의되기도 했다. 2021년 1월에는 보건복지부가 '제5차 국민건강증진종합계획'을 발표했는데, 공공장소 음주 규제 입법과 공공장소 금주 구역 확대 운영 지침 마련 등 주류 접근성 제한을 강화하는 내용이었다.

그런데 방송통신위원회는 방송법 시행령 개정안인 '방송시장 활성화 정책 방안'을 통해 2021년 6월부터 심야 방송에서 17도 미만의 주류 가상·간접 광고PPL를 허용하기로 했다. 이전에 주류는 아침 7시부터 저녁 10시까지 모든 광고가 금지되어 있었다(국민건강증진법 시행령). 가상·간접 광고도 2010년 방송법 시행령에 의해 모든 시간대에서 금지되고 있다(제59조의2와 3). 하지만 2021년 1월 방송통신위원회의 방송법 시행령 개정안으로 주류

청소년의 음주를 막아라

의 가상·간접 광고가 허용된 것이다. 밤 10시 이후 주류 광고를 할 수 있는데, 가상·간접 광고만 하지 못하는 것은 불합리한 규제라는 것이 방송통신위원회의 주장이다.

업계의 움직임도 별반 다르지 않다. 롯데칠성음료의 '처음처럼'은 2021년 제품 모델로 아이돌 스타인 걸그룹 블랙핑크의 제니를 내세웠다. 급증하고 있는 라이브 커머스 공간에서 주류 노출과 음주 또한 무방비 상태라 해도 과언이 아니다. 과도한 규제로 관련 산업을 위축시켜서는 안 되지만, 적어도 청소년에게 무분별하게 노출되는 주류의 이미지가 잠재적으로 어떤 결과를 가져올지 신중히 고민해볼 필요가 있다.

청소년기의 음주는 신체 발달에 손상을 주고, 영양 장애, 수면 장애, 학습 능력을 저하시키는 것은 물론, 여러 문제 행동의 원인이 될 가능성이 높다. 그동안 우리를 분노하게 한 사건 사고의 중심에 대부분 음주라는 행위가 관여되어 있었다는 사실을 곱씹어 보면 괜한 걱정은 아닐 것이다. 그래서 지금 '스티커 쇼크'와 같은 캠페인이 더 절실하다. 우리에게 필요한 정책, 하지만 실현되기 어려운 정책의 사각지대를 지역사회가 메꿔준 풀뿌리 캠페인의 대표적인 사례이기 때문이다.

그 메꾼 자리에는 청소년들의 봉사활동이 심어졌다. 이런 활동을 중시하는 ESG 경영이 주목받는 2022년, 주류업체들도 마케팅을 위해 아이돌 스타를 등장시켜 시선을 끌기보다 오히려 10대들이 참여하는 올바른 음주 문화를 만들기 위한 공익 캠페인에 조금만이라도 시선을 돌려보면 어떨까? 배달 문화가 정착되면서 청소년들이 별다른 제재 없이 배달 앱을 통해 너무 쉽게 주류를 구매하는 일도 생겼다고 한다. 청소년들의 공감과 참여를 이끌어낼 수 있는 캠페인 없이 규제만으로 청소년의 음주율을 낮추는 것은 어려운 일이다.

청소년의 음주를 막아라

제6장

역사를
잊지 마라

포피
캠페인

양귀비꽃은 일상 속에서
자연스러운 보훈의 상징으로 자리매김했다

호국 영령을 기억하다

❋ 보훈의 상징, 양귀비꽃

"지난 17일간 내가 체험한 하데스Hades(죽은 자들의 나라), 즉 이 지옥과 같은 세상에 대해 기록할 수 있다면 나는 이렇게 적을 것이다. '누군가 우리에게 이곳에 온 첫날 17일간을 여기서 보내야 한다고 알려주었다면 단연코 불가능하다'고 했을 것이다."

제1차 세계대전이 한창이던 1915년 유럽의 격전지 벨기에 플랑드르에 군의관으로 참전했던 캐나다의 존 매크레이John McCrae가 8만 7,000명이 전사한 당시의 침혹했던 전투를 회고하며 한 말이다. 그는 자신의 친구가 전사했던 플랑드르 들판에 핀 꽃을 주제로 「플랑드르 들판에서In Flanders Fields」라는 추모시를 썼다.

이 시에 등장하는 꽃이 바로 포피Poppy, 즉 양귀비꽃이었다.

이 꽃은 전쟁 중 사망하거나 실종된 군인의 상징으로 인식되면서 미국 현충일Memorial Day인 5월 마지막 월요일과 영연방 국가의 종전 기념일Remembrance Day인 11월 11일을 전후해 국민이 공유하는 추모의 상징이 되었다. 종전 2년 후인 1920년부터 시작된 '포피 캠페인'은 그렇게 2020년 100주년을 맞이하게 되었다. 사실상 100년간 이어져온 보훈 캠페인인 셈이다. 현충일 또는 종전 기념일에 남녀노소 누구나 양귀비꽃 모양의 배지나 천으로 만든 모형을 달고 다닌다. 여러 나라에서 '포피 데이Poppy Day'라고 부르는 이유도 양귀비꽃 달기가 하나의 문화로 정착되었기 때문이다.

그렇다면 어떻게 이 '포피 캠페인'이 탄생하게 되었을까? 존 매크레이 중령의 추모시는 1915년 12월 『펀치Punch』라는 영국의 잡지에 게재되었다. 당시 이 시를 읽은 미국 조지아주립대학 교수이자 시인이었던 모이나 벨 마이클Moina Belle Michael은 시에 쓰여 있는 양귀비꽃이 전쟁 희생자를 추모하는 상징이 될 수 있다고 확신해 몇몇 동료와 함께 작은 추모 캠페인을 전개했다. 그들은 백화점에서 천으로 만든 양귀비꽃 조화를 10달러어치 구매해 가슴에 달았다. 이것이 좋은 반응을 얻자 재향군인을 위한 모금 캠페인 차원에서 양귀비꽃 형태의 배지를 별도 제작해 판매하기도 했다.

한 대학의 교수가 아이디어를 내고 제안했던 이 추모의 상징은 이후 미국의 국가 공식 추모 캠페인의 상징으로 채택되었다. 이후 거의 동시다발적으로 영국 등 참전국 재향군인회에 의해 채택되면서 1922년경에는 포피가 자연스럽게 공통의 상징으로 받아들여졌다. 그 결과 대부분 국가에서 1922년부터 '포피 캠페인'이 공식화되기 시작했다. 시간이 거듭될수록 양귀비꽃은 일상 속에서 자연스러운 보훈의 상징으로 자리매김했다.

어떠한 이해관계나 이념, 세대 간의 인식 차이 없이 국가를 위해 목숨을 바친 이들에게 감사와 존경의 마음을 나누는 핵심 매개체가 된 것이다. 얼마나 많은 국민에게서 사랑받고 있는지 제1차 세계대전 발발 후 100년이 지난 2014년 영국에 설치된 추모 작품으로도 가늠해볼 수 있다. 당시 영국의 대표적인 중세 성채 유적인 런던탑을 둘러싼 도랑은 빨간색의 물결로 가득 채워졌다.

바로 88만 8,246개(제1차 세계대전 당시 영국군 전사자)의 세라믹으로 제작된 포피가 만든 광경이었다. 여기에 설치된 '세라믹 포피'는 일종의 영국 국민과 예술가의 컬래버레이션 작품이었다. 이 기념 작품을 위해 포피를 25파운드 가격(약 4만 원)에 개인 편

호국 영령을 기억하다

딩을 모집했다. 그 결과 총 2,200만 파운드(약 350여 억 원)의 기금이 조성되었다. 이 추모 작품이 가능했던 이유는 한 세기 동안 이어져온 포피에 대한 애정, 공동체 의식과 가치가 일상 속 문화로 자리 잡았기에 가능했다는 평가다.

✱ 포피 월과 앤잭 데이

미국에서는 2018년부터 보험사인 USAA United Services Automobile Association가 후원해 설치한 워싱턴 D.C. 내셔널몰의 포피 월Poppy Wall이 주목을 받았다. 64만 5,000개의 인공 양귀비꽃이 매년 벽을 가득 채웠다. 2020년에는 코로나19로 가상공간에 포피를 채우는 이벤트로 대체했다. 이 숫자는 제1차 세계대전에서부터 테러와의 전쟁에 이르는 과정 중 전사한 미군 숫자다. 2018년 캐나다 오타와의 연방의회 건물 외벽에는 미디어 아트로 11만 7,000개(제1차 세계대전 당시 캐나다군 전사자)의 포피가 묘사되었다.

이렇듯 보훈 캠페인의 특징 중 하나는 희생자의 숫자 하나하나를 특히 소중히 다룬다는 점이다. 뉴질랜드에서는 호주 연합군과 함께 1915년 4월 25일 제1차 세계대전에 참전한 날인 앤잭 데

이Anzac Day 바로 전날을 '포피 데이'로 지정했다. 포피 데이를 앞두고 사람들은 일주일 또는 하루 전 자발적으로 옷, 모자, 장신구 등에 포피를 달고 다니면서 추모의 마음을 나눈다. 애국심을 표현하는 능동적인 실천 중 하나로 받아들였기 때문에 가능한 결과였다.

이와 같이 포피는 대중에게 희생자 한 사람 한 사람을 상기시키는 보훈 브랜드가 되었다. 포피 데이를 지정한 대부분 국가에서는 이 상징을 활용한 다양한 제품을 만들어 판매하고 있다. 일명 포피 숍을 통해 판매한 제품의 수익금 전액은 재향군인과 보훈 사업에 사용된다. 자체 수익 활동과 기부금을 통해 전개되는 포피 캠페인은 전국 도시, 지역사회 내 재향군인회 등이 전개하는 지역 기반 캠페인이다. 이렇게 각 조직이 자발적으로 포피를 배포함으로써 모든 국민이 절대로 보훈의 시기와 가치를 잊지 않도록 하고 포피 달기라는 구체적인 행동에도 동참하도록 교육하고 유도할 수 있었다.

캐나다는 매년 그 해에 배포된 캠페인 상징인 포피의 숫자를 발표하는데, 천으로 만든 양귀비가 연간 약 2,000만 개에 달한다. 심지어 해외에 체류 중인 캐나다인들을 위해 대사관과 영사관을 통해 포피를 받을 수 있도록 지원하기도 한다. 그만큼 자율적이

호국 영령을 기억하다

지만 촘촘하게 전개하는 보훈 캠페인으로 자리 잡은 셈이다. 물론 100년을 이어오면서 이 '포피 캠페인'도 새로운 도전 과제가 생기기 시작했다.

캐나다에서는 모바일 세대를 위해 2018년부터 '디지털 포피'를 선보였다. 단순히 이미지만 공유하는 것이 아니라 기존에 마라톤이나 여행과 같은 활동 속에서 개인들의 업적을 공유하도록 설계된 배지 인증 플랫폼을 통해 디지털 배지를 주고받을 수 있도록 설계한 것이다. 이는 젊은이들의 캠페인 참여를 늘리기 위한 대책 중 하나다. 옷에 착용하는 대신 온라인으로 구매해 누군가에게 선물도 할 수 있도록 해서 확산을 유도하겠다는 취지다.

보훈 캠페인의 특성상 특정일 하루에 국한되는 것이 아니라 2주 정도 일정 기간 캠페인을 유지하려면 인증된 디지털 배지가 효과적일 수 있다. 젊은이들과의 지속적인 관계 도모를 위한 노력은 그 양적 결과와 상관없이 재향군인회 구성원과 봉사자가 갖는 기본적인 생각에서 나온 것이다. 자유를 위해 목숨을 바친 분들을 기억하고 그들에게 감사하며 현재를 살아가는 손자와 할아버지 세대 모두가 서로 격려하는 하루가 현충일이라는 신념이 그것이다.

* 200만 영웅을 위한 200만 그루의 나무 심기

그래서 현충일을 기념하기 위해 모든 세대가 공감하고 공유할 수 있는 상징이 꼭 필요하다. 그 이유는 누군가의 희생을 잊지 않고 기억한다는 마음을 유지해줄 매개체가 필요하기 때문이다. 한 국가의 자유를 위해 희생한 분들을 잊지 않겠다는 시각적 약속이자, 기억의 상징을 자연스럽게 일상 속에 투영시키는 노력의 결과가 '포피 캠페인'이다. 포피의 상징성이 커질수록 늘 정치와 이념의 프레임을 경계하고 보훈의 본질적인 가치만을 기억함으로써 희생자들의 명예를 지키는 것에 집중했다. 우리도 이제 청년과 노인이 함께 공감할 수 있는 보훈의 가치와 상징을 찾고 이를 이어갈 수 있는 보훈 캠페인을 모색해보아야 할 때다.

캐나다에는 1867년 연방화federalisation 이래로 모든 전쟁에 참여해 나라를 위해 목숨을 바친 캐나다인을 위해 200만 그루의 나무를 심고 있는 캠페인도 있다. 아프가니스탄 전쟁에 자원 복무했던 닉 커Nick Kerr 상병이 가장 친한 친구인 제임스 아날James Arnal을 포함해 함께 복무한 동료 8명의 장례식에 참석한 후, 전사한 동료들을 추모하는 마음에 나무를 심으면서 시작되었다. 바로 '하이웨이 오브 히어로즈 트리Highway Of Heroes Tree' 캠페인이다.

　　　　　　　　　　　　　호국 영령을 기억하다

캐나다인들은 제2차 세계대전을 실제 경험했던 사람들이 점차 사라져감에 따라 그들과 함께 자유를 위해 목숨을 바친 사람들에 대한 기억이 사라질까 걱정했다. 그러다 아프가니스탄 전쟁이 발발했고, 캐나다는 군인 158명을 잃었다. 캐나다 군인이 전투에서 쓰러지면 그들의 마지막 여정은 온타리오주에 있는 군사 기지인 트렌턴으로 송환되어 토론토에 있는 검시관 사무실로 옮겨지는 것이다.

아프가니스탄 전쟁의 전사자들이 본국으로 송환되어 트렌턴에서 토론토로 옮겨지고 있을 때, 가장 '캐나다스러운' 일이 발생했다. 수백 명의 사람이 401 고속도로 위를 지나는 다리 위에 서서 이들의 희생의 의미를 기억하기 위해 깃발을 들고 쓰러진 영웅들을 실은 영구차가 지나갈 때 경례를 올린 것이다.

200만 영웅을 위한 200만 그루의 나무 심기, 그중 11만 7,000그루는 바로 이 401 고속도로 옆으로 심어진다. 나머지 180여 만 그루의 나무는 온타리오주 윈저에서 퀘벡주 경계선까지 401 고속도로를 따라 심어질 예정이다. 1,000만 달러 이상을 모금했으며, 2022년 11월 11일 종전 기념일까지 200만 그루의 나무를 심을 수 있을 것으로 예상된다. 캐나다 군인을 기리기 위해, 국민 통합의 정신을 기리기 위해, 나무를 사랑하는 캐나다 사람들이 모든 군인에게 바치는 살아 있는 헌사의 의미다.

민족의 비극이었던 6·25전쟁이 발발한 지 어느덧 72년, 두 세대가 넘어가는 시간이 흘렀다. 무엇을 공유하고 어떤 공감대를 만들어갈 것인지, 더 나아가 이념과 세대를 아우르는 상징은 무엇인지 더 늦기 전에 찾아야 한다. 17만 8,569명(한국군 13만 7,899명, 유엔군 4만 670명)의 전사자와 아직도 찾지 못한 12만 3,000여 호국 영웅의 유해를 우리 국민은 얼마나 기억하고 있을까?

호국 영령을 기억하다

끝까지 기억하는 국민, 끝까지 책임지는 나라
끝까지 찾아야 할 태극기
122609

122609 끝까지
찾아야 할 태극기
캠페인

전쟁을 막기 위해 가장 필요한 것은
전쟁을 두려워하지 않는 용기다

전쟁의 기억을
가슴에 새기다

✱ 내 가슴에 달린 또 하나의 태극기

"대통령과 국무회의에 참석한 분들만 다는 배지, TV에 나오는 앵커들은 달고 있는데 일상 속에서는 목격하기 어려운 배지, 어르신의 모자나 옷에는 달려 있는데 젊은이에게 달라고 하면 왠지 부담스럽다는 배지."

6·25전쟁 70주년이 되던 2020년 광운대학교 공공소통연구소가 실시했던 보훈 상징 '나라 사랑 큰 나무' 배지에 관한 심층 인터뷰 내용 중 일부다. '내 가슴에 달린 또 하나의 태극기'로 명명된 '나라 사랑 큰 나무' 배지는 분명히 잘 디자인된 상징이다. 하지만 국민과의 공감 요소는 부족했다.

그렇다면 대안은 무엇일까? 다시 질문을 던져보았다. "어떤 보훈 상징이 공감을 줄 수 있다고 생각하는가?" 당시 응답자들은 잘 디자인된 상징보다 단순해도 그 안에 스토리가 담겨 있어야 공감할 수 있다고 했다. 그렇다면 보훈 상징에 필요한 공감 스토리는 과연 어디에서 찾을 수 있을까?

영연방 국가들의 포피 캠페인도 참혹했던 전투 현장에 핀 양귀비꽃 한 송이를 소재로 작성한 참전 군인의 시 한 편에서 시작된 것이다. 100여 년을 이어온 이 보훈 캠페인 속에는 2가지 교훈이 담겨 있다. 하나는 한 자리 숫자까지 전사자를 정확하게 기억하고 추모하는 것이다. 또 하나는 전쟁 속에서 크고 작은 전투 현장의 기록으로 소통하는 것이다.

예를 들어, 1951년 4월 23일부터 25일까지 캐나다, 영국, 호주, 뉴질랜드 등 영연방 연합군 제27여단은 경기도 가평에서 벌어진 3일간의 전투에서 병력이 5배가 넘는 중공군을 상대로 방어를 펼치며 대승을 이끌었다. 이 가평 전투Battle of Kapyong는 한국군 6사단을 지원함과 동시에 연합군이 새로운 방어선을 구축하는 데 결정적인 역할을 했다.

캐나다와 호주 등 참전국에서는 매년 가평 전투를 추모하는 행사가 열린다. 당시 참전 부대를 '가평 부대'라 부르고 전투 개시

일인 4월 23일은 '가평의 날'로 지정하는 등 '가평'은 그들에게 고귀한 희생과 전쟁에서 승리한 명예를 상징하는 어휘로 기억되고 있다.

캐나다는 가평 전투에서 참전 용사 10명이 사망하고 23명이 부상을 당했다. 이들을 추모하는 행사는 지금도 이어지고 있다. 캐나다의 연아 마틴Yonah Martin(한국명 김연아) 상원의원, 한국전 추모위원회와 브리티시컬럼비아주 한국전추모연합회가 중심이 되어 '가평을 기억하자(#RememberingKapyong)'라는 해시태그 캠페인도 시작했다. 6·25전쟁 70주년을 계기로 2020년부터 2023년 정전협정 체결일인 7월 27일까지 3년간 캠페인을 지속해간다는 계획이다.

✱ 명예와 추모의 깃발

전사자를 더 오래도록 기리자는 보훈의 상징, 이것이 남겨진 가족들에게 주는 의미는 무엇일까? 2005년 이라크 전쟁 중 저격수의 총탄에 사망한 미군을 추모하기 위해 만들어진 '명예와 추모의 깃발Honor and Remember Flag' 캠페인은 보훈의 상징이 전사자의 가족들에게 얼마나 큰 위로가 되는지 보여준다. 이라크에서

　　　　　　　전쟁의 기억을 가슴에 새기다

사망한 군인 토니 러츠Tony Lutz의 아버지는 아들의 갑작스런 사망 소식에 엄청난 충격과 정신적인 고통을 감내해야 했다.

토니의 장례식 다음 달, 아버지는 아들을 잃은 슬픔에 작은 위안이라도 얻고자 전쟁 중 가족을 잃은 다른 군인 가족들과 만난 후에 그들의 허망한 마음을 위로할 필요한 것이 무엇인지 깨달았다. 전사자들의 희생이 헛되지 않아야 한다는 것, 국가가 그것을 잊지 말아야 한다는 것이다. 이를 위해 미국 군인들을 인정하고 기리는 보편적인 상징이 꼭 필요하다는 것을 절감했고, 이를 위해 자유를 위해 생명을 바친 전사자들을 추모하는 '명예와 추모의 깃발'이 탄생하게 되었다.

이는 미국의 전사한 군인과 그 가족들의 희생을 영구적으로 인정하기 위해 존재한다. 이 조직은 실제 군 복무 중에 전사한 군인뿐만 아니라 군 복무의 결과로 인해 사망한 모든 군인의 희생에 헌사를 바친다. 이를 위해 '명예와 추모의 깃발'을 만들어 추모를 위해 구체적으로 봉헌된 상징으로, 국가의 자유를 수호하기 위해 희생된 모든 생명을 잊지 않도록 한다.

이들은 의미를 만들고, 교육하고, 제시하고, 남은 가족들을 위로한다. 추모의 국가적 상징으로 '명예와 추모의 깃발'을 만들고, 이 깃발의 중요성과 의미에 대해 나라 전체를 교육시킨다. 우리가 누리는 자유의 대가로 치러진 고귀한 생명에 대해 감사해하는 의미로 각 기업과 가정에서 '명예와 추모의 깃발'을 날릴 수 있도록 한다.

다른 참전국들도 국민이 공감하는 상징을 갖고 전투를 기억하는 방식으로 보훈 캠페인을 전개하고 있다. 전쟁의 기억 속 전투기록을 세밀하게 복기하는 보훈 캠페인이 필요한 때다. 단 하루의 이벤트가 아닌 지속적인 기억을 이어갈 수 있도록 연속성도 갖춰야 한다. 참전국의 작은 캠페인 사례를 언급한 이유도 이 때문이다.

과연 우리 국민은 6·25전쟁 72주년을 맞아 어떤 전투와 숫자를 기억하고 있었는지 성찰적인 질문을 던져보고 싶었다. 이 질문의 답을 찾기 위해 6·25전쟁 속 희생된 한 분 한 분의 숫자를 되새길 수 있는 수많은 전투 현장 기록과 생존자의 기억이 공존하는 곳에 주목했고, 그곳이 바로 국방부 유해발굴감식단이 임무를 수행하고 있는 유해 발굴 현장이었다. 조국을 위해 희생한 호국 영웅의 유해를 발굴하고 그 숫자를 기록하는 전투의 현장에 분명히 모두가 공감할 수 있는 보훈 상징과 스토리가 숨겨져 있을 것이라고 확신했다. 무조건 그 현장에서 상징을 찾자.

바로 유해 발굴 현장에서 태극기로 감싼 전사자 유골함을 마

　　　　　전쟁의 기억을 가슴에 새기다

주할 때의 태극기 모습은 새로운 보훈 상징의 모든 조건을 갖추고 있었다. 태극기의 구성 요소 중 일부를 활용해 디자인하던 기존의 보훈 상징과 달리 현재와 미래 국가가 존재하는 한 영원히 이어져야 할 본질적인 활동 속에서 새로운 보훈 상징을 발견한 것이다. 자연스럽게 우리가 보훈의 상징을 이야기하면서 필요했던 구체적인 숫자도 확인할 수 있었다. 이 상징으로 배지를 제작하고 배지 500개를 배포하는 작은 캠페인에 대학생들이 자발적으로 참여했다.

우리가 제작한 배지는 일주일도 안 돼 모두 소진되었다. 특히 젊은이들에게서 좋은 반응을 얻었다. 그리고 국가보훈처에 국민 제안 차원에서 캠페인 아이디어를 전달했다. 정부 또한 불과 일주일 만에 우리의 제안을 수용했다. 그리고 국방부 유해발굴감식단은 12만 2,609명이라는 미수습된 전사자의 숫자를 확인해주었다. 이렇게 새로운 보훈 상징은 현장에서 발견된 태극기의 모습과 기록된 숫자가 조합되어 보훈 캠페인 '122609 끝까지 찾아야 할 태극기'로 만들어졌다.

✱ 전쟁을 두려워하지 않는 용기

공공소통연구소가 제안하고 청년들이 자발적으로 참여해 시작했던 작은 캠페인을 정부 부처가 공식화해 대국민 캠페인으로 확대해서 공식화했다. NH농협은 배지 제작을 지원했고, 전국 1만 4,000개 GS25 매장이 공익적인 플랫폼 역할을 했다. 그 결과 국가보훈처와 6·25전쟁 70주년 사업추진위원회는 단기간 내에 '122609 끝까지 찾아야 할 태극기' 배지를 원하는 국민 한 사람 한 사람에게 전달했다. 노인부터 어린이·청소년에 이르기까지 모든 세대에서 뜨거운 호응을 받았다. 새로운 보훈 상징 배지를 얻기 위한 국민의 신청이 폭주(동시접속 20만 명)해 온라인 서버가 2번 이상 다운되고 접속 대기 시간이 1시간 이상 소요될 정도였다.

이런 우여곡절을 거쳐 불과 2주 만에 국민 12만여 명이 일상에서 착용하고 소셜미디어를 통해 공유한 최초의 보훈 상징 캠페인이 실현되었다. 2020년 6월 25일 6·25전쟁 70주년 행사인 '영웅에게'에 참석한 참전 유공자와 유족, 정부 주요 인사 등 300여 명의 가슴에도 똑같은 '122609 태극기'가 달렸다. 문재인 대통령도 배지의 마지막 일련번호 122609번의 배지를 달았다. 마지막 한

전쟁의 기억을 가슴에 새기다

명을 찾는 그날까지 국가가 책임지겠다는 약속이라고 청와대는 설명했다.

국민이 제안하고 정부가 수용하고 기업이 협력하고 다시 국민이 공감해 확산한 캠페인에 대통령과 국무위원들이 동참하고 또 다시 국민과 약속을 공유하는 이상적인 캠페인의 선순환이 만들어진 것이다. 하지만 이것으로 끝이 아니다. 세대와 이념을 초월해 모든 국민이 함께 공감하는 보훈 캠페인의 시작일 뿐이다.

국가보훈처도 2020년 6·25전쟁 70주년 기념식 이후 '122609 끝까지 찾아야 할 태극기'에 대한 국민 수용도 조사 등 분석을 통해 향후 영국의 포피와 같이 이념과 세대를 초월하고 국민적 사랑을 받는 '보훈 상징'으로 발전시켜나갈 계획을 준비 중이다. 그러기 위해서는 특정일이 아닌 6월 6일 현충일부터 6·25전쟁 유엔군 참전의 날인 7월 27일까지 50여 일 동안을 매년 보훈의 상징을 자유롭게 달고 다니는 문화가 정착되도록 해야 한다. 보훈 캠페인의 주체도 우리 국민과 해외 동포 모두를 아우르는 통합적인 캠페인으로 발전시켜나갈 필요가 있다.

다시는 한반도에 전쟁은 없어야 한다. 전쟁을 막기 위해 가장 필요한 것은 전쟁을 두려워하지 않는 용기다. 이 용기는 과거 전쟁의 희생을 기억하는 것에서 나온다. 그것이 보훈 의식이다. 국가에 보훈 의식을 유지하고 고취시킬 수 있는 국민 중심 캠페인이 필요한 이유다. 보훈 의식이 평화와 자유를 지키는 첫 보루다.

이제 122609 숫자에 괄호를 추가해야 할 때다. '(122609) 태극기', 매년 이 괄호 속 숫자는 줄어들 것이고 우리 모두는 매년 그 숫자를 기억할 것이다. 6·25전쟁이 100주년을 맞고 또 110주년을 맞고, 시간이 지남에 따라 괄호 속 숫자가 달라질 것이다. 이 숫자는 몇 년도에 0이 될 수 있을까?

전쟁의 기억을 가슴에 새기다

우리가 함께 기억하자
캠페인

역사 속에서 증오 범죄의 대상이 되어
희생된 피해자들을 먼저 인정해야 한다

집단 학살의
비극을 기억하다

✳ 하루 24시간 동안 희생자들의 이름을 낭독하다

역사라는 것은 기억에 관한 것이다. 역사 기록과 공부는 미래를 위해서 과거에서 지혜를 얻는 것에 그 의의가 있다. 함께 기억하지 못하는 역사는 빛바랜 기록이 될 뿐이다. 역사의 기록에서 교훈을 얻으려면 더 많은 사람이 함께 기억해야 한다. 특정 인종이나 신분의 다양성, 서로 다른 이념 차이를 인정하지 못하고 극도로 배척하고 증오한 나머지, 혹은 영토 확장 전쟁을 위한 제국주의적 목적으로, 공권력에 의한 정치적인 이유로 집단 학살이 자행되었던 비극은 여러 나라의 역사 속에서 반복되었다. 이러한 증오, 편견, 차별, 박해, 극단주의, 테러 등을 또다시 되풀이하지 않기 위해서는 잔혹하게 희생된 사람들을 함께 기억하는 과정을 통해 이를 경험하지 못한 세대들이 학습할 수 있도록 해야 한다.

집단 학살genocide이란 단어는 나치 독일의 유대인 대량 학살을 설명하는 것인 줄만 알았지만, 사실 그 이전과 이후에도 인류의 역사와 함께 숱하게 자행되어온 만행이다. 100년 이상 차별과 증오 범죄와 싸우는 비영리 기관인 반명예훼손연맹Anti-Defamation League, ADL에 따르면, 2020년과 2021년에 미국에서만 8,285건의 극단적 증오 범죄가 발생했다고 한다. 2021년에도 아프가니스탄을 점령한 탈레반 무장 세력들의 집단 학살 동영상이 SNS를 통해 급속히 전파되어 전 세계가 끔찍하고 처참한 현장을 목격한 바 있다.

'우리가 함께 기억하자Together We Remember' 캠페인은 집단 학살과 같은 끔찍한 범죄가 절대 다시 일어나서는 안 된다는 것을 다짐하기 위해 전 세계 사람들을 한데 모으고자 하는 디지털 추모·학습·활동 캠페인이다. 데이비드 에스트린David Estrin은 홀로코스트에서 살아남은 생존자 4명 중 1명의 손자로, 성장하는 동안 가족의 역사를 결코 잊지 않겠다고 굳게 다짐했다. 그는 13세 때 할아버지를 따라 유대인 수용소였던 아우슈비츠와 마우타우젠 강제수용소를 방문해 할아버지가 했던 이야기를 직접 보고 들었다(할아버지는 마우타우젠 강제수용소를 지옥 속의 지옥이라고 불렀다).

할아버지는 다시는 홀로코스트와 같은 참혹한 사건이 일어나지 않기를 바라는 마음으로 어린 손자를 포함해 자신의 이야기를 들어주는 모든 사람에게 끔찍했던 기억을 이야기하고 또 이야기했다. 그런 할아버지가 사망하자 데이비드는 자신의 다짐이 과연 언제까지 지켜질 수 있을지 불안한 마음이 들기 시작했다. 자신과 같은 사람들이 홀로코스트 생존자를 개인적으로 알면서 역사적 기억을 보존할 수 있는 마지막 세대라고 생각했기 때문이다.

그는 자신의 할아버지와 같이 삶을 제대로 축복할 수 없었던 수백만 명의 사람에 대한 기억을 의미 있게 보존하기 위해 친구들과 함께 매년 홀로코스트 추모의 날, 하루 24시간 동안 희생자들의 이름을 낭독하는 활동을 하기로 했다. 약속을 더욱 잘 기억하기 위해서는 역사 속에서 특정 인종이나 민족, 성별, 계급, 특정 정치 성향이라는 이유만으로 증오 범죄의 대상이 되어 희생된 피해자들을 먼저 인정해야 하기 때문이다.

2013년 4월, 미국 듀크대학의 학생들과 교직원들은 24시간 동안 6개의 집단 학살과 잔혹한 행위 등으로 희생된 피해자들의 이름을 불렀다. 이렇게 해서 '우리가 함께 기억하자' 캠페인이 탄생했다. 수천 명의 학생이 이를 듣고 있었고, 하루 종일 5만 명의 이름이 불렸다. 이 캠페인은 듀크대학의 연례행사가 되었고, 지구촌 여러 곳의 다른 커뮤니티에도 전해졌다.

2017년 비영리 조직을 설립한 데이비드는 여러 단체와 협력해 4월을 '집단 학살 인식의 달Genocide Awareness Month'로 지정했다. 이는 전 세계 여러 커뮤니티와 소셜미디어에서 공동으로 개최하는 철야 기도를 통해 역사 속에서 정체나 신원을 이유로 발생한 증오와 폭력의 모든 피해자를 기억하려는 활동이다. 이 학살에 저항하는 것은 가장 기본적인 인권과 정의를 위함이다.

* 원주민 어린이들이 실종되거나 사망하다

그런가 하면 9월 30일은 캐나다에서 모든 아이가 소중하다는 것을 알리는 '오렌지 셔츠 데이Orange Shirt Day'다. 2021년 캐나다 브리티시컬럼비아주, 서스캐처원주 등에서 원주민 아이들의 기숙학교로 사용되었던 건물 부지에서 수백 구의 어린이 유해가 발견되어 충격을 준 일이 있었다. 원주민 기숙학교는 1870년부터 1996년까지 100년 이상 캐나다 거의 전 지역에서 운영되면서 원주민 어린이들을 그들의 고유문화에서 격리시켜 캐나다 문화 속에 적응시키기 위해 강제 수용했던 곳이다.

주로 연방정부와 가톨릭교회가 운영했던 이곳에서는 원주민 언어 사용이 금지되었고 심각한 수준의 학대가 자행되었다. 기숙학교에 수용되었던 원주민 어린이는 모두 15만 명, 여기에서 실종되거나 사망한 어린이는 4,000~6,000명에 이르는 것으로 추산된다. 사망자들의 다수는 4세 이하의 어린이들로 학대와 방치에 목숨을 잃은 것으로 알려졌다. 이들은 장례 절차도 생략한 채 비석도 없는 무덤에 묻혔다.

기숙학교에 한 번 들어가면 부모와의 연락도 거의 끊겨 아이들이 아프거나 실종되어도 부모들이 생사를 확인하지 못하는 일이 태반이었다. 이러한 반인륜적 식민 통치에 대한 진상 규명과 화해는 캐나다 정부와 원주민 사회의 오랜 숙제가 되어왔다. 캐나다 정부는 2008년 원주민 차별과 관련해 공식적으로 사과했으며, '진실과 화해 위원회Truth and Reconciliation Commission of Canada'를 만들어 원주민 기숙학교의 진상에 대해 조사했다.

2015년까지 활동한 '진실과 화해 위원회'는 기숙학교 제도와 그 유산에 대해 역사와 영향을 기록하고 연방정부를 포함해 각 주 정부에 원주민 인권 신장과 관련된 권고안을 발표했다. 원주민들의 분노와 슬픔이 치유되기 위해서는 진실 규명을 위한 구체

집단 학살의 비극을 기억하다

적인 조치가 필요하다는 것이다. 캐나다 정부는 기숙학교들의 유산에 대해 잘못 알려진 것들을 바로잡고 캐나다인들과의 화해 절차를 진행하기 위해 '콜스 투 액션calls to action'을 발표했다. 여기에 포함된 94개의 행동 요청은 유산과 화해의 범주로 나누어졌다.

유산 부분의 항목들은 발생한 피해를 이제라도 바로잡기 위한 것으로 아동 복지, 교육, 언어와 문화, 보건, 정의에 관한 내용이다. 화해 부분은 캐나다 연방정부, 각 주 정부와 원주민 부족들 간의 더 나은 관계를 형성하는 데 초점을 주고 있으며 조화로운 관계 설정을 이루기 위한 것이다. 2021년 5월 브리티시컬럼비아주 캠루프스에서 어린이 유해 수백 구가 발견되었다는 소식이 전해진 이후, 시민들은 희생자 추모의 의미로 토론토 국회의사당 계단 등에 수십 켤레의 아이들 신발을 놓았다.

BC 플레이스 스타디움, 로저스 아레나 등 밴쿠버 주요 건물 등은 저녁에 오렌지색 조명을 비추며 추모에 동참했다. 매년 7월 1일 캐나다가 하나의 국가로 탄생한 날을 축하하던 '캐나다 데이 행사'는 대폭 축소되었고, 의회는 원주민 기숙학교의 아이들에게 저지른 만행을 반성하는 차원에서 9월 30일을 법정 공휴일로 지정하고 2021년부터 이를 시행했다. 9월 30일은 원주민 기숙학교의 아픈 역사를 기억하자는 취지로 2013년부터 시작된 캠페인인

'오렌지 셔츠 데이'이기도 하다.

이 날은 앞으로 매년 공식적인 '진실과 화해의 날National Day for Truth and Reconciliation'로 운영된다. 법정 공휴일로 지정한 목적은 국민 모두가 함께 과거 원주민 기숙학교와 관련된 캐나다의 부끄러운 역사를 배우고 인정하며 되새기기를 바라는 데 있다. 캐나다는 과거의 잘못을 인정하고 진정으로 반성해야만 새로운 관계를 정립하고 더 나은 미래를 함께 꿈꿀 수 있다는 것을 보여 주고 있다.

✱ 9·11의 하늘을 기억하자

매년 9월 11일, 인스타그램 이용자라면 유난히 하늘 사진을 포스팅한 사람이 많다는 것을 눈치 챘을까? 이것은 바로 '9·11의 하늘을 기억하자9·11 Remember the Sky' 캠페인이다. 날씨에 상관없이 어떤 하늘의 사진이든 해시태그(#NeverForget911, @911memorial)을 붙여 포스팅하면 캠페인에 참여한 것이다. 이를 통해 소셜미디어가 주 소통 도구인 새로운 세대가 9·11에 대해 배울 수 있다.

이 활동은 9월 11일 그날의 뉴욕과 미국 전역의 청명하고 푸른

집단 학살의 비극을 기억하다

하늘과 9·11 추모 박물관에 설치된 스펜서 핀치Spencer Finch의 기념 예술 작품에서 영감을 받아 기획되었다. 그의 예술품은 "9월 아침, 그날의 하늘 색깔을 기억하자고 노력하는 것"으로 하늘을 그린 2,983장의 수채화로 이루어져 있다. 각 수채화는 모두 독특한 색감의 푸른 하늘로 많은 사람이 집단적으로 사망했다는 거대한 사실enormity과 동시에 너무나 빨리 우리 곁에서 사라진 그 사람들 각자의 개별성individuality에 대한 헌사다.

2001년 9월 11일 화요일 아침, 미국 북동부에서 캘리포니아주를 향해 운항 중이던 민간 항공사의 비행기 4대가 알카에다 테러리스트 19명에 의해 납치되는 사고가 벌어졌다. 그들의 목적은 각 비행기를 미국의 주요 건물에 충돌시켜 무너뜨리고 대규모 사상자를 발생시키는 것이었다. 비행기 2대가 뉴욕 한복판, 110층에 달하는 세계무역센터WTC의 쌍둥이 빌딩을 들이받아 이 빌딩과 주변 건물들이 비행기 충돌 1시간 42분 만에 무너졌다.

이 사고로 2,983명의 사망자가 발생했고, 2만 5,000명 이상이 부상을 입었다. 약 3,000명의 무고한 시민들이 희생된 이 사고는 세계 최강국인 미국 역사상 최악의 참사였다. TV를 통해 전 세계에 공개된 뉴욕의 참혹했던 모습이 생생하지만, 그 또한 벌써 20여 년 전의 일이 되어 그 이후에 태어난 젊은 세대들에게는 단지 지나간 뉴스의 한 장면일 뿐이다. 어린 미국인들에게 9·11은 더는 살아 있는 경험이 아니지만, 다른 사람들을 구하기 위해 위험을 향해 돌진한 것을 배우는 역사가 될 수 있다.

'9·11의 하늘을 기억하자' 캠페인은 그날에 대한 기억과 추모 박물관을 방문해서 실제로 경험할 수 있는 것 사이의 연결다리가 되어줄 수 있는 의미 있는 대화의 장이다. 젊은 세대들은 이 캠페인에 참여해서 9·11을 통해 많은 교훈을 배울 수 있다. 결코 잊지 말아야 한다는 집단적인 약속을 우리가 다 함께 지켜나가기 위해 푸른 하늘 사진 한 장을 포스팅해본다.

집단 학살의 비극을 기억하다

인 아메리카: 리멤버 캠페인

코로나19로 숨진 사람들을 애도하는
더 나은 방법이 필요하다

코로나19로 희생된
사람들을 추모하다

✱ 희생자를 70만여 개의 백색 깃발로 표현하다

코로나19 바이러스가 전 세계 사람들의 일상을 완전히 바꿔놓은 지 2년이 지나면서 폐쇄되었던 국경이 열리고, 재택근무를 하던 회사들도 다시 직원들을 불러들이고, 온라인 수업을 하던 학생들도 학교로 돌아갔다. 백신을 맞은 사람이 늘어나고 마스크에 익숙해지면서 코로나가 완전히 종식된 것은 아닐지라도 그럭저럭 원래의 일상을 찾아가는 사람이 많아지고 있다.

그러나 코로나 이전으로 결코 돌아가지 못하는 사람들이 있다. 바로 가족을, 사랑하는 사람을 잃은 사람들이다. 오랫동안 병석에 있던 사람들도 아니고, 급작스레 사고를 당한 사람들도 아니었는데, 코로나19 바이러스 때문에 예정보다 빨리 떠난 사람들, 거리 두기와 방역 수칙 때문에 제대로 된 장례식도 없이 떠난 사람들이다. 이들을 보내고 남겨진 가족들은 일상으로 돌아가지 못하고 여전히 고통스러운 시간을 보내고 있다. 이런 사람들에게 떠난 사람들을 추모할 수 있는 시간과 장소는 슬픔을 마음껏 토해내고 달라진 현실을 소화해낼 수 있는 필연적인 과정을 지나게 해준다.

2022년 5월 기준으로 100만 명이라는 엄청난 규모의 코로나19 사망자가 발생한 미국은 지역별로 희생자를 애도하고 가족들을 위로하기 위한 여러 추모 행사를 갖고 있다. 2021년 워싱턴 D.C.에서는 내셔널몰 잔디밭에 코로나19 희생자를 추모하기 위한 작가 수잰 브레넌 퍼스텐버그Suzanne Brennan Firstenberg의 설치 미술 작품 '인 아메리카: 리멤버In America: Remember'가 희생자 숫자를 의미하는 70만여 개의 백색 깃발로 표현되어 있다. 이 작품은 국가로서 엄청난 규모의 손실을 보여주고, 코로나19로 사망한 모든 사람을 애도하기 위한 것이다. 수잰 브레넌 퍼스텐버그는 전국의 모든 희생자를 위해 깃발을 심었다.

뉴욕에서는 맨해튼을 주 활동 무대로 하는 작가 크리스티나 리비Kristina Libby가 '꽃으로 만든 하트 프로젝트The Floral Heart

Project'를 진행하고 있다. 그녀는 코로나19로 숨진 사람들을 애도하는 더 나은 방법이 필요했다고 설명했다. 팬데믹과 싸우는 필수 인력들을 응원하는 감사 사인, 무지개, 도시 전체의 박수와 지지 등은 있어도 코로나19로 희생된 사람들을 위한 시각적인 상징이 없었다.

2020년 5월 그녀는 이름을 밝히지 않고 뉴욕 근처의 교통량이 많은 지역에 하트 모양의 화환을 두기 시작했다. 다른 집단적 트라우마를 남긴 사건들을 생각하면, 보통 떠오르는 이미지가 있다. 사고 현장의 사진이나 거리에 놓인 꽃다발은 잃어버린 것을 기억하게 하는 시각적인 것들이다.

그녀는 코로나19로 희생된 사람들을 시각화하지 않으면 그들의 상실이 중요하다는 것을 보여주지 않는 것과 같다고 생각했다. 각각의 화환 제작에는 보통 300~500송이의 꽃이 필요하다. 3월 1일을 전국 애도의 날로 정하고, 그녀는 미국의 대표적인 화훼 전문업체인 '1-800-FLOWERS'와의 협력을 통해 다른 도시에도 이 프로그램을 확대해 시민들을 대신해서 희생자를 위한 추모의 순간을 준비했다.

2020년 8월 31일, 미시간주 디트로이트에서는 도시 전체를 위한 추모 공간이 벨 섬 공원Belle Isle Park에 마련되었다. 이 지역에서 코로나19로 희생된 디트로이트 시민 약 1,500명의 대형 사진 이 커다란 옥외 게시판의 형태로 공원의 차도 옆으로 줄 서 있었 다. 영구차와 경찰차의 에스코트를 받아 슬퍼하는 사람들이 그곳 을 천천히 자동차로 지나가며 희생자들을 조문하는 '드라이브 바 이 메모리얼Drive-by Memorial' 행사에 참여한 모습이다.

지역 라디오 방송국이 가스펠 음악을 연주하고 희생자들의 이 름을 한 명씩 낭독했다. 이 날은 디트로이트의 '메모리얼 데이 Memorial Day'였다. 원래 코로나19 희생자의 가족들만을 위한 행 사였으나 다른 시민들, 기업, 교회 등도 오전 8시 45분에 종을 울 리면서 그들의 슬픔과 함께 연대하고 있다는 것을 보여주었다.

✳ 사랑하는 사람을 위한 장미

로스앤젤레스에서 열린 추모 행사인 '로즈 리버 메모리얼Rose River Memorial'은 코로나19로 숨진 많은 생명을 기리고 애도하는 시민 주도의 예술 운동이다. 2020년 8월 아티스트 마르코스 루틴 스Marcos Lutyens가 틸리 힌턴Tilly Hinton 박사와 함께 시작했다. 너무나 많은 사람이 사랑하는 사람을 잃고 절망에 빠져 있었고, 그들을 위해 마음껏 슬퍼하거나 마지막 인사도 못했다는 사실에

괴로워했다.

'로즈 리버 메모리얼'은 이러한 가족들이 사랑하는 사람을 위한 장미를 만들어서 애도 과정을 거칠 수 있도록 도와준다. 동시에 커뮤니티의 사람들이 손수 만든 장미를 기부함으로써 그들을 지지한다는 것을 보여줄 수 있다. 장미를 애도의 상징으로 선택한 이유는 미국의 장례식 문화를 고려한 것이다. 붉은색 장미는 용기를 상징하는 미국의 국화國花다. 커뮤니티 구성원들이 붉은색 친환경 펠트 천을 사용해 수작업으로 만든 장미들은 재활용된 낚시 그물에 걸려 전시되고 있다.

'국가를 위한 관'으로 명명된 '로즈 리버 메모리얼' 프로젝트는 모든 코로나19 사망자를 위해 손수 만들어진 붉은색 펠트 천 장미들을 크라우드 소싱crowd sourcing으로 마련한 기금으로 준비한 것이다. 처음 186개의 장미를 샌피드로 부두에 있는 낚시 그물에 매다는 것으로 시작한 후, 로스앤젤레스 컨벤션센터, 하와이주 마우이의 후이 노에아우 비주얼 아트센터, 산타모니카의 베르가못 스테이션 아트센터 등 각지에서 '로즈 리버 메모리얼' 행사를 이어가고 있다.

'로즈 리버 메모리얼'의 공동 창립자인 틸리 힌턴은 이 설치 작품은 코로나19가 가져온 손실의 막대함을 보여주고 있으며, 팬데

　　　　　코로나19로 희생된 사람들을 추모하다

믹이 미국이라는 국가를 심각하게 훼손하고 있다는 것을 알리기 위한 방법이라고 설명한다. 추모에 참여하길 원하는 사람들은 프로젝트 웹사이트에서 장미 만드는 방법을 배우거나 장미 만들기 키트를 구매할 수 있다.

추모와 애도를 위해 모인 사람이 많지만, 억울함과 분노를 표출하는 희생자 가족들도 있다. 애리조나주 청사廳舍에 있는 로즈 가든은 2020년 11월 1일 '죽은 사람들의 날'이라는 행사를 위해 촛불과 꽃으로 장식되었다. 비영리 단체 '마크드 바이 코비드Marked by Covid'의 설립자 크리스틴 얼퀴자Kristin Urquiza는 희생자 50명의 대형 사진과 함께 촛불이 올려진 500개의 의자를 전시했다. 이것은 그녀의 아버지를 포함해 코로나19로 사망한 6,000여 명의 애리조나주의 주민들을 위한 것이다.

"내가 느낀 감정을 표출할 생산적인 통로가 필요합니다. 부모를 잃는 것이 얼마나 힘든 일일지 예상했지만, 아버지를 코로나19에 잃은 것은 정치적 무관심 때문에 완전히 다른 수준의 힘겨움이 되었습니다."

크리스틴은 미국 정부가 초기 코로나19 대처에 실패한 것이 아버지와 많은 사람이 희생된 사건의 원인이라고 비판한다. 그래서 다른 희생자 가족들에게 더 큰소리로 슬퍼하라고 주문한다.

정치인들의 정책 실패가 사적인 슬픔에 가려지는 일이 너무 많기 때문이다.

＊ 벽에 붉은 하트를 그리다

영국에서는 국가 차원에서 런던 템스강 남쪽 둑 위, 국회의사당 건너편에 '전국 코비드 추모의 벽The National Covid Memorial Wall'을 만들었다. 2021년 4월 8일 기준으로 15만 837개, 당일 발표된 국가 통계청 숫자에 맞춰 붉은 하트들이 그려졌다. 직접 손으로 칠해진 하트들은 사랑받았던 누군가를 대신한다. 이것은 살아 있는 메모리얼로 팬데믹이 여전히 진행 중이어서 하트와 메시지들은 항상 추가되고 있는 상황이다. 누구나 이 '전국 코비드 추모의 벽'을 찾아 하트를 색칠하고, 메시지를 더할 수 있다.

이 벽은 1,500명의 자원봉사자가 2021년 3월 29일 시작해서 약 열흘에 걸쳐 완성되었다. 온라인에 마련된 '전국 코비드 추모의 벽'은 헤드폰을 끼고 화면을 가로로 천천히 스크롤 하면 벽 주변을 걷는 것 같은 느낌을 받을 수 있다. 하트를 만들어 가족들의 목소리로 그들의 이야기를 들을 수 있다. 이 '전국 코비드 추모의 벽'은 온라인 크라우드 펀딩crowd funding을 통해 대중의 모금으

코로나19로 희생된 사람들을 추모하다

로 이루어졌으며, 200명 이상의 국회의원이 이것을 영구적으로 만들기 위해 청원 중이다.

'코비드 메모리얼COVID Memorial'은 코로나19에 소중한 생명을 잃은 사랑하는 사람에 대한 기억을 공유하고, 향후 사망을 유발하는 이러한 치명적인 질병을 예방할 수 있는 공공 의료 방안을 마련하는 데 더 많은 관심을 가질 것을 독려하기 위한 공간이다. 코로나19 바이러스라는 치명적인 병에 대한 인간의 영향을 미디어, 정부, 사회가 너무나 과소평가하는 데 대해 걱정을 하는 자원봉사자들이 함께 온라인에 '코비드 메모리얼'을 만들었다.

"정치인들은 생명의 가치와 주식 포트폴리오의 가치를 저울질하고, 경제 전문가들은 비용 대비 수익을 분석하지만, 평범한 세상 사람들은 코로나19 바이러스를 통계나 그래프 이상의 것으로 받아들이고 있다. 이 바이러스는 얼굴을 가지고 있다. 바이러스의 얼굴이 사랑하는 사람의 얼굴로 바뀌는 경험을 너무 많은 사람이 하고 있다."

강력한 사회적 거리 두기가 필요했던 코로나 시대에 사랑하는 사람을 잃고 추도식까지 준비하는 것은 너무도 어려운 일이다. '코비드 메모리얼'은 가족을 잃은 사람들을 위해 스스로 간단하게 사진과 사연을 공유하는 온라인 추도식을 주최할 수 있도록 유용한 템플릿을 만들어 제공하고 있다. 친구와 가족들이 함께 기억하고 애도하기를 원하는 모든 사람의 포스트를 수집해 공개하며 더 많은 희생자가 나오지 않도록 함께 협력할 것을 강조한다.

상대적으로 코로나19 사망자가 적은 탓인지 국내에서는 추모 분위기가 크지 않은 듯하다(2022년 6월 현재 사망자는 약 2만 4,000명이다). 매일 뉴스에서 발표되는 사망자 숫자는 일반 사람들에게는 그저 숫자일 뿐이지만, 누군가에게는 소중한 사람들이다. 이들은 현재 슬픔과 허망함, 아무것도 하지 못했다는 좌절감과 토로하지 못한 억울함에 너무도 힘든 시간을 보내고 있다. 순식간에 가족을 잃은 비극을 겪은 사람들을 위한 추모 행사는 남겨진 사람들의 슬픔에 공감해줌으로써 그들에게 치유와 위로가 될 수 있다. 이것이 바로 공동체의 진정한 역할과 존재 이유일 것이다.

자연을 위한
캠페인

인간의 모든 행동은
자연에 영향을 끼친다

미래를 위해
지구를 다시 쓰자

＊ 육지와 바다의 30퍼센트를 보호구역으로 정하자

세계 인구 증가에 따른 농업과 제품 생산의 확대로 우림지대, 습지대, 동식물들과 같은 중요한 생태계의 손실이 가속화되고 있다. 지난 50년간 야생동물의 60퍼센트를 잃었고, 한 세기 동안 바다의 큰 물고기 90퍼센트가 사라졌다. 인간의 삶은 맑은 공기와 깨끗한 물을 공급하는 자연과 야생에 의존한다. 과학자들은 심각한 생태계 파괴로 생명을 위한 가장 기본적인 조건이 위협받고 있다고 경고한다. 야생 지역을 잘 보호해 지구 온도를 높이는 이산화탄소를 흡수하도록 하는 것이 기후 위기를 극복할 수 있는 가장 효과적인 방법이기 때문이다.

'자연을 위한 캠페인Campaign for Nature'은 내셔널 지오그래픽 소사이어티 등 세계 100여 개 보호단체가 참여한 공동 캠페인이다. 각국의 정책 결정자들에게 2021년 10월 제15차 유엔 생물다양성협약 당사국 총회에서 자연에 관한 새로운 조치에 동의할 것을 요청했다. 이는 자연을 위한 긴급 요청인 '30×30 청원'으로 2030년까지 육지와 바다의 최소 30퍼센트를 보호구역으로 정해야 한다는 것이다. 즉, 현존하는 온전한 생태계와 황무지를 보존하고, 원주민들의 권리를 존중함으로써 지구가 지속 가능하게 관리되어야 한다는 주장이다.

이를 위해서는 정책 결정과 경제적 자금 동원이 절실하다. '자연을 위한 캠페인'에 따르면, 오늘날 오직 육지의 15퍼센트와 바다의 7퍼센트만이 보호구역에 해당한다. 과학자들은 수백만 종의 멸종을 예방하고, 지구 온도 상승폭을 1.5도 이하로 유지하며, 자연에 의존해 살고 있는 모든 사람을 안전하게 지키기 위해서 지구의 절반은 자연 상태로 유지되어야 한다고 강조한다.

지구에 필요한 최소한의 보호구역 30퍼센트를 선정할 때는 여러 장소를 다양한 기준으로 평가해야만 그 효과를 볼 수 있다. 각 국가들은 원주민들과 지역 커뮤니티들과 협의해 해당 지역의 육지, 바다, 야생의 풍경에 적합한 보존 노력이 어떤 것인지 결정해야 한다. 우선 생물 다양성 유지에 가장 중요한 지역을 보존하는 데 초점을 맞추고, 전문가들이 중요한 것으로 인정한 특정 지역의 온전한 생태계를 포함해야 한다.

또한, 가능한 한 최대로 지역 풍경의 연속성을 유지할 수 있는 보호 정책을 만들어야 한다. 그래야만 자연과 야생이 기후 위기 등 여러 스트레스에 적응할 수 있다. 그리고 보호·보존 구역은 여러 지역에 존재해야 한다. 이러한 보호·보존 시스템만이 지구의 다양한 자연과 생태계를 대표할 수 있다.

'자연을 위한 캠페인'이 각국 정책 결정자들의 긴급한 결정과 신속한 협력을 요구하고 있다면, '멸종 다시 쓰기Rewriting Extinction' 캠페인은 스토리텔링의 힘을 활용해 일반인들에게 생생하게 자연 파괴 상황의 심각성을 알려줌으로써 생태계의 종들이 멸종되는 것을 막기 위한 협력에 동참할 것을 촉구하고 있다. 이 자선 프로젝트는 작가 겸 프로듀서인 폴 구디너프Paul Goodenough가 친구들과 자원봉사자들과 함께 시작하고, 세계 곳곳 300명의 사람이 협력하고 있다.

이 캠페인은 기후 위기와 생물 다양성 위기를 알리고자 2021년 현재, 12개월이라는 제한된 시간 동안 7개의 프로젝트를 진행하며 기금 모금과 인식 개선을 위해 노력하고 있다. 각 프로

미래를 위해 지구를 다시 쓰자

젝트들은 그린피스Greenpeace, 월드 랜드 트러스트World Land Trust, 본 프리Born Free, 리와일드re:wild, 더 와일드라이프 트러스트The Wildlife Trusts, 리저바 YLTReserva: The Youth Land Trust, 리와일딩 유럽Rewilding Europe 등 생물 다양성을 위해 활동하고 있는 단체의 프로그램들에서 선정한, 단순하지만 강력한 행동을 요구하는 프로젝트들이다.

＊ 야생동물을 야생에 두라

그린피스는 바다 곳곳에 야생동물 보호구역을 만들 것을 주장하고 있다. 바닷속에는 200만 종 이상의 해양 생물이 살고 있지만, 남획·오염·기후변화 등으로 재앙에 가까운 생물 다양성 손실이 초래되었다. 적절히 보호되는 바다 영역에는 물고기 수가 6배 이상 증가한 것으로 나타난다. 인간의 운명은 바다의 운명에 달려 있다. 산소의 절반을 생산하고 엄청난 양의 이산화탄소를 흡수하는 바다는 기후 위기에 대항할 수 있는 최선의 방패막이다.

바다를 지키는 것은 국제적인 공조가 필요한 작업이므로 그린피스는 각국 정부들이 유엔에서 권고한 글로벌 해양 조약에 동의하도록 설득하는 캠페인을 벌이고 있다. 바다 동물 보호구역을 만들어내고, 인간의 남용에서 안전한 바다 공간으로 최소한 30퍼센트 정도를 확보하는 것은 바다와 인간이 함께 살아남을 수 있는 역사적인 기회다. 제대로 된 야생동물 보호구역이 만들어지는 곳마다 그 결과는 놀랍다. 서식지가 살아나고 물고기가 돌아오는 등 생명들이 각자의 길을 찾는다. 보호구역의 글로벌 네트워크는 바다가 현재 직면한 위협에 대한 가장 간단하고 실현 가능한 해결 방안이다.

월드 랜드 트러스트는 1989년 설립된 영국의 자선단체로 2019년 현재 2,500만 파운드(약 400억 원) 이상의 기금을 모아 아프리카, 아시아, 중남미 대륙의 위협받는 약 3,100제곱킬로미터 이상을 구입·보호하고 있다. 푸에르토리코의 라구나 그란데 호수는 대표적인 보존 커뮤니티로 이곳은 엄청난 양의 탄소를 제거함으로써 기후변화에 맞서 싸울 수 있도록 도와주는 생태계다. 재규어, 베어드맥(말목 맥과에 속하는 포유류), 매너티(바다소목), 긴꼬리수달 등 상징적인 종들을 지켜주고 이 지역을 자연재해에서 보호한다. 이 프로젝트는 라구나 그란데 보호구역의 보존을 위해 약 13제곱킬로미터의 숲을 더 확장시키는 목표를 갖고 있다.

1984년 설립된 영국의 국제 야생동물 자선단체인 본 프리는 '야생동물을 야생에 두라'는 슬로건으로 유명하다. 자연 서식지에 사는 야생동물을 보호하기 위해 포획을 방지하고 위험에 처한 야생동물을 구하는 활동을 주로 한다. 본 프리의 사명은 가장 상징적이기 때문에 오히려 생존에 위협을 받아온 동물들인 사자, 호랑이, 코끼리, 코뿔소, 고릴라, 침팬지, 오랑우탄, 천산갑, 기린 등의 종들을 보호하는 것이다. 이를 위해 야생동물들이 독자 생존이 가능한 생태계의 일부로 자립할 수 있도록 존중과 온정을 가지고 보호해왔다.

이 캠페인의 독특한 접근 방법인 '온정적 보호compassionate conservation'는 개별 야생동물들의 복지를 전략과 실천 행동의 중심에 두는 것이다. 이것은 매우 역동적이고 실용적이면서도 야생동물들의 환경을 완전히 바꿔놓을 수 있는 보호 방법으로 평가받는다.

중요한 야생 지역을 재건하는 리와일드의 프로젝트는 지구의 생물 다양성에 핵심적인 독특한 생태계들에 초점을 맞추고 있다. 그중 하나는 산불로 파괴된 호주 동부의 숲 생태계 복원 프로젝트다. 이 지역에서 3,000년 전에 사라진 태즈메이니아 데빌(주머니고양잇과의 포유류)을 투입해 이들이 공격적인 고양이와 여우를 견제하는 동안 원래 살던 작은 토종 포유류들이 살아날 수 있게 되었다. 이 작은 포유류들은 먹이를 찾는 동안 계속 나뭇잎들을 여기저기 흩어서 덮어놓기 때문에 토양을 더 차갑게 유지해 산불 피해를 줄이는 효과를 가져온다는 것이다.

* '비버 살리기' 프로젝트

더 와일드라이프 트러스트는 1912년에 설립된 영국의 자선신탁기금으로 2020년 현재까지 2,300여 지역(약 983제곱킬로미터)의 자연보호구역을 돌보아왔다. 이 프로젝트는 세계에서 가장 많이 자연이 감소된 곳인 영국의 자연 회복을 위해서 2030년까지 최소한 30퍼센트의 육지를 복원하는 것을 목표로 한다. 특히 16세기 사냥으로 멸종된 비버를 자연 복원을 도와주는 핵심 동물로 선정하고 '비버 살리기' 프로젝트를 진행하고 있다.

자연의 엔지니어로 불리는 비버들은 다른 동물의 보금자리가 되는 습지대 거주지를 만들어낸다. 비버들이 만들어내는 수로, 댐, 습지대는 폭우에 물을 보유하고 있다가 천천히 내보냄으로써 기후변화로 인해 점차 증가하는 홍수를 줄여주는 등 도움이 되는 야생 환경이 된다.

어린 세대들에게 멸종 위기 종들과 서식지 보호에 대한 스토리텔링 교육 캠페인을 전개하는 리저바 YLT는 남미 대륙 콜롬비

373　　　　　　　　　　미래를 위해 지구를 다시 쓰자

아의 초코 우림 지역 생태계를 회복시키기 위한 프로젝트를 수행 중이다. 지구에서 가장 독특한 생태계를 가진 곳인 초코 지역은 희귀종들의 생물 다양성을 자랑하던 곳이었다. 그런데 대규모 목장, 농업, 채광 산업이나 벌목 산업 등으로 걷잡을 수 없이 삼림이 파괴되어 그 규모가 매우 작아졌다. 리저바 YLT는 멸종 위기를 맞은 지역의 풍토종들을 구하고자 전략적인 보호구역 네트워크를 만들고, 상업적 개발용으로 팔리게 될 온전한 서식지들을 사모아서 지역 원주민들이 보호하도록 하고 있다.

리와일딩 유럽은 네덜란드 기반의 비영리 조직으로 유럽 전역에서 최소 10개 지역의 풍경을 야생화하기 위해 적절한 조건을 만들어줌으로써 자연을 치유하는 데 도움을 주고 있다. 예를 들어, 이제는 사용하지 않는 댐을 제거하고, 자연 삼림을 다시 자라게 하고, 사라졌던 종들을 새로 소개한다. 이베리아 스라소니, 야생마, 그리폰 독수리 등은 이 프로젝트의 펀딩으로 유럽에 다시 돌아온 종들이다.

그다음에는 한 발 뒤로 물러서서 자연이 스스로 살아날 수 있기를 믿어본다. 이들이 꿈꾸는 미래의 유럽은 더 야생적인 장소가 되어 야생동물에게 더 많은 공간을 내주고 자연 스스로 풍경을 만들어가는 곳이다. 현대는 풍요롭고 건강한 사회일수록 더 큰 야생 지역을 갖는 것이 필수적인 요소가 되어가고 있으며, 야생 지역은 새로운 수익 창출과 거주자들이 가질 수 있는 자부심의 근원이 되고 있다.

인간은 자연의 일부다. 궁극적으로 가치 있는 모든 것은 자연에서 왔고, 인간의 모든 행동은 자연에 영향을 끼친다. 자연은 그 자체로 귀중하고 우리의 안녕과 번영의 기초가 된다. 모든 사람은 일상에서 자연의 즐거움을 경험하면서 살 수 있어야 한다. 건강한 음식, 깨끗한 공기와 물, 기후 위기를 해결하기 위해서 인간은 자연이 필요하다. 인간의 역사는 자연의 역사의 일부지만, 자연이 없다면 인간에게는 어떤 역사도 없다는 것은 물론이다.

미래를 위해 지구를 다시 쓰자

캠페인 인문학

ⓒ 이종혁·박주범, 2022

초판 1쇄 2022년 7월 27일 펴냄
초판 3쇄 2024년 7월 5일 펴냄

지은이 | 이종혁·박주범
펴낸이 | 강준우

인쇄·제본 | 제일프린테크

펴낸곳 | 인물과사상사
출판등록 | 제17-204호 1998년 3월 11일

주소 | 04037 서울시 마포구 양화로7길 6-16 서교제일빌딩 3층
전화 | 02-325-6364
팩스 | 02-474-1413

www.inmul.co.kr | insa@inmul.co.kr

ISBN 978-89-5906-640-7 03300

값 18,000원